保險企業管理

聶斌、張瑤 主編

崧燁文化

前 言

保險企業管理學是保險經濟研究的組成部分，以保險企業中的經濟管理活動為研究對象。保險企業中的經濟管理活動是投入短缺的物品，以創造出新的以保險保障為形式的新物品。這樣的物品轉變過程就在企業的組織範圍內進行。保險保障生產的任務或由此派生的子任務要通過決策來進行控製。

作為一種理論，保險企業管理學要尋求一個關於保險企業中經濟管理活動的概念與論述的完備且不矛盾的體系。通過該理論能夠對現存的實際情況及其之間的關係進行解釋，並且能夠依據這個理論對企業內的經濟管理活動進行更好的設計。保險企業管理學可以理解為一種以實際為標準的，以應用為導向的理論。

本教材的基本內容共分為十章，包括保險經營管理導論、保險市場管理、保險公司計劃與統計管理、保險營銷管理、保險承保管理、保險理賠管理、保險投資管理、保險公司財務管理、保險公司償付能力管理、保險公司的再保險管理。

第一章保險經營管理導論主要闡述保險經營管理學的基本原理以及保險經營與保險管理的關係。第二章保險市場管理著重論述保險市場的特徵、結構、運行機制，調節保險市場的經濟規律等。第三章保險計劃與統計管理著重考察保險計劃和統計管理的意義、原則、要求與管理過程。第四章保險營銷管理主要分析保險營銷的方式方法、營銷管理的基本理論。第五章保險承保管理側重闡述保險承保的一般程序和承保管理的主要內容。第六章保險理賠管理主要分析理賠的意義、原則、要求、方式和理賠的環節與管理內容。第七章保險投資管理側重論述資金運用的條件、可運用資金的構成、資金運用的方式和原則，以及保險投資管理的內容。第八章保險公司財務管理側重分析保險財務管理的概念、意義、目的、內容和保險財務管理的實施與評價。第九章保險償付能力管理著重分析保險償付能力的概念、保險償付能力邊際的種類以及國家和保險公司對償付能力的管理。第十章保險公司的再保險管理主要論述了再保險的意義、業務種類、形式，以及分出、分入再保險的管理。

保險企業管理學既有理論，又有實務，是一門理論與實務相結合的課程：在理論部分，側重基本觀點的提出和必要的論證，不做過深的分析；在實務部分，考慮到同其他實務課程的關係與配套，也只是介紹保險企業管理的基本方法、原則和過程，不做太多太細的分析。所以使用者可根據自己的教學要求，從實際出發，對教材的內容做必要的調整。

編者

目 錄

1 保險經營管理導論 ··· (1)
   1.1 保險經營 ··· (1)
      1.1.1 保險經營的概念和思想 ·· (1)
      1.1.2 保險經營的目標 ·· (3)
      1.1.3 保險經營的原則 ·· (7)
      1.1.4 保險經營的環境 ·· (11)
   1.2 保險管理 ··· (16)
      1.2.1 保險管理的概念 ·· (16)
      1.2.2 保險管理的意義 ·· (16)
      1.2.3 保險管理的職能與任務 ·· (17)
      1.2.4 保險管理的原則和方法 ·· (19)
   1.3 保險企業經營管理概述 ··· (24)
      1.3.1 保險企業經營管理的意義 ·· (24)
      1.3.2 保險企業經營與管理的聯繫 ··· (25)

2 保險市場管理 ··· (26)
   2.1 保險市場的特徵 ·· (26)
      2.1.1 保險市場是直接的風險市場 ··· (26)
      2.1.2 保險市場是無形市場 ·· (26)
      2.1.3 保險市場是非即時結清市場 ··· (26)
      2.1.4 保險市場是特殊的「期貨」交易市場 ··· (26)
   2.2 保險市場的構成要素和運行機制 ··· (27)
      2.2.1 保險市場的構成要素 ·· (27)
      2.2.2 保險市場的運行機制 ·· (28)
   2.3 保險市場的模式、組織形式及結構 ··· (30)

  2.3.1 保險市場模式 ………………………………………… (30)
  2.3.2 保險市場的組織形式 …………………………………… (31)
 2.4 保險市場的供需分析 ………………………………………… (41)
  2.4.1 保險市場的需求 ………………………………………… (41)
  2.4.2 保險市場的供給 ………………………………………… (45)
  2.4.3 保險市場供求平衡 ……………………………………… (49)
  2.4.4 保險市場價格 …………………………………………… (50)
 2.5 保險市場的現狀 ……………………………………………… (52)
  2.5.1 衡量保險市場發展的指標 ……………………………… (52)
  2.5.2 中國保險市場的現狀 …………………………………… (53)

3 保險公司計劃與統計管理 ……………………………………… (55)
 3.1 保險計劃管理概述 …………………………………………… (55)
  3.1.1 保險計劃管理的含義 …………………………………… (55)
  3.1.2 保險計劃管理的意義 …………………………………… (55)
  3.1.3 保險計劃管理的原則與要求 …………………………… (56)
  3.1.4 保險計劃的種類和指標體系 …………………………… (58)
  3.1.5 保險計劃的編制、執行和控制 ………………………… (61)
 3.2 保險統計管理概述 …………………………………………… (63)
  3.2.1 保險統計的含義 ………………………………………… (63)
  3.2.2 保險統計管理的意義 …………………………………… (63)
  3.2.3 保險統計的內容 ………………………………………… (64)
  3.2.4 保險統計的步驟 ………………………………………… (65)
  3.2.5 保險統計的管理要求 …………………………………… (66)
 3.3 保險計劃和統計管理的關係 ………………………………… (67)

4 保險營銷管理 ……………………………………………………… (68)
 4.1 保險營銷概述 ………………………………………………… (68)

4.1.1 保險營銷的概念 ………………………………………… (68)
   4.1.2 保險營銷的特點和原則 …………………………………… (68)
   4.1.3 保險營銷的發展階段 ……………………………………… (70)
   4.1.4 保險營銷管理的基本程序 ………………………………… (70)
   4.1.5 保險營銷環境分析 ………………………………………… (72)
   4.1.6 保險營銷策略 ……………………………………………… (74)
  4.2 新險種的開發管理 ……………………………………………… (78)
   4.2.1 新險種開發的步驟 ………………………………………… (78)
   4.2.2 險種設計的原則 …………………………………………… (79)
   4.2.3 新險種條款和費率的管理 ………………………………… (81)
  4.3 保險營銷管道管理 ……………………………………………… (82)
   4.3.1 直接營銷管道 ……………………………………………… (82)
   4.3.2 間接營銷管道 ……………………………………………… (83)
   4.3.3 互聯網營銷管道 …………………………………………… (86)
   4.3.4 保險行業自律管理 ………………………………………… (88)

5 保險承保管理 ……………………………………………………… (89)
  5.1 保險承保 ………………………………………………………… (89)
   5.1.1 保險承保的概念 …………………………………………… (89)
   5.1.2 保險承保的基本程序 ……………………………………… (89)
  5.2 保險續保 ………………………………………………………… (92)
  5.3 保險核保 ………………………………………………………… (93)
   5.3.1 核保的概念和意義 ………………………………………… (93)
   5.3.2 核保的內容及流程 ………………………………………… (93)
   5.3.3 核保要素分析 ……………………………………………… (96)
  5.4 保險承保與核保管理 …………………………………………… (100)
   5.4.1 明確承保管理目標 ………………………………………… (100)
   5.4.2 建立完備的核保制度 ……………………………………… (100)

5.4.3 優化承保組織系統 ·· (101)
5.4.4 規範核保選擇和核保控製管理 ································ (101)
5.4.5 規範保險單證管理 ·· (102)
5.4.6 加強分保管理 ··· (102)

6 保險理賠管理 ··· (104)
6.1 保險理賠的意義和任務 ·· (104)
6.1.1 保險理賠的意義 ·· (104)
6.1.2 保險理賠的任務 ·· (105)
6.2 保險理賠的原則 ·· (105)
6.2.1 保險理賠的基本原則 ·· (105)
6.2.2 保險理賠的特殊原則 ·· (106)
6.3 保險理賠的基本程序 ·· (108)
6.3.1 壽險理賠的流程 ·· (108)
6.3.2 非壽險理賠的流程 ··· (112)
6.4 保險理賠管理 ·· (114)
6.4.1 保險賠償責任 ··· (114)
6.4.2 損失計算和賠付管理 ·· (115)
6.4.3 追償案件管理 ··· (115)
6.4.4 賠案管理 ·· (116)
6.4.5 客戶服務管理 ··· (116)

7 保險投資管理 ··· (118)
7.1 保險投資的資金來源與性質 ·· (118)
7.1.1 保險投資資金的來源 ·· (118)
7.1.2 保險投資資金的性質 ·· (119)
7.1.3 保險投資的意義 ·· (120)
7.2 保險投資的形式 ·· (121)

7.2.1　保險投資的形式的含義及保險資金投資的具體項目 ………… (121)
　　　7.2.2　保險投資形式的管理 ………………………………………… (125)
　7.3　保險投資的原則 ………………………………………………………… (128)
　　　7.3.1　安全性原則 …………………………………………………… (128)
　　　7.3.2　收益性原則 …………………………………………………… (128)
　　　7.3.3　流動性原則 …………………………………………………… (128)
　　　7.3.4　公共性原則 …………………………………………………… (129)
　7.4　保險投資的風險管理 …………………………………………………… (129)
　　　7.4.1　風險管理的基本原則 ………………………………………… (129)
　　　7.4.2　保險公司對保險投資風險的管控 …………………………… (130)

8　保險公司財務管理 ………………………………………………………… (136)
　8.1　保險公司財務管理的意義與目標 ……………………………………… (136)
　　　8.1.1　保險公司財務管理的意義 …………………………………… (136)
　　　8.1.2　保險公司財務管理的目標 …………………………………… (137)
　8.2　保險公司資產負債管理 ………………………………………………… (138)
　　　8.2.1　保險公司的資產管理 ………………………………………… (138)
　　　8.2.2　保險公司的負債管理 ………………………………………… (141)
　　　8.2.3　保險公司資產負債管理的技術 ……………………………… (144)
　　　8.2.4　保險公司資產負債管理模式 ………………………………… (146)
　8.3　保險公司的成本費用和損益管理 ……………………………………… (147)
　　　8.3.1　保險公司的成本費用管理 …………………………………… (147)
　　　8.3.2　保險公司損益管理 …………………………………………… (149)
　8.4　保險公司的財務報表及其分析 ………………………………………… (152)
　　　8.4.1　保險公司的財務報表 ………………………………………… (152)
　　　8.4.2　保險公司財務報表分析 ……………………………………… (158)
　8.5　保險公司財務管理的評價指標 ………………………………………… (159)
　　　8.5.1　速度規模評價指標 …………………………………………… (159)

5

  8.5.2　效益質量評價指標……………………………………………（160）
  8.5.3　社會貢獻評價指標……………………………………………（161）

9　保險公司償付能力管理……………………………………………（163）
9.1　保險償付能力概述………………………………………………（163）
  9.1.1　償付能力的含義…………………………………………（163）
  9.1.2　償付能力邊際的種類……………………………………（163）
9.2　影響償付能力的因素分析………………………………………（165）
  9.2.1　資本金……………………………………………………（165）
  9.2.2　各項準備金與保障基金…………………………………（165）
  9.2.3　投資收益與資金運用狀況………………………………（165）
  9.2.4　業務質量和業務增長率…………………………………（166）
  9.2.5　費用水平…………………………………………………（166）
9.3　償付能力分析……………………………………………………（166）
  9.3.1　短期償付能力分析………………………………………（166）
  9.3.2　長期償付能力分析………………………………………（167）
9.4　中國對保險公司償付能力的監管………………………………（168）
  9.4.1　「償二代」的制度框架……………………………………（168）
  9.4.2　「償二代」的特徵…………………………………………（170）
9.5　保險公司對償付能力的管理……………………………………（171）
  9.5.1　負債端的管理……………………………………………（171）
  9.5.2　資產端的管理……………………………………………（172）
  9.5.3　保險公司償付能力經營管理……………………………（173）

10　保險公司的再保險管理……………………………………………（176）
10.1　運用再保險的意義………………………………………………（176）
  10.1.1　增強承保能力，擴大經營範圍…………………………（176）
  10.1.2　控製保險責任，穩定經營成果…………………………（176）

10.1.3　便於業務指導，形成聯保基金 ………………………………（177）
10.2　再保險業務的種類 …………………………………………………（177）
　　10.2.1　比例再保險 …………………………………………………（178）
　　10.2.2　非比例再保險 ………………………………………………（180）
10.3　再保險的形式 ………………………………………………………（181）
　　10.3.1　臨時再保險 …………………………………………………（181）
　　10.3.2　合約再保險 …………………………………………………（182）
　　10.3.3　預約再保險 …………………………………………………（183）
10.4　分出再保險業務 ……………………………………………………（183）
　　10.4.1　分出再保險的業務流程 ……………………………………（183）
　　10.4.2　分出再保險的業務管理 ……………………………………（185）
10.5　分入再保險業務 ……………………………………………………（186）
　　10.5.1　分入再保險的業務流程 ……………………………………（186）
　　10.5.2　分入再保險的業務管理 ……………………………………（187）

1 保險經營管理導論

1.1 保險經營

1.1.1 保險經營的概念和思想

1.1.1.1 保險經營的概念

保險經營簡單說來是指為了實現保險經營過程的合理化和取得最佳經濟效益，對其各個環節進行計劃、組織、指揮和協調的活動。保險經營一般要經過展業、承保、分保、防損、理賠和保險資金運用等環節的運作過程。

1.1.1.2 保險經營的思想

保險經營思想是指保險企業從事經營活動，解決各種經營問題的指導思想。經營思想，一方面應與該國的政治制度、經濟制度以及經濟規律相協調，另一方面又與社會生產力的發展狀況、當地的經濟水平相關聯。科學先進的經營思想可以保障企業經營目標的順利實現；滯後甚至錯誤的經營思想，很可能會影響企業策略的實施、經營環境的改善，使企業經營處於被動局面，甚至面臨困境。因此，樹立正確、合理的經營思想對於保險公司甚至整個保險行業的發展是非常重要的。

（1）利國利民思想。利國利民思想是指保險經營要以有利於社會主義市場經濟體系的發展和完善、有利於國家的安定和諧、有利於促進人民生活的保障這一根本目標為出發點，並將此作為保險經營活動的行為規範和度量標準。只有在貫徹利國利民思想時妥善處理好國家利益、社會利益與企業利益的關係，才能發揮保險本身的功能和作用。

保險是一個高度市場化、具有很強社會性和公益性的行業，在為政府提供市場化服務、促進政府職能轉變方面具有天然優勢。政府通過向商業保險公司購買服務等方式，在公共服務領域充分運用市場化機制，提升社會管理效率。「老有所養、病有所醫、貧有所助」不僅是政府工作的中心，也是保險業發展的指導思想。保險具有保險保障、資金融通、社會管理三大功能，在養老金儲備水平提升、養老支柱建設、養老社會環境營造等方面發揮著不可替代的作用。保險業應秉持利國利民思想，解決保險意識問題，推動形成全社會學保險、懂保險、用保險的保險文化；解決保險價格問題，推動形成百姓願意買、企業願意用、政府願意推的保險消費；解決保險服務問題，推動形成政府引導、政策支持、市場參與的保險服務。

保險是市場經濟的基礎性制度安排，是現代經濟發展的「助推器」。加快發展現代保險服務業，不僅可以提高保險這個資本和智力密集型的高端服務業在經濟中的比重，而且能夠帶動會計、審計、法律、評估等相關產業鏈的發展，還能夠通過提供創業資金、完善市場機制、支持企業走出去等多種渠道，推動經濟轉型升級。

（2）現代經營思想。所謂現代經營思想，就是把保險作為一種商品來經營的思想。保險作為一種商品與其他商品一樣，是使用價值和價值的統一體。這就要求保險經營者應按照商品經營的客觀經濟規律來經營保險商品。

①市場觀念。市場觀念是指保險經營者應具有強烈的市場意識，以市場為導向，按照保險市場的需求來安排保險經營活動。保險作為一種商品，只有為市場和客戶所接受，其價值才能實現。強化保險經營的市場觀念，要求保險企業樹立服務意識，按照保險市場需求和保戶需要來開展保險經營活動，以達到保險資源的最佳配置。

②法制觀念。法制觀念是指保險經營者應具有強烈的法律意識。保險經營活動是一種涉及面比較廣、影響比較大的經濟活動。為了保障保險業的穩健經營、健康發展，國家制定了一系列的法律、法規來規範保險企業的經營。保險企業應自覺遵守國家的法律、法規，在法制的軌道上，健康有序地提供保險服務，不斷促進自身以及整個行業的發展。

③效益觀念。人民幣利率調整的歷程及其對保險業產生的影響，給保險行業的經營管理者上了深刻的一課。保險企業在快速擴展過程中，如果盲目追求短期規模效應，不講求經濟效益，不計較經營風險的累積，不顧及中長期的經營戰略，就根本無法應對經濟的波動，是極其脆弱的。許多為了佔領市場、追求純規模效應而推出的保險新產品，給保險公司留下了巨大的風險包袱。各家保險公司應把承保利潤作為公司經營決策的出發點，在控制風險的前提下追求效益最大化，強調經濟效益觀念，這是現代保險經營思想的首要內容。

④信息觀念。信息觀念是指保險經營者應具有對各種信息進行收集、整理、存儲、分析、利用的意識。信息是企業的重要資源，是企業開展經營活動的基本依據。在現代信息社會中，如果沒有必要的經濟技術信息，就很難做出正確的決策，也就很難在競爭中取勝。

⑤競爭觀念。競爭觀念是指保險經營者應具有強烈的競爭意識，即在市場競爭中求生存、求發展的觀念。競爭是保險企業之間在人才、技術、商品質量、價格、經營管理等各方面的綜合較量。在現代商品經濟市場競爭日趨激烈的時代，保險經營者要想在競爭中立於不敗之地，就要不斷增強自身經濟實力和競爭能力。隨著保險市場國際化的不斷深入，保險經營者也要敢於參與到國際保險競爭中，兼收各方所長，逐步提高中國保險企業的綜合素質和經營水平。

⑥創新觀念。創新觀念是指運用制度設計、技術開發、服務拓展等方式創造出滿足消費者需求、利於保險企業發展的企業制度、產品和服務等。保險創新是保險企業突破市場制約因素的根本措施。保險企業的發展受相關產業和市場的制約，儘管大多數保險產品具有較長壽命，但是滿足市場的保險產品具有一定生命週期，即具有一個較為完整的從引入到退出市場的時間過程，如果企業不及時更新，生存就會受到威脅。

與發達國家和地區相比，創新發展是中國與其他國家保險業逐漸縮小差距的機遇。保險企業通過不斷創新來實現經濟增長是使企業更具優勢的根本途徑。日本、美國等發達國家保險業市場體系、制度設計都較為完備，而中國保險業的發展時間短、市場利用力不足都決定了中國必須重視保險創新。

1.1.2　保險經營的目標

1.1.2.1　企業經營目標的含義

企業經營目標是企業生產經營活動目的性的反映與體現，是指在既定的所有制關係下，企業作為一個獨立的經濟實體，在其全部經營活動中所追求的並在客觀上制約著企業行為的目的。通俗說來，企業經營目標是在分析企業外部環境和內部條件的基礎上確定的企業各項經濟活動的發展方向和奮鬥目標，是企業經營思想的具體化。

企業經營目標一般不止一個，其中既有經濟目標又有非經濟目標，既有主要目標又有從屬目標。它們之間相互聯繫，形成一個目標體系，其主要內容包括經濟收益和企業組織發展方向。

1.1.2.2　確定保險經營目標的意義

企業的經營目標反映了一個組織所追求的價值，為企業各方面活動提供基本方向。它不但能使企業在一定時期、一定範圍內適應環境趨勢，而且能使企業的經營活動保持連續性和穩定性。確定保險經營目標，不僅有利於保險企業制定經營決策，有利於明確經營方向，調動企業員工積極性，合理配置各方面資源，而且有利於保險企業妥善處理公共關係。

（1）確定保險經營目標，有利於保險企業經營決策。經營決策是指企業對未來經營發展的目標及實現目標的戰略或手段進行最佳選擇的過程。經營決策是企業管理全部工作的核心內容，決策正確與否直接關係到企業興衰成敗和生存發展。保險企業要根據自己面臨的不同經營環境和經營條件，明確自己的具體經營目標，這個目標可能是某個新市場的開拓、某種新產品的市場投入、某個銷售點的增設，也可能是增加利潤、銷售額、市場佔有率等具體數量指標，還可能是企業擴大（如兼併、聯營、集團化）或提升企業公眾形象。正確的經營決策能促使保險企業靈活地、連續不斷地針對市場競爭環境的變化做出反應，提高企業的應變能力，增強企業的競爭力，由此企業就能獲得良好的經濟效益。因此，科學地確定經營目標，是企業制定正確經營決策的關鍵。有了經營目標，就指明了經營決策的方向，在一定程度上保證發展方向的正確性和決策的正確性。

（2）確定保險經營目標，有利於調動社會各方積極性。當明確經營目標時，保險企業就鎖定了長期的、可持續的發展目標。企業內部各個部門甚至每個員工從上到下圍繞企業的總目標制定各自的目標，確定行動方針，安排工作進度，同時充分發揮員工的積極性、主動性、創造性，實現自己的個人目標，進而實現部門目標和企業經營目標，並對成果進行嚴格考核。沒有經營目標，企業就無法經營；目標是否明確，則直接關係到經營成果。因此，確定企業經營目標是保證保險企業上下合力、調動各方

積極性，努力實現經營計劃的關鍵。總之，經營目標是國家、保險消費者、企業和員工各方的利益和訴求的綜合反映。通過保險經營活動，國家得到稅收和生產建設的保險保障，保險消費者獲得優質的服務和有保障的生活，保險企業得以發展壯大，員工也可以實現個人價值。因此，確定保險經營目標，有助於充分調動社會各界支持發展保險經營活動的積極性。

（3）確定保險經營目標，有利於妥善處理公共關係。良好的公共關係是企業生存發展的基礎。關注公共關係就是為了塑造企業形象。形象是企業的無形資產。良好的企業形象能給企業帶來無窮的益處：對內，能提升企業的凝聚力，得到員工的認同；對外，能吸引人才，得到社會的支持，獲得資金提供，獲得消費信心。隨著保險企業經營技術水平的提高及保險市場的不斷發展和完善，保險企業間的競爭日益集中體現在企業信譽和企業形象方面。保險企業服務對象的公眾性和廣泛性，決定了良好的公共關係是促進保險企業在市場競爭中發展的重要因素。保險企業只有通過提高綜合服務水平、完善企業經營管理、塑造企業文化、樹立企業形象等公共關係手段來實現以公眾的需求為核心的保險經營活動，才能得到廣大保險消費者的承認與支持，為企業發展創造出一個廣闊的發展空間，在保險市場競爭中取得優勢。

1.1.2.3 保險經營目標的內容

（1）從利益的角度劃分保險經營目標。

①保險經營的社會目標是經濟責任和社會責任的統一。從微觀層面看，現代商業保險企業的經營目的是盈利並借以獲得生存和發展擴大的基礎，但從全社會的宏觀角度看，它是對減低風險進行組織、管理、計算、研究、賠付和監督的一種服務，體現出保險公司經營活動的社會屬性及其社會管理功能。保險是一種分散危險、消化損失的經濟制度，也就是將不幸而集中於個人的意外危險以及由該意外危險而產生的意外損失，通過保險而分散於社會大眾，使之消化於無形。保險企業作為專門經營這種具有社會功能的保險產品的經濟組織，在其經營活動中自動地就有社會責任，並且正是通過這些社會責任的履行而使保險公司體現出不同於其他經濟組織的特性。

社會主義市場經濟是道德經濟，沒有有效的經營，保險企業無法履行固有的社會責任；不以社會經濟保障為著眼點，自利的保險企業不可能立足於市場。經濟效益是前提，缺乏利益驅動機制的保險公司無法履行其社會責任，保險公司的經營目標應該是經濟責任與社會責任的有機結合，既保障人民生活的安定、促進社會進步、為全面建成小康社會服務，又確保自身經營效益的實現。

只有經濟責任和社會責任的統一，現代保險企業才能在中國全面建成小康社會的進程中獲得新的發展和提高，才能使保險業真正擔負起在金融市場和國民經濟中的重要地位與責任，才能使作為經濟的助推器和社會穩定器的現代保險的社會管理功能得到全面的實現。

②保險經營的公司目標是企業價值最大化。傳統理論認為商業保險公司的經營目標是利潤最大化。儘管少數重要經營指標（比如保費收入、利潤）可以大致對保險公司做粗略排名，但無法準確反映保險公司的真實價值。保險公司的市場價值（未上市

公司比照已上市公司估值）是保險公司綜合實力、經營管理水平、盈利能力、盈利模式、內含價值、抗風險能力和成長性等的集中體現。一個企業的市場價值是各方面因素共同作用的結果，任何一個因素的變化，都可能對其市場價值造成影響。保險公司只有認真研究價值創造，不斷加強管理，做大做精主業，全面提升綜合實力，以價值最大化為經營目標，才能為客戶、股東、員工、公司、行業和國家創造價值。實際上，公司價值包含了公司行業地位、綜合競爭力、影響力、盈利能力、成長性等綜合因素，代表了股東在公司中的綜合利益，而利潤只是體現公司綜合價值的一個方面。

③保險經營的個人目標是員工的自我價值實現。企業在戰略目標明晰之後，要讓員工認同企業的戰略目標。員工個人價值的實現包括四個方面：工作價值，即員工在工作方面的出色表現；物質價值，即員工所獲得的物質回報；精神價值，即員工在工作中所獲得的成就感，精神價值來源於自我感覺；社會價值，即員工通過工作實現理想與抱負，這也是自我實現發揮到極致的表現。個人目標的實現是以保險公司的社會目標和企業目標為前提的，沒有社會目標的實現，就沒有保險商品價值的實現，也就無法實現企業價值最大化的經營目標。在無法取得經濟效益的情況下，保險公司員工的利益更無從談起。

（2）從保險企業財務管理的角度劃分保險經營目標。

①財務穩定性目標。保險公司的財務穩定性是指保險公司所累積的保險基金能否足以履行可能發生的賠償責任。在正常情況下，保險公司的保費收入能夠抵付賠款支出，這意味著保險公司的財務穩定性是好的；反之，保險公司的財務穩定性是差的。保險公司的財務穩定性與其償付能力密切相關。通常保險公司的償付能力越強，其財務穩定性越好。保險公司在保險經營過程中所面臨的最大風險就是償付能力風險，保證有充足的償付能力，至少具有與公司業務規模相適應的最低償付能力，是保險公司經營管理最基本的目標。保險公司要實現這一基本目標，就必須通過經營風險的防範與化解，實現財務穩定，在財務穩定目標下，實現持續的盈利目標，增強公司的經濟實力和償付能力，提高公司的競爭力。

②可持續發展目標。保險業一定是一個應當持續發展的行業。這是因為，保險業「經營」的是風險，而風險是不可能消失的。並且隨著科技的進步、經濟規模的增大和社會結構的日益龐雜，風險總量會越來越大，風險類型會越來越多，風險結構也會越來越複雜。為此，必須破除盲目發展業務的觀念，在效益的基礎上擴大市場份額。保險公司必須先做好專業化才能考慮多元化，必須本著對利益相關者和社會負責的精神，確認「能夠管理多大規模的風險」，而不是「希望承擔多大規模的風險」。如果保險公司承保了超過其能夠管理的風險規模（包括再保險及其他的風險轉移手段），它將面臨破產、倒閉的風險，它的可持續發展就是一句空話，因而也就不可能以自身的穩健來承擔起對國民經濟、人民生活和財產的制度保障作用。

③盈利目標。因為保險資金具有負債特徵，所以投向的目標資產不僅要滿足一時需求，還要滿足整個負債期的收益需求。而由於負債特徵，保險資金運用的起點也比其他資金高。保險業資產端和負債端的矛盾仍然突出，保險資金運用面臨利差損風險和再投資風險。在低利率的大環境下，相對安全的另類投資給保險企業帶來了更多收

益,也緩解了資產負債久期錯配的問題,使得保險公司能夠更好地管理其償付能力。正是因為另類投資的高收益,才吸引了保險資金願意承擔高風險。未來保險資金應抓住中國經濟轉型的結構性機會,調整固定收益配置結構,挖掘權益投資機會,拓展境外配置市場,推進保險資金在包括醫療、健康、養老在內的現代服務業領域的投資,達成盈利目標。

④三個目標之間的關係分析。在明確了保險公司經營目標後,重要的是處理好三個目標之間的關係。

財務穩定性目標與可持續發展目標的關係:保險公司在發展過程中,不僅要考慮經營目標的盈利性,還要考慮企業在未來的競爭環境中始終保持盈利能力的增長,以保證企業在未來的發展中長盛不衰。因此,企業必須制定出符合企業實際的、科學的、合理的可持續發展目標,將自然、經濟、社會等因素考慮其中,為企業的可持續發展提供新的契機。正確合理的財務穩定性目標有利於指導企業財務實踐,是企業財務管理職能得到充分發揮的前提,是企業實現經營目標的基礎,更是企業實現可持續發展目標的基礎條件。企業要想實現可持續發展,不僅要準確制定企業經營目標,還要把握企業未來的發展趨勢和未來利益的實現。如果保險公司一味追求高速發展業務,必將導致盲目競爭、費率下降、忽視承保選擇和承保控製,使保險公司面臨更大的賠付責任,同時利潤降低和一些特殊風險的出現將直接威脅保險公司的財務穩定,財務穩定出現問題又將製約保險公司的發展速度。因此,企業的財務穩定性目標一定要系統考慮保險企業資金的有效管理控製和使用分配,兼顧財務和業務發展需要,為企業的可持續發展奠定基礎。

財務穩定性目標與盈利目標的關係:保險行業具有負債經營、經營週期長、資金規模大、投資需求高等特點,所以保險公司對財務穩定性有特殊要求。保險公司的資金運轉和融通能力主要是償付能力,包括賠款、給付和償還其他債務的能力。由於保險業是負債經營,積聚了國民生產各部門的風險,一旦保險公司財務狀況不穩定或出現危機,其影響範圍非常廣泛,所損害的不只是公司的股東和保單持有者,甚至會影響社會經濟生活安定。盈利是長期負債所需資金的最可靠、最理想的來源。保險公司的利潤來源主要是承保利潤和投資收益。穩定的收益流是保險公司長期健康發展的重要保證。一般投資收益與風險成正比,風險越大、收益越高,雖然利潤增加可以增強保險公司的償付能力,但若保險公司一味追求高利潤而忽視風險,則會使保險公司傾向於選擇高風險的投資項目,一旦出現不利,保險公司將陷入困境甚至破產。為了保證企業財務的穩定,審慎的風險管理是保險公司保持穩健經營的法寶。因此保險公司在確定財務穩定性目標時,必須在納入社會利益的前提下考慮自身盈利性,達到企業和社會的雙贏目的。

盈利目標與可持續發展目標的關係:保險公司制定的盈利目標要與公司的長期目標保持一致,不僅要符合短期利益目標,更要有助於企業長期可持續發展目標的實現。企業基於可持續發展角度制定的盈利目標須兼顧社會與企業的共同利益,即企業的發展是建立在社會可持續發展的基礎之上。保險公司是以風險為經營對象,以大數法則為科學依據,所以保險公司只有不斷提高服務質量,發展業務,擴大承保,才能有效

降低經營風險，增加利潤。但是如果保險公司盲目追求規模保費，那麼不僅會使保險賠付率上升，業務結構失衡，還會嚴重影響保險公司的經濟效益。這些短期行為一方面影響公司忽視險種創新和品牌建設，一方面對保險行業的形象有損，不利於企業長期目標的實現，導致企業在長期發展過程中競爭力下降。要著眼於企業可持續發展，在綜合考慮保費收入、市場佔有率、理賠服務等多方面因素的前提下進行盈利目標的制定，樹立良好的企業形象，為企業的可持續發展提供保障。

因此保險公司應將財務穩定性目標、盈利目標和可持續發展目標有機地結合起來，正確處理三者的關係，在保證財務穩定性目標的基礎上兼顧社會利益，對盈利目標加以平衡，實現企業的可持續發展。

（3）從保險企業發展的角度劃分保險經營目標。

①長期目標。長期目標是指保險經營所要實現的企業未來發展的預期結果，是經營總目標的藍圖，一般為10年或10年以上的遠期規劃目標。保險企業的各個層次都需要長期目標，包括公司總部、各事業部、各分公司和各職能部門。其主要內容包括保險企業的發展方向、經營規模和具體經營指標（如承保範圍、承保率、保險基金累積額度和員工數量等）。

②中期目標。中期目標是指企業5年經營活動的預期成果，是達成長期目標的一種仲介目標，是長期目標的進一步分解和具體化，通常與長期目標保持一致。

③短期目標。短期目標一般是指年度或季度、月度目標，是中期目標和長期目標的具體化、現實化和可操作化，是最清楚的目標。短期目標是維持長期目標實現的物質保障。長期目標可分解成多個短期目標，從而使長期目標變成可以實現的計劃。

1.1.3 保險經營的原則

保險經營原則是保險公司從事保險經營活動的行為準則，是適應、協調和改善保險經營環境的客觀要求，也是保險經營策略得以順利實施和保險經營目標得以圓滿實現的保證。它源於保險企業經營的實踐，決定於保險經營的性質，服務於保險經營目標的實現，也是保險經營思想的具體體現。由於保險商品除具有一般商品的共性之外，還具有特性，所以保險經營的原則也分為一般原則和特殊原則。

1.1.3.1 保險經營的一般原則

商品經營的一般原則有經濟核算原則、隨行就市原則和薄利多銷原則。保險經營是商品經營，所以它的一般原則也就是商品經營的一般原則。

（1）經濟核算原則。經濟核算原則是所有以盈利為目的的商業經營都要遵循的基本原則。它是指利用價值、貨幣形式對生產經營過程中的勞動耗費和勞動成果進行記錄、計算和分析，使公司以收抵支，並獲得利潤。

保險經營實行經濟核算，可以促使保險公司全面加強經營管理，提高經濟效益，增強保險償付能力。同時，經濟核算還可以促使保險公司壓縮各項費用支出，節約保險成本，提高利潤水平。保險企業經濟核算的主要內容包括保險成本核算、保險資金核算、保險利潤核算。

①保險成本核算。保險成本由三部分組成：業務支出、營業費用和各類準備金提轉差。其中業務支出所占比例最大，主要包括賠款支出、手續費支出、稅金及附加、分出保費等。影響成本的關鍵是賠款，而影響賠款的因素主要有兩方面：一是風險的客觀存在和風險發生隨機現象；二是人為因素，即道德風險，包括職業道德和社會公德兩方面。道德風險在一定條件下和一定程度上對賠款的大小、經濟效益的高低有一定制約力，因此，防止和杜絕道德風險出現至關重要。核算保險成本，可以對單位經濟保障勞務所耗費的物化勞動和活勞動做出評價。

②保險資金核算。保險資金泛指保險公司的資本金、準備金。資本金是保險公司的開業資金，各國政府一般都會對保險公司的開業資本金規定一定的數額。資本金也屬於一種備用資金，當發生特大自然災害、各種準備金不足以支付時，保險公司即可動用資本金來承擔保險責任。準備金是保險公司根據精算原理，按照一定的比例從保費中提留的資金。與資本金性質不同，準備金是保險公司的負債。保險成本核算只能反映保險公司經營所耗費的物化勞動和活勞動的效益，而不能反映所占用資金的效益。為了全面評價所用資金的效益，還須對保險企業所占用的全部資金進行核算，考核單位經濟保障勞務所占用的物化勞動和活勞動。

③保險利潤核算。保險企業的利潤核算同其他生產經營企業的利潤核算有較大的差別。一般企業的利潤是當年的生產經營收入減去當年的生產支出，而保險企業不能簡單地把當年的保費收入減去當年的賠款和費用作為利潤。保險公司經營利潤的核算，除要從保險費收入中減去保險賠款、經營費用和稅金外，還要減去保險公司的各項準備金。這是由各年保險風險發生的不平衡性和未了責任的延續性所決定的。保險公司經營中的各項準備金是保險公司對全體被保險人的負債。因此，在進行保險利潤核算時，要特別注意未了責任。

（2）隨行就市原則。隨行就市原則是市場觀念的具體體現。商品經營，必須以市場需求為導向，運用市場對各種經濟信號反應比較靈敏的特點，及時協調市場供求的關係。隨行就市，是商品經營者根據不斷變化的市場行情，採取靈活措施以適應市場需求的主動行為。所謂靈活措施，是指及時調整商品結構和價格水平。

隨行就市，不僅要求保險公司經營要適應市場行情的變化，更重要的是保險公司要樹立市場觀念、競爭觀念，要對影響保險市場行情的各方因素進行全面、細緻、深入的分析，並根據所掌握的信息準確預測和判斷市場發展變化的趨勢和規律。這就要求保險企業必須從實際出發，善於捕捉市場信息，及時做出靈敏的反應，隨行就市，不斷調整保險產品的品種和價格水平，做到適銷對路，降低風險成本，在競爭中贏得主動權。

在「互聯網+」浪潮下，保險行業應抓住機遇，借助「互聯網+」模式的廣泛應用和大數據的精確定價、精確營銷、精確管理，打造一站式的綜合金融服務平臺；實現技術升級的轉型提升，構建符合大數據要求的數字化管理體系，建立以用戶為中心的響應前臺，推進輕資產機構的建設；實現以用戶為中心的轉型升級，從用戶不同階段的需求出發，提供差異化的服務體驗。

總之，只有準確判斷市場行情，保險公司才能適應市場變化，抓住經營機會，將

消費者的潛在需求轉化為保險商品，降低經營成本，提高經濟效益，在激烈的市場競爭中取得優勢。

（3）薄利多銷原則。薄利多銷原則是一般商品經營的重要原則。薄利多銷有利於企業的資金週轉，提高資金利用率；有利於降低單位產品成本，增加企業盈利；有利於擴大企業的市場佔有率。

保險企業也要遵循薄利多銷原則，具體體現在保險價格的確定上。合理的保險價格體現著等價交換的原則，是保險經營的中心問題。保險價格過高，不僅會損害投保人的利益，同時會使保險企業在競爭中處於不利地位，影響業務的拓展。保險價格過低，則會導致保險企業缺乏足夠的償付能力，甚至虧損，最終影響被保險人的利益。

隨著網購模式的推廣和深入，各種基於互聯網的保險需求陡增，尤其是針對退貨風險、賣家信用風險等風險點的保險產品。這些保險產品作為市場化產品，並沒有人強制要求受眾群購買，但產品的銷售熱度非同一般。儘管單獨看這些保險的每一筆保費都很便宜，但由於有巨額數量作為支撐，保費總額就會變得尤為可觀。薄利多銷正是這些熱銷網路保險產品的典型特徵，這也與普通的商業規則相契合。保險公司經營這些產品，從單一業務看未必能給公司帶來利潤，但其更大的意義在於，保險公司可以借助這些量大面廣的業務獲得多方面數據，為下一步開發其他產品、在網路保險市場搶占更大市場份額奠定基礎。通過數據的累積、分析、挖掘，發現更多的市場需求點，開發更多新產品，並且進行精準營銷，這是保險公司的中長期目標。

1.1.3.2 保險經營的特殊原則

保險經營是一種特殊的商品經營，除了遵循一般商品的經營原則外，還要遵循自己的特殊原則，即風險大量原則、風險選擇原則和風險分散原則。

（1）風險大量原則。風險大量原則是指保險人在可保風險的範圍內，應根據自己的承保能力，爭取承保盡可能多的風險和標的。

風險是保險業產生和發展的基礎，沒有風險就沒有保險，但是保險公司並不承保所有風險，只對可保風險予以承保。簡言之，可保風險是保險人願意並且能夠承保的風險，是符合保險人承保條件的特定風險。可保風險一般具有五個條件：一是非投機性，保險人通常不能承保投機風險，因為保險人如果承保投機風險，既難以確定承保條件，又與保險經濟補償的職能相違背。二是偶然性，可保風險應該是有發生的可能而不可預知的，如果風險不可能發生，就無保險的必要，而風險的發生不具有必然性。三是意外性，保險人所承保的風險既不是因為被保險人及其關係人的故意行為，也不是兩者不採取合理防範措施引起的，而是意外發生的。四是普遍性，保險人所承保的風險應該是大量標的均有遭受損害的可能性。保險是以大數法則作為保險人建立保險基金的數理基礎，因此可保風險必須是普遍存在的風險。五是嚴重性，保險人所承保的風險應該有導致比較重大損害的可能性，才會產生保險需求，從而產生保險供給。

風險大量原則是保險經營的首要原則。這是因為：第一，保險的經營過程實際上就是風險管理過程，而風險的發生是偶然的、不確定的，保險人只有承保盡可能多的風險和標的，才能建立起雄厚的保險基金，以保證保險經濟補償職能的履行。第二，

保險經營是以大數法則為基礎的，只有承保大量的風險和標的，才能使風險發生的實際情形更接近預先計算的風險損失概率，以確保保險經營的穩定性。第三，擴大承保數量是保險企業提高經濟效益的一個重要途徑。承保的風險單位越多，保費收入就越多，而營業費用會隨之相對減少。

保險公司正是利用在個別情形下存在的不確定性將在大數中消失的這種規則性，來分析承保標的發生損失的相對穩定性。按照大數法則，保險公司承保的每類標的數目必須足夠大，否則，缺少一定的數量基礎，就不能產生所需要的數量規律。但是，任何一家保險公司都有它的局限性，即承保的具有同一風險性質的單位是有限的，這就需要通過再保險來擴大風險單位及風險分散面。因此，遵守風險大量原則，保險人應積極組合拓展保險業務隊伍，在維持和鞏固原有業務的同時，不斷發展新客戶，擴大承保數量，拓寬承保領域，實現保險業務的規模經營。

（2）風險選擇原則。風險選擇是指保險人按照一定標準對投保人和保險標的的風險進行審核評估，以排除不合格的投保人和保險標的，防止不可保風險的介入。風險選擇原則是指保險人在承保時，對投保人所投保的風險種類、風險程度和保險金額等要有充分和準確的認識，並做出承保或拒保或者有條件承保的選擇。

保險人對風險的選擇表現在兩方面：一是盡量選擇同質風險的標的承保，二是淘汰那些超出可保風險條件或範圍的保險標的。保險人在不同階段都可以進行風險選擇，包括事前選擇和事後選擇。事先風險選擇是指保險人在承保前考慮決定是否接受承保。此種選擇包括對「人」和「物」的選擇。所謂對「人」的選擇，是指對投保人或被保險人的評價與選擇。所謂對「物」的選擇，是指對保險標的及其利益的評估與選擇。事後風險選擇是指保險人對保險標的物的風險超出核保標準的保險合同做出淘汰的選擇。保險合同的淘汰通常有三種方式：第一，等待保險合同期滿後不再續保；第二，按照保險合同規定的事項予以註銷合同；第三，保險人若發現被保險人有明顯誤告或詐欺行為，可以中途終止承保，解除保險合同。

風險選擇原則要求保險人不僅需要承保大量的可保風險和標的，還需對所承保的風險加以主動的選擇，使集中於保險保障之下的風險單位不斷趨於同質，通過承保質量的提高，保證保險經營的穩定性。對於發生概率大、造成損失程度高的風險，應採取避險的對策，即保險公司直接迴避產生風險的事項和活動，將損失出現的概率控製到零。保險公司應通過嚴格的核保拒絕承保不符合保險條款規定的保險項目或剔除某些保險責任，識別和避免道德風險。對於發生概率大、造成損失程度低的風險，承保后應重點加強防災防損工作，既包括事前主動預防，減少風險發生的概率，也包括損失後積極實施搶救、減輕標的的損失程度。對於發生概率小、造成損失程度低的風險，應當把不同的風險加以組合，使投保企業未發生風險損失的部分能對其他發生損失的部分進行補償；同時對於賠付率很低的企業，保險人在續保時應實行折扣費率，給予一定的費率優待，以保證效益型險種的穩定性和長期性。

風險大量原則是對保險人承保的數量要求，風險選擇原則是對保險人承保的質量要求，科學的保險經營原則應該是風險大量與風險選擇的有機統一。

（3）風險分散原則。風險分散原則是指由多個保險人或被保險人共同分擔某一風

險責任，使其承擔的保險責任在保險人可承受範圍內。

風險分散可以通過宏觀和微觀兩個層面實現。宏觀層面的風險分散通過以下三個方面實現：一是使風險在地理範圍上分散，二是使風險在時間上分散，三是通過多種經營來實現風險分散。微觀層面的風險分散主要通過兩種方式實現：一是承保前分散。保險人主要通過在承保時合理地劃分危險單位，並且使每一個危險單位都盡可能獨立來實現：合理劃分風險單位，參考每個風險單位的最大可能損失確定保險金額，對超出自身承保能力的部分不予承保；對承保的風險責任加以限制，如控製保險金額，保險人在核保時對保險標的要合理劃分危險單位，按照每個危險單位的最大可能損失確定保險金額；規定免賠額（率），對一些保險風險造成的損失規定一個額度或比率，由被保險人自負，保險人對該額度或比率內的損失不負責賠償；實行比例承保，保險人按照保險標的實際金額的一定比例確定承保金額，而不是全額承保，等。二是承保後分散。保險人以再保險和共同保險等手段使風險在空間上得以分散，同時又以提存各種準備金制度，使風險在時間上得以分散。

為保證經營的穩定性，保險人應使風險分散的範圍盡可能擴大。倘若保險人承保的風險過於集中，一旦發生保險事故，就可能產生責任累積，使保險人無法承擔保險責任。

1.1.4 保險經營的環境

經營環境是指圍繞並影響企業生存與發展的各種因素的總和。這些因素可能給企業帶來機會或威脅，企業必須針對環境狀況做趨利避害、揚長避短的調整。保險經營環境是與保險企業經營有關的內部因素和外部因素的總稱，是貫徹保險經營思想、制定經營策略和實現經營目標的前提條件。國際化經營使保險企業所面臨的環境更為多元化、複雜化，因此保險企業對經營環境的認識與協調顯得更為重要。

1.1.4.1 保險公司經營的內部環境

保險企業經營的內部環境包括勞動者、經營技術、資金和信息等基本因素。

（1）勞動者。勞動者是保險企業中起決定性作用的生產要素，是保險經營活動中最具創新力量的經營資源，是企業活力的源泉。勞動者的勞動能力包括體力和才智兩部分，因而勞動者素質的高低主要體現在其體力和才智上的差異。一個擁有高素質勞動者群體的保險企業，其經營活動的開展就具備了根基和競爭實力。保險勞動者與社會各界進行著廣泛的接觸，涉及許多學科的知識和技能，不僅要熟悉業務，廣採博學，而且要不斷更新知識，提高技能。因此，要正確處理好企業和個人之間的利益關係，加強思想政治工作，提高勞動者的精神境界，從而創造一個和諧的、催人奮發的企業人事環境，為企業物質文明和精神文明建設創造出勞動者群體的聚合力，使企業充滿活力。

（2）經營技術。經營技術泛指經營活動中應用的各種技能、技巧、知識和方法，主要包括自然科學技術和社會科學技術兩大類。自然科學技術是指保險經營活動中所需的各種風險識別、預防、救災技術，查勘定損所需的物理、化學、生物、醫學、數

學等知識和運算方法等等。一些發達國家的保險公司專門設立從事防災防損技術研究的部門，對保險防災防損進行有關的技術研究。它們運用有關的技術和設備對承保危險進行預測，對保險標的進行監測，研製各種防災防損的技術和設備以及制定有關的安全技術標準。這些國家的保險公司的防災防損活動不僅使保險公司獲益，而且使公司在社會上獲得良好的聲譽，而它們的防災防損技術往往領先於社會其他部門，從而又促進了社會防災防損技術的發展。社會科學技術主要是指保險經營過程中的經營管理知識和方法，如保險展業宣傳、廣告技巧、保險財務技術、勞動人事組織與管理、企業部門之間的協調藝術、保險經營調查、預測和決策技術等等。保險經營技術是保險經營活動的科學基礎，是提高保險經濟效益的基本保證。

（3）資金。資金是保險經營活動中物資的貨幣表現，是保險企業得以存續的血液，也是保險經營成果的核算媒介。由於保險經營的特殊性，保險資金具有自身的特點：首先，在資金來源上，除國家財政撥付或股東集資股份等資本金外，主要來自投保人按照保險合同所繳納的保險費和儲金；其次，在資金核算上，保險資金由於其所承擔償付責任的長期性和連續性，不能將當年全部保費收入作為已賺保費，還必須提存各種保險業務的未到期責任準備金；最后，在資金累積上，歷年的盈餘上繳國家利稅外，其餘部分主要歸入保險總準備金，以擴大承保能力和應付特大風險損失的償付。企業資金是經營實力的集中表現，資金的雄厚程度對保險經營的信譽、承保能力、競爭能力以及企業的發展等方面均具有直接制約作用。

（4）信息。信息是企業經營管理者瞭解企業內外經營環境，從事保險經營決策等活動的依據。信息通常包括一切與保險經營活動直接或間接相關的社會、政治、經濟、科技以及自然界信息，因而，信息具有廣泛性特徵。信息是現代保險企業的重要資源，及時、全面、準確的信息是企業經營活動的必備內部環境，它對保險經營的預測、決策和經營控製都起著十分重要的作用。保險行業與「大數據」有著天然的最緊密聯繫。保險的基本原理就是大數法則，無論是財產險的概率性事件，還是壽險的生命週期概念，實際上都是大數據的概念。引進大數據現代新技術手段，目的是將保險消費者洞見從抽樣轉變成全量數據分析，從而實現與消費者更多的交互，將保險的本質理念更多地傳授給消費者，以提供更貼近其需求的產品與服務。

保險企業經營的內部環境，對企業來說是一個可控製要素。因此，要使保險經營有一個良好的內部經營環境，就必須準確地認清自己的優勢和劣勢，以及造成劣勢的原因，從中找到內部潛力挖掘的方向，採取有效措施，改善企業內部經營環境。

1.1.4.2 保險公司經營的外部環境

保險企業經營的外部環境就是整個社會和自然界，是企業不可控要素。其主要包括自然環境、經濟發展水平、人們的風險和保險意識、社會因素、保險市場競爭狀況、國家的政策和法令等等。

（1）自然環境。保險經營的自然環境，包括保險經營過程中可利用的各種自然資源和自然界的不規則變動狀況兩大部分。從直接的保險經營角度來看，保險經營活動本身需要各種自然資源，如土地、水、能源等，這些資源直接制約著保險經營活動；

從間接的角度來看，保險人承保的企業風險，如財產保險、營業中斷保險等，受自然資源狀況的影響而呈現出不同的風險程度，進而間接影響到保險的經營活動。此外，自然界的不規則運動或外力作用引起的風暴、雷電、洪水、泥石流、颶風等，使保險經營又處於一種不確定的自然環境之中，若企業實力不足，就有可能在巨大自然災害面前難以對所承保的大量風險予以經濟補償，從而影響到保險經營的穩定性。根據瑞士再保險Sigma數據，2015年，全球共發生198起自然災害，是有記錄以來自然災害數量最多的一年，自然災害帶來的相關損失約800億美元。而2015年由保險業承擔的自然災害損失為280億美元，相當於GDP的0.04%，或全球財產險直接保費收入的1.8%。2006—2015年，全球因自然災害事件造成的年均經濟損失經調整通貨膨脹因素後為1,920億美元，其中約70%沒有保險保障，即十年總計保障缺口高達1.3萬億美元。地震、洪水和風暴是全球面臨的三大主要自然災害，對人口和財產價值集中度較高的地區造成的損失非常嚴重。

對中國而言，自然災害呈現出類型多、分佈地域廣、發生頻率高、造成損失重等特點。首先，中國是全球地震災害最為頻發的國家之一。2008年汶川地震是新中國成立以來破壞力最大的地震，造成四川、甘肅等省直接經濟損失共計8,450億元，然而保險賠償僅為18億元，約占經濟總損失的0.2%。其次，中國也頻繁遭遇臺風侵襲。例如，2015年2月，臺風彩虹造成廣東、廣西等地經濟總損失達45.72億美元，然而保險損失僅約為4億美元，約占總損失的8.7%。最後，中國約有2/3的國土面臨洪水威脅。例如，2016年6月30日以來發生在中國長江中下游沿江地區及江淮、西南地區東部等地因持續強降雨引發的嚴重水災，根據民政部數據，截至2016年7月8日，因強降雨而引發的洪澇、風雹、泥石流等災害已造成江蘇、安徽等11個省直接經濟損失達670.9億元；而據中國保險監督管理委員會（以下簡稱「保監會」）統計，截至2016年7月6日，安徽和湖北的保險索賠金額約為10億元，僅占兩省經濟總損失的2.2%。

從以上事例可以看出，中國遭受自然災害損失程度高，而保障程度偏低。根據Sigma研究，中國是全球自然災害保險保障缺口第三大的國家，預期年均未保險損失高達227億美元，占全球總缺口比例約19%，其中，洪水風險導致了近一半的預期未保險損失。自然環境對於中國保險企業的影響遠遠大於對其他工商企業的影響，因此，提高自然災害保險深度，強化災害保障能力刻不容緩。

（2）經濟發展水平。經濟發展水平也稱生產力發展水平，是指中國國民經濟發展的總體狀況，其中包括各種產業結構與發展水平和人們的消費結構與水平。

社會再生產過程會因遭遇各種災害事故而被迫中斷和失衡，而保險的經濟補償功能能及時和迅速地使這種中斷和失衡得到恢復，並且整個保險活動屬於社會再生產的分配環節，它可以通過收取保費建立起龐大的保險基金，從而在一定程度上把社會上各個經濟單位持有的閒散貨幣資金集中起來，然後通過銀行存款、購買債券、股票以及發放貸款等方式，將這些資金間接轉入投資領域，支援整個社會經濟建設，並且分散和防範風險，保障商業貿易順利進行。隨著國際貿易如「一帶一路」的發展，中國在與其他國家合作的過程中有可能遇到一些風險，因此，保險業的發展可以保障中國

對外貿易少受風險因素的影響。

保險公司是資本市場重要的投資者，可以活躍資本市場，同時保險資金數量較大，並且具有較強的穩定性，對金融市場來說是一種穩定的支撐力量。對龐大的保險資金進行高效管理和科學運用，在銀行、證券和保險之間實現金融資本的合理流動和有效配置，可以提高整個金融市場的運行效率，為國民經濟的發展提供動力支持。總之，不管是中國的經濟發展、國際貿易，還是企業的改革發展都要以保險業為保障。

保險企業作為國民經濟中的實體單位和經濟細胞，是構成國民經濟總體中最基本的要素，同時，國民經濟形勢又是保險經營的宏觀經濟環境，直接制約者保險業的發展。當國民經濟繁榮時，社會對保險商品的消費水平相對提高，保險市場需求增大，通過市場機制的作用，保險企業經營規模就會擴大，經濟效益就會提高；反之，情況則相反。因此，經濟發展水平對保險經營水平、發展速度和規模起決定性作用。

（3）人們的風險和保險意識。風險意識是人們對客觀存在的各種風險的感覺、評估、預防和控制的態度與願望。保險意識則是人們關於保險現象、本質、作用以及對各種保險方法的理解、感覺和評價。人們的風險和保險意識，是保險經營至關重要的保險文化環境。明確而積極的風險和保險意識，不僅可以為保險經營提供良好的心理氣氛，使保險展業易於進行，提高保險廣度和深度，而且還有利於促進保戶加強對已保財產的風險管理，積極配合保險企業的防災防損工作，減少風險損失，提高保險經營的經濟效益和社會效益。同時，人們的風險和保險意識強，還可以根據自身風險特點和對保險的需求，積極主動地自行設計投保方案，向保險企業申請特殊種類的保險，或為保險經營提出各種建議和意見，推動保險業的發展。此外，人們若具有較強的風險和保險意識，就能夠監督保險企業的經營活動，保護自己的合法權益免受侵犯，這也是提高保險經營水平的重要促進因素。因此，保險經營者應因勢利導，善於利用各種機會和手段，向社會宣傳風險和保險管理知識，教育、引導和培育人們的風險和保險意識，提高全民族認識、估計、處理風險和妥善利用保險手段管理風險的能力，進而為保險經營創造一個良好的保險心態環境。

（4）社會因素。社會環境是由社會中每個人的觀點、態度、信念、教育程度、習慣和行為組成的。社會環境通過各類人的生活觀念、態度、習慣和行為，影響保險企業的經營，從而使企業的各項目標、任務都適合它所服務的社會成員的價值觀和社會信仰的要求。人口是社會環境的第一要素。人口數量直接決定保險市場規模和潛在容量。人口的性別、年齡、民族、婚姻狀況、職業、居住分佈等影響著人們的風險意識和保險意識，也對保險企業的經營環境產生著深刻影響，從而影響著企業的經營管理活動。因此，保險企業必須深入細緻地研究不同服務對象的特點，掌握人們的保險需求偏好，這對於穩定企業經營、開拓新的經營領域具有重要意義。在商品經濟條件下，只有充分考慮到社會因素的影響，企業才能順利開展經營，也才可能取得預期的經營成果。

（5）保險市場競爭狀況。社會主義保險市場是一種商品經濟市場，無疑也存在競爭。保險市場競爭主要包括三個方面：第一是同業競爭，即保險企業之間在經營規模、種類、信息、服務質量和價格水平上層開的競爭。由於雲計算、搜索引擎、大數據等

技術的運用、互聯網參與方獲取和深度挖掘信息的能力大幅提高，保險消費者交易行為逐步實現可記錄、可分析、可預測，保險業的定價模式也可能深刻變化。第二是行業競爭，即保險企業同其他企業或事業單位相互滲透，乃至引起資金轉移而產生的競爭。第三是金融體系內的競爭，隨著金融創新的不斷湧現，金融行業之間的界限逐漸模糊，保險業的競爭已經不僅局限於行業內公司之間的競爭，還要擴展到金融體系內不同行業之間的競爭。目前，中國保險市場競爭的格局已初步形成，未來保險市場的競爭將日趨激烈，這就要求保險企業增強競爭意識，敢於競爭，善於競爭，並重視對保險市場競爭狀況的研究，掌握競爭對手的情況，據此確定經營對策，充分發揮自己的競爭優勢，出奇制勝。

（6）國家的政策和法令。國家的政策和法令是保險企業經營的政治法律環境，包括與保險經營直接或間接相關的一系列法律、法規、政策及其實施細則。保險經營的政治法律環境對企業經營有兩方面的作用：一是保護保險企業的合法行為和利益；二是取締企業的違法行為，限制其不良行為，以維護保險市場的正常秩序。政策和法令還會通過對經濟、社會的影響，從總體上制約保險企業經營的相關因素。因此，分析和研究企業經營的政策、法令環境，掌握企業經營的大氣候，對於穩定和開拓經營業務、把握經營方向具有十分重要的意義。

為實現《國務院關於加快發展現代保險服務業的若干意見》（以下簡稱「新國十條」）中對保險行業寄予的厚望，「構築保險民生保障網，完善多層次社會保障體系」，監管層多措並舉，引導保險業開闢新藍海，如2015年8月，保監會下發《個人稅收優惠型健康保險業務管理暫行辦法》，12月財政部、國家稅務總局、中國保監會等三部委聯合發布《關於實施商業健康保險個人所得稅政策試點的通知》，緊接著保監會又公布了《關於印發個人稅收優惠型健康保險產品指引框架和示範條款的通知》，以促進商業健康保險保持較快增長，滿足人民群眾日益增長的健康保障需求。

保險企業的內部環境和外部環境是辯證的統一體。企業內部環境是可以控製和改造的，它是企業經營的基礎和發展的源泉，而其外部環境則是不可控因素，是企業經營與發展的制約因素。兩者在一定條件下是可以互相轉化的。企業內部環境的改善可改變外部市場競爭實力對比，影響國家政策的制定和執行；企業外部環境如社會諸因素、人們的風險和保險意識、社會經濟發展水平中的各種因素也可能直接滲透到企業內部環境之中，成為企業內部環境因素。企業經營者的責任就在於，採取一切措施保持企業內外環境的統一，並根據外部環境的變動趨勢創造和改善企業內部條件，及時調整經營行為，以適應外部環境的變化。①

---

① 鄧大松、向運華. 保險經營管理學［M］. 2版. 北京：中國金融出版社，2011：22-27.

1.2 保險管理

1.2.1 保險管理的概念

保險管理是對保險經濟要素進行的計劃、組織、指揮、協調和監督活動。其目的是實現保險經濟活動的合理化，取得保險經濟最佳效益。

馬克思主義認為，管理產生於人們勞動的社會性或勞動的協作性。在個體勞動中，一切活動都是依靠勞動者個人承擔，獨立完成全部勞動過程，不區分哪些是經營活動、哪些是管理活動。隨著生產力發展，社會分工越來越細化，生產社會化程度越來越高，這時管理就作為一種專門職能從經營過程中分離出來，並成為大規模共同勞動得以順利進行的必要條件。因此，對經濟活動進行管理是社會化大生產的客觀要求和必然產物。

馬克思主義指出，在生產社會化條件下，企業管理的性質是雙重的：一方面，它是進行社會化大生產的必要條件，是社會勞動過程的一般要求，由此形成管理的自然屬性；另一方面，企業管理又是社會生產關係的反映，是實現一定生產目的的主要手段，由此形成管理的社會屬性。

保險是商品經濟發展到一定階段的產物，以風險為經營對象，尤其需要管理。通過管理，可以合理組織生產力，不斷維護、完善生產關係，合理配置企業資源，降低保險經營成本，增加企業盈利，提高保險企業的經濟效益和社會效益。

1.2.2 保險管理的意義

保險經營是一種集保障性、負債性、廣泛性於一體的特殊經營，更加需要加強企業管理。具體說來，加強保險管理的意義有以下幾個方面：

1.2.2.1 確保保險企業的償付能力

保險公司償付能力是指保險公司償還債務的能力，具體表現為保險公司是否有足夠的資產來匹配其負債，特別是履行其給付保險金或賠款的義務。保險業作為經營風險的特殊行業，其是否具有償付能力，不僅關係到投資者、債權人的利益，而且直接關係到廣大投保人的利益，是保險公司的社會責任，意義十分重大。

1.2.2.2 維護保險合同的公正性

由於保險合同比較特殊，主體之間的爭議不僅產生於投保人與保險人之間，有時還會產生於投保人與被保險人、被保險人與受益人及上述主體與第三人之間。爭議所反映出的問題非常複雜，專業性很強。為了防止保險人可能出現的詐欺等不實行為，保護被保險人的利益，樹立保險的可靠信譽，必須通過對保險經營的管理，對合同內容進行規範核實，對保險合同的履行進行嚴格檢查和監督。

1.2.2.3 貫徹「新國十條」保險發展方針

「新國十條」是建設保險強國的總方針、總保障。「保險成為政府、企業、居民風險管理和財富管理的基本手段，成為提高保障水平和保障質量的重要渠道，成為政府改進公共服務、加強社會管理的有效工具。」當前中國保險業仍處於發展的初級階段，不能適應全面深化改革和經濟社會發展的需要，與現代保險服務業的要求還有較大差距。為了加快發展現代保險服務業，完善現代金融體系、帶動擴大社會就業、促進經濟提質增效升級、創新社會治理方式、保障社會穩定運行、提升社會安全感、提高人民群眾生活質量，更需要對保險經營進行嚴格的科學管理。

1.2.3 保險管理的職能與任務

1.2.3.1 保險管理的職能

保險管理的職能是指保險企業管理人員在完成其管理任務時必須堅持的管理程序和基本職能。一般來說，保險管理的職能包括計劃、組織、指揮、調節和控製五個方面。

（1）計劃職能。計劃是根據上級指令和各種信息對企業經營目標進行預測，從而做出經營決策，然后編制長期和短期計劃，指導協調企業的各種經濟活動，並具體規定企業經營方針、程序和方案的管理活動。保險計劃是指從事保險經營活動以前，事先擬定的具體內容和行動步驟。保險計劃職能就是根據市場經濟發展需要和保險業本身的條件，通過周密的調查研究，預測未來，確定保險經營目標和方針，制訂選擇行動方案，做出保險經營決策。保險計劃是保險人從事各項保險活動的依據和實現保險經營目標的行動指南，因此，計劃職能是保險管理最基本的職能。

（2）組織職能。組織是按照已制訂的計劃，把企業的勞動力、勞動資料和勞動對象，從分工協作上，從企業上下左右層級關係上，從時間和空間的連接上合理地組織起來，形成一個有機的整體，使企業的人、財、物得到最合理的使用。組織職能是實現計劃目標的保證。保險管理的組織職能是指為實現保險經營活動的計劃目標和方案，合理設置經營管理機構，建立管理體制和制定規章制度，明確保險職能機構的分工和職責，將保險活動的各要素、各部門、各環節、各方面從縱向和橫向的聯繫上，在勞動的分工和協作、對外往來關係上，以及空間和時間的聯繫上合理地組織起來，使保險企業充分發揮人力、財力、物力應有的作用。

（3）指揮職能。指揮是領導機構或領導者行使職權而發號施令，一般是通過下達指示、命令等手段有效指導下屬機構和所屬人員來完成企業計劃目標的任務，履行領導者的職責。保險管理的指揮職能是指保險業的各級領導人為保證保險經營活動連續協調地進行和經營目標的實現，通過下達命令和指示，使保險系統內部各級各類人員的行為服從權威者的統一意志，將計劃和領導的意圖變成全體保險人的統一行動，使全體保險人在統一目標下相互協作，密切配合，全力以赴完成各自的任務。指揮是領導者意志的體現，是一種帶有強制性的活動。

（4）調節職能。調節即協調，是指調節各管理職能之間、上下左右層級之間、企

業內部和外部之間的關係，解決認識上的分歧，使大家協調一致，及時克服經營管理上的不平衡，樹立全局觀念，以實現企業預期的經營目標。保險管理的調節職能或協調職能是帶有綜合性、整體性的一種職能。它以保險經營計劃為核心，安排和部署所有經營活動，使保險各部門、各環節的活動相互銜接、相互協調和配合，保證保險經營活動有計劃地進行。

（5）控制職能。控制是指監督、檢查和考核下級機構和所屬人員完成任務的情況，及時發現問題、解決問題，防止偏差並採取積極的措施糾正指揮上的失誤。控制是指揮的必要手段。保險管理的控制或監督職能是指對保險經營計劃的執行情況進行檢查、考核、分析和處理。其目的在於通過對保險經營活動的測定，與計劃目標和實現目標的原則相比，發現偏差，找出問題，查明原因，採取措施，及時加以糾正，使保險活動符合保險經營規律的要求，按照客觀經濟規律辦事。

上述五種職能雖然各自具有相對的獨立性，但是是一個相互聯繫、有機結合的統一體，通過連續不斷的反覆循環，共同形成企業的整個管理過程。因此，各級保險企業在運用管理職能進行管理的過程中，必須全面執行，綜合使用，不可偏廢。但是隨著企業發展階段和經營目標的變化，保險企業的管理職能在某一時期可能有所側重。保險企業管理職能的作用能否得到充分的發揮，關鍵不僅在領導，而且取決於保險企業廣大員工對企業經營管理的全面認識和正確掌握，並把它運用於保險企業管理的全過程。

1.2.3.2 保險管理的任務

保險企業的性質決定其經營管理的任務。社會主義保險管理的任務總體說來就是合理組織和發展保險生產力，調整和完善保險企業內部的關係以及保險企業同國家、保險企業同其他企業、保險企業同被保險人之間的關係，調動企業和員工從事保險的積極性，以盡可能少的勞動占用和勞動耗費，提供盡可能多和優質的保險服務，更好地滿足整個社會對保險保障的需求。

保險管理的任務主要體現在以下五個方面：

（1）制定企業經營管理方針。經營管理的目標是指企業通過經濟活動所要達到的預期結果，它是保險企業一切經營管理活動的依據，貫穿於保險企業經營管理活動的全過程，規定了保險企業經營管理的方向。它既是觀察保險企業經營管理活動過程的標準，又是衡量、考核保險企業經濟效益和經營成果的準繩。保險企業的經營管理目標必須適應社會主義基本經濟規律的要求，要以黨的方針政策和相關法律為依據，以順利完成社會主義保險企業的基本任務為中心，取得最大的社會經濟利益。保險企業經營管理目標要體現一切經濟活動目標所具有的綜合性、階段性和可分性的特點，一方面綜合整個企業經營管理活動的總要求和總方向，另一方面要按照企業管理範圍、職能部門和不同管理層次，將總目標分解為各部門、各環節的具體目標。保險企業一旦確立了經營管理目標，就要為實現經營管理目標制定經營決策。正確的經營決策對企業經營管理目標的實現起到至關重要的作用。

（2）合理組織企業生產力。保險企業必須把保險生產力的各要素有機結合起來，

變成現實的生產力。生產力的基本要素是生產資料和勞動力，生產力作用發揮便形成社會生產。在生產力要素中，生產資料是社會生產的物質要素，勞動力是社會生產的活要素。勞動力和生產資料是一切社會從事物質資料生產的必備條件，要使它們形成現實的生產力就必須根據生產資料的性質、用途、使用方法和不同的生產技術條件與要求，把勞動工具、勞動對象和具有相應勞動技能的勞動者科學地結合起來，合理組織生產。保險企業中的設備設施等物質資料和保險勞動者，分別是保險經營管理的物的要素和人的要素。保險管理的重要任務就是根據保險經營的特點與條件，通過保險管理職能，把保險企業的人和物兩個要素有機地結合起來，組織現實的保險經營活動，使之形成現實的保險生產力。

（3）轉化科學技術為生產力。保險企業應根據中國國情和世界保險市場發展動態，研究和制定保險企業的發展規劃，不斷完善管理機制，廣泛應用先進技術，學習國內外先進經驗，提高管理效能，將其轉化為直接生產力，推動保險事業進一步發展。不斷完善保險企業的管理機制，是實現保險企業現代化管理的重要目標，也是提高保險企業管理效能的重要途徑。在保險企業內部實行經濟核算，擴大企業經營自主權，合理建構企業內部的管理機構和職能部門，改革計劃管理、資金管理、財務管理和人事管理，同時建立健全企業各項規章制度，實行行政方法、經濟方法和思想方法相結合，加強科技開發、引進、改造和推廣應用，把科學技術轉化為實際生產力。

（4）協調保險企業與各方經濟關係。保險經營過程中的經濟關係，表現為企業同國家、企業同企業、企業同個人、個人與個人，以及領導同員工之間的廣泛聯繫。從本質上講，經濟關係是生產關係的表現，是物質利益關係的集中反映。在社會主義制度下，保險企業同國家、企事業單位以及勞動者個人之間的經濟關係，雖然沒有對抗性的利害衝突，但相互之間也會出現一些矛盾。正確處理這些矛盾，合理協調保險企業同各方面的經濟關係，既是保險企業管理的重要內容，也是保險企業管理不容忽視的管理任務。因此，保險企業只有貫徹統籌兼顧社會主義基本經濟規律和黨的方針政策，依照責權利相結合的原則，實行經營管理責任制，從國民經濟綜合平衡的需要出發，運用保險企業管理的職能，正確處理保險企業與各方面的經濟關係，調動各方積極性，才能不斷提高企業的經濟效益。

（5）增加保險企業利潤。管理本身可以認為是生產力的重要組成部分之一，現代企業的生產力一方面來自企業的人力、財力、物力和科學技術，另一方面來自對企業各種資源的組織和管理。保險企業是國民經濟的一個綜合性部門，保險企業在經營管理過程中，只有實行內部管理和外部管理相結合的全面經營管理，調動一切積極因素，才能合理利用企業的人力、財力、物力，達到人盡其才、財盡其效、物盡其用的目標，不斷提高勞動效率，降低經營成本，保證企業基本任務的順利完成。

上述五項管理任務在一個時期內相對穩定，但在保險企業不同時期和不同發展階段，很可能出現新的變化，增添新的內容。在這種情況下，保險企業應根據客觀情況發展變化的需要，制定相應的具體任務來適應新的形勢。

1.2.4　保險管理的原則和方法

1.2.4.1 保險管理的原則

原則意為觀察和處理問題的準則。保險管理原則是指保險管理者在觀察和處理保險經營管理問題時所遵循的基本準則。保險管理原則來源於中國保險企業管理的實踐，是由保險經營管理的性質、職能和任務所決定的，反映了事物的客觀規律和國家方針政策的要求。在社會主義制度下，保險管理必須遵循以下原則：

（1）政治領導和經濟領導統一的原則。政治是經濟的集中表現，這是馬克思主義關於政治和經濟關係的基本觀點。中國是社會主義國家，中國實行的基本的政治和經濟制度是社會主義制度，因此堅持社會主義道路，堅持人民民主專政，堅持共產黨的領導，堅持馬列主義、毛澤東思想，是中國一切政治和經濟活動的最高準則。保險是社會主義經濟活動的一部分，因此，保險企業在經營管理過程中，必須堅持政治領導和經濟領導統一的原則，把維護和鞏固社會主義的政治和經濟制度作為保險管理的首要原則。

（2）民主集中制的原則。民主集中制的原則是指企業在經營管理中既要加強集中領導，又要依靠群眾、發動群眾、吸收群眾參加管理工作，把兩者有機地結合起來。民主和集中是不可分割的。企業管理只有建立在廣泛民主的基礎上，充分發揮群眾的積極性，集思廣益，才能達到高度的集中。同樣，也只有在集中的領導下，民主才能實現。民主是集中的前提和基礎，沒有民主就不可能有正確的集中，離開充分發揚民主，集中就難以實現。社會主義保險經營是建立在社會化大生產的商品經營基礎上，因此，保險經營過程中，不論採取哪一種領導責任制度（如經理負責制、黨委領導下的經理負責制或黨委領導下的集體分工負責制等），都必須根據國家制定的法律法規和方針政策，集中和統一保險勞動者的意志，組織、指揮和監督保險企業的整個經營活動。

（3）管理現代化原則。保險管理現代化包括管理思想、管理組織、管理手段、管理人員現代化和管理方法科學化。所謂管理思想現代化，主要是指保險管理者要把保險當作一種商品來經營，摒棄社會主義保險是一種純福利事業的觀點，確立保險經營的商品觀念、市場競爭觀念和效益觀念等。管理組織現代化，即對保險經營管理的組織形式、管理體制、組織機構、規章制度、人員素質和配備等的設計、設置和調整要適應現代經營管理的要求，確保保險經營決策的實施和經營目標的實現。管理手段現代化，則指根據保險企業經營的需要，在管理工作中，逐步採用包括電子計算機、先進的通信設備和自動化的辦公設備等現代化管理工具，建立起以電子計算機為主要工具的管理信息系統。管理人員現代化，即要求保險系統內的各級各類管理人員，應掌握現代經營管理所必需的各種專業知識和技能，做到既有較豐富的管理理論和實踐經驗，又有創新和開拓精神。管理方法科學化，是指保險管理者在管理工作中按照客觀規律的要求，運用系統論、控製論、信息論的原理和方法，依靠充分而準確的數據信息把定性分析與定量分析結合起來，進行有效的組織和控制，以實現整體最優化的管理。

（4）經濟效益原則。講求經濟效益，就必須加強經濟核算，努力做到以較少的勞

動占用和勞動耗費取得最佳經濟效益。經濟效益原則是一切經濟管理必須遵循的一般原則，也是保險管理必然遵循的重要原則。經濟核算是企業管理的基礎，是發揮企業經營管理主動性和積極性的基本條件。因為實行經濟核算就是記帳、算帳，所以通過記帳、算帳和經濟活動分析，就能確切知道企業經營活動的情況和經營成果的好壞，就會發現企業管理的成功經驗和薄弱環節。為實現社會主義基本經濟規律的要求，提供更多更好的保險服務，保險管理者不論在立法和制定政策規章上，還是在組織機構設置和勞動優化組合等方面，都應以提高保險效益為出發點和落腳點，尊重和利用價值規律以保持保險市場供需平衡，正確處理保險企業自身經濟效益與社會效益的關係，以及保險短期效益和長遠利益的關係。

（5）責權利相結合的原則。責任和權力是相互聯繫、相互制約的兩個方面。授之以權，委之以責。不賦予當事人一定的權力，責任制就會落空，如果只有權力而不建立責任制，就會出現濫用權力的現象。因此必須堅持責、權相結合的原則，改變有權者不承擔責任，承擔責任者沒有權力的狀況，實現責任到人、權力到人。在有計劃的商品經濟體制下，必須講求物質利益原則。為了正確實現保險企業的利益，應當把保險企業的經營成果同員工的利益結合起來，經營成果的大小和勞動貢獻的多少決定員工物質利益的多少，實行按勞分配，把物質利益作為調動員工積極性的手段之一。責、權、利三者是相互制約、緊密結合的統一體。不明確經濟責任，沒有相應的權力，就無法取得良好的經濟效果，就無從實現物質利益的原則。正確貫徹物質利益的原則有利於調動職工的積極性，處理好各方面的關係，成為實現責任制和自主權的物質動因。

1.2.4.2 保險管理的方法

為了實現保險管理的目標，保險管理在遵循一定原則的基礎上還要採用適當的管理方法。根據管理方法性質的不同，將保險企業管理的方法歸納為經濟方法、行政方法、法律方法、系統工程方法、教育方法五種。

（1）經濟方法。經濟方法是一種根據客觀經濟規律的要求，運用價格、稅收、利息等與價值範疇相聯繫的經濟槓桿，正確處理各種經濟關係來管理保險經營的方法。經濟方法的特點是不具有強制性，它是一種間接的影響方法，利用經濟槓桿刺激管理對象，以達到預定的目的，而不是利用行政命令，直接規定任務或限制活動範圍。在管理保險經營時，運用經濟方法是商品經濟關係的內在要求，是保險管理的基本方法，不是憑人的主觀意志決定的，而是社會主義經濟規律的客觀要求。

用經濟方法管理保險經營，客觀上要求做到以下四點：第一，根據社會化大生產和社會主義市場經濟的要求，按經營過程中的自然規律和技術規律合理組織保險生產力。也就是說，要打破部門、地區和所有制的限制，按照經營社會化、專業化和經濟合理的原則，建立各種跨系統、跨地區的分保關係，組織發展各種專業公司，使保險生產力得到充分利用。第二，尊重經濟規律特點，尊重和利用價值規律，在保險經營中堅持等價交換原則。第三，利用經濟措施管理保險經營，即利用各種經濟槓桿以及經濟合同和貫徹經濟責任制來調節保險經營活動；以物質利益的誘導、刺激來調節保險合同關係雙方當事人的積極性、主動性，並正確處理各方面的物質利益關係，把國

家、企業和勞動者個人的利益結合起來，既使企業和勞動者從物質利益上關心經營成果，又要保證國家對保險經營宏觀調控的實現。第四，建立健全經濟核算制，講求經濟效益，以經濟效益來衡量各個保險企業的經營成果。

但是，經濟方法作為一種強調貫徹物質利益原則的方法，不可避免地具有它的局限性。由於經濟方法主要是調節人們的經濟效益關係，不直接干預和控制人們的經營行為，所以不能依靠它來解決經濟管理中許多需要嚴格規定或立刻採取措施的問題。特別是不能依靠它來解決經濟活動在技術業務方面的問題。此外，也不能完全依靠經濟方法來調動企業和職工的積極性。人們除了有物質方面的需要以外，還有更多的精神和社會方面的需要。因此，經濟方法在調動企業和職工的積極性方面的作用不是無限的。由於經濟方法是一種強調物質利益的方法，因此過分地依賴這種方法就會產生各種自發的自由主義傾向，如產生封鎖技術、濫發獎金等問題。

（2）行政方法。行政方法是依靠國家行政機關或行政組織系統的職權，通過下達命令等手段來管理保險經營的方法。行政方法也是經濟管理的客觀需要。因為在社會化經濟活動中，調節人們在生產、經營過程中的行為，除採用經濟手段外，還必須依靠行政手段來統一人們的意志和行為。在社會主義制度下，國家作為社會經濟宏觀調節的中心，也必須憑藉行政權威，採用行政手段調節保險領域內其他經濟手段不能調節的各種比例關係，實現勞動者、生產資料和科學技術的合理結合。

行政方法也存在一些局限性。行政方法強調的是工作關係，不重視人的多方面需求，被管理者往往處在被動和受強制的地位。單純使用行政方法，會使勞動群眾在進行經濟活動時的積極性和創造性受到一定程度的壓抑。行政方法強調管理權力的高度集中，高層決策者擁有管理的全權。由於人們認識的局限性，高層決策者很難及時掌握經濟活動變化的各種信息，其決策難免會有失誤之處。在各種權力高度集中的情況下，下級不能自行根據情況的變化採取相應的措施和行動。因此，單純地依靠行政方法，就會影響經濟組織對環境系統（外界變化）的適應性，容易產生經濟組織活動的呆板和被動的情況，影響經濟管理的效果。

但是應該指出，在保險經營管理中，採用行政方法並不等於不發揚民主，不走群眾路線的強迫命令和瞎指揮。一切行政管理手段都必須符合經濟規律的要求和人民群眾的願望。正確的行政指示和命令本身應該是客觀經濟規律和階級意志的統一。也就是說，在保險管理中，運用行政方法，既是按經濟規律辦事的具體體現，又是統一意志和行動的手段。保險管理者重視行政方法的作用，把行政方法與經濟方法結合起來，就會產生較好的管理效益。

（3）法律方法。法律方法是一種以國家制定的法律為手段，通過處理、調解各方面的經濟糾紛和經濟關係來管理保險經營的方法。在保險經營管理中，採用法律的方法，乃是由保險經營的特點決定的。保險作為一種契約關係，本身就是一種法律行為。因此，從某種意義上說，保險經營過程是一個履約過程。從合同的簽訂到當事人雙方的履約，每個過程、每個環節都與法律相連。法律方法作為調整和處理國家、企業與個人之間的經濟關係的法律規範，用國家強制力來保證實施，具有其他方法所不能代替的作用。

法律方法和行政方法都帶有一定的強制性，但法律方法又具有行政方法不能代替的特殊功能。首先，法律比行政命令、指示、決定更具有強制性與約束力。法律面前人人平等，無論工作職位高低，凡是利用職權營私舞弊或玩忽職守，給國家、集體或個人造成經濟損失並觸及法律的，都要受到有關法律的制裁。其次，法律方法明確規定保險企業同各個方面的經濟關係，遇到問題有章可循、有法可依，可得到公正、迅速的解決。最後，法律方法從法制上把保險企業廣大職工的責、權、利結合起來，把經營成果和物質利益聯繫起來，從而有利於調動保險企業職工的積極性，有利於加強企業內部的經濟核算和改善經營管理。

需要指出的是，行政方法、法律方法和經濟方法三者之間也是密不可分的。經濟方法是按照經濟規律的要求辦事，行政方法和法律方法同樣也是按照經濟規律辦事。正確的行政手段和正確的法律條文，本身就是客觀規律和人民意志的統一。行政方法和法律方法既可以補充經濟方法的不足，又制約著經濟方法。法律方法是同危害公共利益的行為做鬥爭的有力手段，是實現國家計劃、嚴肅保險合同的有效保證，是提高保險經營效益的有力工具，同時可以保障經濟方法和行政方法的順利實現。因此，三者是緊密聯繫、相輔相成的。

（4）系統工程方法。系統工程方法是指以系統為對象，運用系統的觀點，以及系統工程的方法和技術，對企業進行分析研究和組織管理的方法。保險企業的體系是一個龐大、複雜的系統，下屬還有分系統、子系統，既有縱向聯繫，又有橫向聯繫，從而形成一個多層次、多環節、多功能的結構。因此，要對保險企業進行科學有效的管理，就必須從保險活動的整體出發，把問題擺在系統中來加以分析研究。但在保險企業的管理中，各個局部的最優，並不一定保證全局的最優，只有按照保險企業經濟活動的內在聯繫，加強各系統的有機協調配合，才能從根本上保證全局經濟效益的最優化。

保險系統的外界環境是指保險系統與國民經濟這個更大系統的關係，它是由保險與生產、流通、外貿、市場等方面的關係構成的。因此，在運用系統工程的方法管理保險企業時，必須研究這些外界環境的情況、動向和變化，並按照適應協調的要求，發揮保險系統特有的功能。另外，要注意運用精算方法和電子計算機技術。精算方法可以將對問題的分析進一步深化和精確化。運用電子計算機快速、準確的計算能力，可以為解決保險系統的複雜問題提供最優手段和先進工具。

在現代保險經營過程中，社會分工細密，各部門、各單位、各企業聯繫密切，社會化、專業化程度日益提高，同時，保險經營從經營環節到經營手段，從物的因素到人的因素，都要求高度科學化、技術化。因此，對保險經營進行管理，除採用經濟方法、行政方法和法律方法外，還必須運用系統工程方法。

（5）教育方法。教育方法是指通過對勞動者的特長、思想、情緒、態度、願望、要求以及社會關係加以分析研究，在有針對性地做好思想政治工作的基礎上，組織動員群眾，調動一切積極因素，以實現保險經營目標的方法。在保險經營管理中採用教育方法，是由中國社會主義市場經濟體制下保險企業的本質和歷史地位決定的。當然，片面誇大思想政治工作的作用，宣揚政治決定一切而否定物質利益原則和其他方法是

非常錯誤的。同樣，片面誇大物質利益的作用，而否定或忽視職工的愛國主義、集體主義、社會主義和共產主義教育，也是錯誤的。在保險經營管理中採用教育方法提高保險職工、幹部的思想覺悟、道德情操，調動一切積極因素，是保險企業貫徹執行黨的路線、方針、政策，嚴格遵守國家的法律、法令與規章制度，堅持保險經營的社會主義方向的需要，是發揮經濟方法、行政方法、法律方法和系統工程方法在保險管理中的作用的重要保證。

以上五種方法是保險管理的一般方法，並且這五種方法是相互聯繫、互為補充的，只有正確結合使用才能提高保險管理水平，實現保險企業的經營目標。

1.3 保險企業經營管理概述

1.3.1 保險企業經營管理的意義

社會主義保險企業的經營管理是指在社會主義生產方式下，保險企業按照現代科學管理的原則、程序和方法，對保險企業的人力、物力、財力和各項經濟活動，進行決策、計劃、組織、指揮、監督和協調，從而以盡量少的勞動耗費，取得最佳經濟效益。

保險企業經營管理的重要意義主要表現在以下方面：

1.3.1.1 保險企業經營管理是充分發揮保險企業職能作用的必要條件

社會主義保險企業是在社會再生產過程中，專門從事組織保險基金，對意外災害事故進行經濟補償或給付的經濟組織，是國民經濟中不可缺少的重要組成部分。保險企業要發展，除了組織正常的各項業務活動外，還必須建立一支能掌握保險業務技術的員工隊伍，配備相應的技術裝備，建立信息系統。同時，保險企業在企業內部還必須建立各種職能部門和科學的勞動組織形式。而所有這些只有通過科學的管理，才能保證保險企業內部的人、財、物和信息的統籌安排，緊密結合，也只有這樣，才能實現各職能部門、各工作環節的有機配合與分工協作，保險企業的職能作用才能到充分的發揮。

1.3.1.2 保險企業經營管理是提高保險企業經濟效益的重要手段

經濟效益的提高，主要依靠一個企業合理組織人、財、物和信息。因此，加強保險企業的管理，是提高保險企業經濟效益的重要途徑。新中國成立以來，中國企業管理的實踐充分證明了這一點。加強企業管理，按客觀規律辦事，中國的經濟就能得到發展，反之則會受挫。

1.3.1.3 保險企業經營管理是不斷完善社會主義經濟關係的客觀要求

保險企業的各項經濟活動，必然要與國民經濟的各部門及廣大勞動人民之間發生各種經濟關係。就國民經濟來說，保險企業與工業、農業、商業、外貿、交通運輸、財政、金融等都發生直接或間接的經濟關係。就保險企業的內部來說，既有中央與地

方、上級與下級的縱向關係，又有公司與公司之間的橫向關係，以及企業與企業之間的經濟關係。隨著中國社會主義經濟體制改革的不斷發展，這些經濟關係也必將不斷地發展和變化。因此，按照加強宏觀經濟控製並把微觀經濟搞活的要求，按照國家利益、集體利益和個人利益結合的原則，加強保險企業內部管理，實現分工明確與相互協作，是不斷改善社會主義經濟關係的客觀要求。

1.3.2 保險企業經營與管理的聯繫

經營與管理是既有區別，又密不可分的兩個概念。就一般意義來說，管理是對系統的控制，是人們為了達到預期目標而進行的有組織、有計劃的活動。沒有管理，人類社會就無法進行正常的生產，生活和工作秩序就建立不起來，人們的社會活動就不可能順利進行。而經營則是一個歷史範疇。廣義的經營是指企業達到預期目標活動的總稱。經營與管理的區別主要是管理側重企業內向的組織活動，而經營側重企業外向的業務開拓。那麼保險經營與保險管理到底存在怎樣的內在聯繫呢？

1.3.2.1 保險經營與保險管理相互配合，同步進行

保險企業的經營和管理活動是緊密結合在一起、同步進行的。例如，保險企業為擴大市場份額進行新險種開發，開發哪些新險種，增設多少為宜等都屬於保險經營決策。在做出經營決策時，保險企業還必須考慮以何種方式開發新險種、員工能否勝任這項任務、保險市場的需求、開發資金等等，這些就是計劃、組織和協調，屬於保險管理的工作。可見，保險經營與保險管理只有相互配合，同步開展，才能使保險企業的經營活動有條不紊地運行。

1.3.2.2 保險管理指導經營的同時又為保險經營服務

為擴大保險企業經營規模，保險企業必須對保險市場進行全面調研，對供求狀況和發展趨勢做出預測；同時，還必須對人力、物力、財力做出一系列安排和調度等管理職能的運作。如果沒有保險管理，擴大企業經營規模就無從實現。在保險經營過程中，保險管理部門會針對經營決策的可行性形成和提出指導性意見，例如資金條件是否具備、保險需求是否形成、員工素質是否適應等，以免盲目擴大經營規模。

1.3.2.3 保險經營與保險管理相互促進，相互制約

在競爭日益激烈的保險市場，保險管理必須採取現代化和科學化的方式，而要想使用先進的保險管理手段，必須提高保險經營水平。管理方式受制於一定的經營方式，反過來保險經營技術的提高也促進保險管理的發展。隨著保險經營從簡單方式發展到全面開放、全球協作的經營方式，保險管理也從憑個人經驗判斷管理轉變為科學系統的標準化管理。

經營與管理的關係是經營決定管理，管理促進經營，管理中有經營，經營中有管理，兩者互為表裡，是一個統一的整體。

2 保險市場管理

市場是商品經濟的產物,而保險作為商品經濟的重要組成部分,只有在市場中交換才能實現其價值。狹義的保險市場是指保險公司與客戶雙方對保險商品進行交換的場所;廣義的保險市場是指保險商品交換及交換過程中的相關勞務供求關係的總和。

2.1 保險市場的特徵

2.1.1 保險市場是直接的風險市場

保險來源於風險,保險商品本身就與風險直接相關,為各種風險提供保障。投保人、被保險人通過保險將自身的特定風險分散轉移給保險人,保險人則通過保險市場集合併分散風險。因此,保險市場是一個直接的風險市場。

2.1.2 保險市場是無形市場

保險市場的無形性與科學技術的進步直接相關。在社會經濟發展初期,由於科技的不發達,保險公司一般在固定的交易場所進行保險商品的交易,並且需要當事人當面進行交易。但隨著科技的迅猛發展,尤其是網路通信和電子設備的應用,保險商品的交易較少局限在固定的時空,利用電話、手機 App、互聯網等通信工具隨時進行交易越來越受歡迎,保險展業、投保、簽單、索賠、理賠、追償等環節都可以通過這些現代化通信工具完成,保險市場趨於無形的特點愈發顯著。

2.1.3 保險市場是非即時結清市場

交易當場錢貨兩訖,即時完成,屬於即期交易。而金融市場中很多商品交易都存在時間差,如債券市場、期貨市場,人們通過時間差來獲取收益。保險是一種特殊的金融商品,由於風險的不確定性和保險合同的射幸性,保險合同成立時是無法確定合同是否履行的,不能立刻結清,最終交易結果要看約定的保險事件是否發生,其間隔時間也是不確定的,壽險的期限長達幾十年,而短期意外險只有幾天或幾個月。

2.1.4 保險市場是特殊的「期貨」交易市場

保險合同實質是保險人對未來風險事件發生而造成被保險人經濟損失的補償承諾。由於保險合同具有射幸性,保險人是否履約取決於保險期限內是否發生約定的保險事

故或者約定的期限是否屆滿，以及風險造成的損失是否達到約定的補償或給付條件。這一點與期貨現在進行買賣，未來進行交割的特點極為相近，所以保險商品的交易在某種程度上類似於期貨。

2.2 保險市場的構成要素和運行機制

2.2.1 保險市場的構成要素

一個完整的保險市場應當包括保險商品的供給方、保險商品的需求方、公平合理價格下的保險商品以及健全完備的仲介四大要素。

2.2.1.1 保險市場的主體

在早期的保險市場，由於保險公司數量較少，主要採用直銷的方式銷售保險商品，因此保險市場的主體只有保險商品的供給方和需求方。隨著保險市場的不斷發展與開放，可保風險日益複雜，保險業競爭激烈，保險營銷趨於區域化和國際化，此時保險仲介應運而生，其能夠幫助保險供求雙方溝通並達成交易，促使保險市場順利運行，成為保險市場不可或缺的基本要素之一。

（1）保險商品供給方。保險商品供給方是指在保險市場上提供保險商品的各類保險人。在保險市場上，保險人可以具有不同的組織形式，一般可分為個人保險組織、公司保險組織、合作保險組織、行業自保組織。受經濟全球化和金融混業經營趨勢影響，併購浪潮迭起，出現了一批綜合性的保險集團或金融控股公司，這些金融機構或專營保險業務，或兼營保險業務在內的多類金融業務，在金融領域擁有強大的市場影響力。但無論何種形式的保險組織，都必須根據國家法律規定獲得認可和執照才能設立和營運。

（2）保險商品需求方。保險商品的需求方是指保險市場上所有現實和潛在的保險商品購買者，即投保人。投保人既可以是個人、家庭，也可以是單位、特定團體。不同的投保人有不同的保險需求，但他們都希望通過保險分散和轉移特定的風險，這就要求保險人適應形勢變化去開發新險種、新業務，來滿足其不斷變化的保險需求。

（3）保險仲介。保險仲介又稱保險輔助人，是指於保險機構之間、保險人與投保人之間或獨立於保險人和投保人的第三人，是專門為保險交易雙方提供服務，並從中依法獲取傭金或服務費的個人和單位，主要包括保險代理人、保險經紀人和保險公估人。保險仲介是保險市場精細分工的結果，推動了保險業的發展。其滿足了保險供需雙方的訴求，促使交易更加迅速地合意完成，對保險經濟關係的形成和實現起到不可替代的作用，成為保險市場中與傳統的供需雙方、保險商品三要素並列的要素。

2.2.1.2 保險市場的客體

保險市場的客體就是保險商品，即保險市場上供給方和需求方的交易對象。保險商品是保險供給方提供的滿足需求方風險轉移需要的一種特殊形態的商品。

與普通商品相比，保險商品的特殊性在於以下五個方面：

（1）無形性。保險商品是一種無形的商品，實質是一種經濟保障的承諾。它看不見，摸不著，也不能試用，只能在約定的保險事件發生或者約定的期限屆滿時履行，具有很強的抽象性，無法為客戶感知。無形性正是保險商品和其他有形商品之間的最大區別。

（2）非渴求性。非渴求性商品是指消費者一般情況下不會主動購買的商品，保險商品就屬於此類。保險是風險管理的重要工具之一，而保險中的常見風險往往涉及傷殘、死亡、疾病、損失等人們談之色變或不願提及的情況，此外，由於保險合同的射幸性，部分人抱有僥幸心理，認為這些事故不會降臨到自己身上，從而忽視保險保障的重要性，不會主動購買保險商品。這個特點也決定了保險推銷工作的重要性，尤其是在廣告宣傳和人員推銷環節上，只有讓大家瞭解保險商品，熟悉其特點，才能使人們正確看待保險，將之作為市場上正常的商品，針對自己的需求進行購買。

（3）異質性。保險產品的異質性是指保險產品的多樣性和服務範圍的廣泛性。當今社會高科技和互聯網、大數據當道，風險具有加速生成的特點，各類新型風險不斷出現。同時，客戶的個性化需求也越來越強烈。因此，保險人必須提供更多樣的產品和範圍更廣泛的服務，以滿足不同區域、不同顧客的各種保險需求。

（4）複雜性。與儲蓄、股票、債券等大眾熟知的金融產品相比，保險商品比較複雜。客戶只要知道儲蓄的存款本金和利率、股票的買入賣出價、債券的票面價格和利率，就可以很容易計算出收益。而保險商品分為財產責任保險和人身保險兩大類，涉及保障責任的界定、保險費率的計算、保費的繳納方式、保險金額的確定、責任免除等很多專業性問題，普通客戶難以理解，並且大部分保險事故的發生不以人的意志為轉移，時間地點均無法確定，因此保險商品很難計算收益。

（5）隱形性。與一手交錢、一手交貨的現貨交易不同，保險商品具體呈現在保險合同中，投保人購買保險後收到的是保險合同，即獲得了保險人向投保人做出的承諾。只有當在合同有效期間內發生了保險事故，投保人、被保險人從保險人那裡得到賠償或給付，才能真實感受到保險商品的存在及保障作用，所以保險商品的消費是一種隱形消費。

2.2.2 保險市場的運行機制

市場是以市場機制為核心的一個經濟活動的系統，要想市場正常運轉，需要市場機制內的供求機制、價格機制、競爭機制相互結合、相互制約達到均衡的狀態。保險市場是商品經濟發達的產物，市場中交易主體眾多，將市場機制引入，結合保險監管，可使保險市場運行更加有序。

2.2.2.1 保險市場機制的含義

保險市場機制，是指將市場機制應用於保險經濟活動中所形成的價值規律、供求規律及競爭規律三者之間相互聯繫、相互制約、相互作用的關係。

2.2.2.2 保險市場機制的運行條件

要使保險市場機制有效運行，需要滿足以下條件：

（1）市場交易主體必須存在自己追求的特殊經濟利益。不同主體追求的經濟利益存在的差異是保險市場機制運行的內在動力。其在保險市場中表現為投保人在相同保障條件下追求支出最低保費，或在同等保費條件下希望獲得最大程度的保障；相反，保險公司希望盡可能提高保單價格和盈利水平。

（2）保險商品的價格需要一定的浮動空間。價格是供求關係變化的直接反映。

（3）保險商品需要一定幅度的自由供求關係。商品價格的變動可自發調節市場供求；價格上升，會刺激生產者增加供給，導致消費者減少需求；價格下降，會引起消費者增加購買，抑制生產者的供給。

（4）保險資本有一定限度的自由流動性。

2.2.2.3 保險市場機制的運行

在保險市場中，隨著保險商品的價格波動，保險的供給和需求發生變動，但由於保險商品的特殊性，所以價值規律、供求規律、競爭規律也表現出特殊的作用。

（1）價值規律。價值規律是商品生產和交換的基本經濟規律。它要求商品按照價值相等的原則互相交換，而商品價值量取決於社會必要勞動時間。商品的價格由價值決定，商品價格既反映價值量，又反映供求關係的變化。

在市場上，當某種商品供不應求時，其價格就可能上漲到價值以上；而當商品供過於求時，其價格就會下降到價值以下。同時，價格的變化會反過來調整和改變市場的供求關係，使得價格不斷圍繞著價值上下波動，但從長遠看來，供求大體是均衡的。對於保險市場，價值規律的主要作用是促使保險經營者合理分配各險種消耗的社會必要勞動時間，並盡可能使個別勞動時間低於社會必要勞動時間來提高經濟效益。

保險商品是一種特殊商品，這種商品的價值一方面體現為保險人提供的保險保障（包括有形的補償或給付和無形的心理保障）所對應的等價勞動的價值，另一方面體現為保險從業人員社會必要勞動時間的凝結。[①] 保險商品的價格由保險費率確定，投保人據此所交納的保險費是為換取保險人的保險保障而付出的代價，無論從個體還是總體的角度，都表現為等價交換。但由於保險費率主要是依據歷史經驗而測算出的未來損失發生的概率，所以，價值規律對於保險費率的自發調節僅限於凝結在費率中的附加費率部分的社會必要勞動時間。因此，價值規律對於保險商品的價值形成方面具有一定的局限性，只能通過要求保險企業改進經營技術、提高服務效率，來降低附加費率成本。

（2）供求規律。供求規律表現的是商品的供給和需求之間的關係，它通過對供需雙方力量的調節達到市場均衡，從而決定市場的均衡價格，即供求狀況決定商品的價格。就一般商品市場而言，商品價格形成直接取決於市場的供求狀況；但是保險商品的價格即保險費率，不完全由市場供求狀況決定。儘管供求狀況能在一定程度上影響

---

① 魏華林，林寶清．保險學［M］．3版．北京：高等教育出版社，2011：328．

保險費率，但保險市場上保險費率的形成主要取決於風險發生的頻率。風險發生概率高，相應的保險商品價格就高，反之就低。例如，人壽保險的市場費率，是保險人根據預定死亡率、預定利率與預定營業費用率事先確定的，保險人不能就保險需求的變化隨意調整市場費率，需由專門的精算技術予以確立。儘管費率的確定要考慮供求狀況，但是供求狀況本身並不是確定保險費率的主要因素。

（3）競爭規律。競爭規律是保險市場中的重要規律。一般的商品市場競爭，就其手段而言，價格是最有利的競爭手段。在保險市場上，價格競爭也一度成為最主要甚至是唯一的競爭手段。為了在市場上取得競爭優勢，有的保險人甚至將費率降至成本線以下，結果使得一些保險人難以維持，甚至破產倒閉，最終影響廣大被保險人的利益。其實，在保險市場上，由於交易的對象與風險直接相關聯，風險發生的頻率等才是決定費率的主要因素，供求僅僅是費率形成的一個次要因素。因此，一般商品市場的價格競爭機制，在保險市場上必然受到某種程度的限制，並且價格競爭只是競爭的一種方式，在很多情況下，保險市場的競爭成敗更多地取決於服務和保險產品方面。

總體說來，保險市場是社會生產總體的一部分，同時存在一定特殊性。我們應當正確認識市場機制的功能，在保險市場中既要充分發揮其調節作用，也要注意市場外其他因素對市場機制的制約作用。

2.3 保險市場的模式、組織形式及結構

2.3.1 保險市場模式

在經濟學中，我們通常按照市場上廠商的數目、各廠商供給產品的差異程度、單個廠商對價格的控製程度以及廠商進入或退出市場的難易程度來劃分市場類型，據此可將保險市場分為完全競爭型、完全壟斷型、寡頭壟斷型、壟斷與競爭並存型。

2.3.1.1 完全競爭型保險市場

完全競爭型保險市場又稱自由競爭型保險市場，是指一個保險市場上存在數量眾多的保險公司，每家保險公司提供無差異的同質保險商品，且能夠自由進出市場；任何一家保險公司都不能單獨左右市場價格，即都是價格接受者，由保險市場自發地調節保險商品價格；供給雙方自身掌握或通過仲介人獲取充分的信息，交易完全自由。在這種市場模式中，保險資本可以自由流動，價值規律和供求規律充分發揮作用，由市場配置各類保險資源。政府對保險企業監管相對寬鬆，主要由保險同業公會在市場管理中發揮重要作用。

一般認為完全競爭是一種理想的保險市場模式，它能最充分、最適度、最有效地利用保險資源。因而，保險業發展較早的西方發達國家的保險市場多為這一類型。

2.3.1.2 完全壟斷型保險市場

完全壟斷型保險市場，是指保險市場由一家保險公司操縱，這家公司的性質既可

是國營的，也可是私營的。在完全壟斷的保險市場上，價值規律、供求規律和競爭規律受到極大的限制，其他公司無法進入該市場，沒有可供選擇的保險人，自然也就不存在競爭，沒有可替代產品，保險消費者只能購買這一家保險公司提供的保險商品，市場價格也由該公司決定，因而，壟斷保險公司可憑藉其壟斷地位輕易獲得超額利潤。

完全壟斷模式又可細分為兩種模式：一種是專業型完全壟斷模式，即一個保險市場內存在兩家或兩家以上保險公司，每家公司專營一類保險業務，相互間業務不交叉，以保持其在細分市場上的壟斷地位；另一種是地區型完全壟斷模式，指在一國保險市場上存在兩家或兩家以上保險公司，每家公司壟斷某一地區的保險業務，並不得向其他公司壟斷區域滲透。

完全壟斷下的保險市場資源配置扭曲，效率低下，只有經濟十分落後的國家、地區出於控制的需要才會選擇這種市場模式。

2.3.1.3 寡頭壟斷型保險市場

寡頭壟斷型保險市場，是指在一個保險市場上，只存在少數幾家相互競爭的保險公司。在這種模式的市場中，保險業經營依然以市場為基礎，但保險市場具有較高的壟斷程度，競爭是不充分的，其他保險公司進入市場較難。保險市場上的競爭主要是國內幾家大型保險公司之間的競爭，形成相對封閉的國內保險市場。

2.3.1.4 壟斷與競爭並存的保險市場

與完全競爭和完全壟斷這兩種極端的保險市場模式相比，壟斷與競爭並存的保險市場更為常見，大部分發達國家採取此種模式。這種保險市場模式下，大小保險公司並存，少數大保險公司在市場上取得壟斷地位，保險公司能較自由地進出市場。各公司提供有差別的保險商品，投保人可以根據自身情況做出最合適的選擇。同業競爭在大壟斷公司之間、壟斷公司與非壟斷公司之間、非壟斷公司彼此之間激烈展開。

2.3.2 保險市場的組織形式

保險市場組織形式的選擇，取決於該國原保險基礎以及對保險業前景的規劃。一般自由度越寬鬆，市場的組織形式越傾向於多樣化。一國經濟所有制形式的多樣化，客觀上也要求保險組織形式的多樣化。股份制和相互制保險組織是世界範圍內最常見的兩種形式，幾乎得到所有的非壟斷性司法管轄區的允許。另外還有其他組織形式，如相互保險社、保險合作社、勞合社、非營利性服務計劃、健康保障組織等等，這些形式只在個別國家得到許可。多數國家允許在本國經營的外國保險人，其法定形式應適用國民待遇。

2014 年國務院發布了「新國十條」，鼓勵發展多種形式的互助合作保險。2015 年 1 月，中國保監會印發了《相互保險組織監管試行辦法》，對相互保險組織的定義、設立條件、會員、組織機構和業務規則等做出規定。2016 年 6 月 22 日，保監會批准信美人壽相互保險社、眾惠財產相互保險社和匯友建工財產相互保險社三家相互保險社試點。眾惠財產相互保險社於 2017 年 2 月 10 日獲得保監會開業批覆，並於 2 月 14 日獲得營業執照，成為中國首家開業的相互保險社。

中國開展相互保險試點，是現有市場主體的合理和必要的補充。相互保險可以促進股份制保險更加注重長期利益，股份制保險則帶動相互保險更加注重提高經營效率，兩者始終在共同推動保險業不斷向前發展。這兩者之間不是簡單的替代關係，而是「補短板、填空白」。《相互保險組織監管試行辦法》為相互保險的發展打開了大門，不同的組織形式在不同的領域有比較優勢，幾乎所有的保險公司都是股份制不應該是社會主義市場經濟必須具有的特質，選擇何種組織形式應由市場和國情來決定。由於相互制和股份制存在顯著差異，現行《中華人民共和國公司法》《保險公司章程指引》等法律法規對相互保險形式並不完全適用，所以中國監管還需跟上步伐，提升保險服務經濟社會的能力。

2.3.2.1 個人保險組織

個人保險組織是指以自然人名義承保保險業務的一種組織形式。由於個人資本能力和信譽有限，目前在世界各國個人保險組織很少，主要存在於英美保險市場上，其中最為典型的是英國倫敦的勞合社（Lloyd's）。

勞合社由 1688 年開設在倫敦泰晤士河畔的勞埃德咖啡館演變而來，1871 年英國議會通過法案，宣布其成為正式的社團組織，其業務從海上保險擴展到主營非壽險業務。勞合社最初只允許承擔無限責任的個人投資者進入，1994 年改革后允許法人資本進入，並允許個人社員退社或合併轉成有限責任的社員，因此改革后的勞合社，其個人承保人和無限責任的特色逐漸褪去，但這並不影響勞合社在世界保險業中的領袖地位。

勞合社是世界上最大、歷史最悠久的保險機構，它設計了史上第一張盜竊保險單，為第一輛汽車和第一架飛機出立保單，近年又是計算機、石油能源保險和衛星保險的先驅，在世界保險業中有著特殊的地位。其所出具的保單條款、制定的費率在世界保險市場上是一直被效仿的對象。隨著人口轉移、城市化和風險複雜性的日益增加，勞合社為跟上客戶需求，保持快速的產品開發速度，僅 2015 年就開發出超過 15 款網路保險產品，承保包括聲譽風險造成的財務損失到保護重要基礎設施免受恐怖分子或其他惡意網路攻擊的一切風險。

就勞合社組織的性質而言，它不是一個保險公司，而是一個社團組織，它不直接接受保險業務或出具保險單，所有的保險業務都通過勞合社的會員，即勞合社承保人單獨進行交易。勞合社只是為其成員提供交易場所和相關服務，與股票交易所類似，交易有嚴格的自律機制。承保會員常常通過辛迪加的形式來進行經營活動。辛迪加由若干承保會員組成，它通過一個或多個代理人來辦理業務，代理人可選擇參加辛迪加與否，辛迪加的每個會員按事先確定的承保比率來分擔賠償責任。每個會員都對損失負無限責任。當某一會員無法履行其賠償責任時，其他會員將代其賠償。這一做法無疑確保了勞合社的信譽，同時分化形成專業化、富有經驗的承保和管理力量，實現了保險資本和技術的完美結合。

2.3.2.2 公司保險組織

在保險市場上，公司保險組織是最常見和最主要的保險組織形式，它是指以公司形式經營保險業務的保險組織，按照財產所有制關係不同可分為國營保險組織和私營保險組織。

（1）國營保險組織。國營保險組織又稱公營保險組織，是指由國家或地方政府投資設立的保險機構。國營保險組織既可以由政府直接經營，也可以由符合國家法律要求的其他公共團體經營。國營保險組織經營可能以盈利為目的作為增加財政收入的手段，組織形式為經營商業保險的保險組織，如中國人壽保險公司、中國人民保險公司，它們與其他保險組織一樣經營各類保險業務，開展公平的市場競爭。值得一提的是，在 1988 年以前中國保險市場不發達，那時中國人民保險公司屬於完全壟斷型的國營保險組織，壟斷了中國所有的保險業務，扮演保險監管者和保險經營者的雙重角色。國營保險組織也可能以政策的實施為宗旨，並無營利的動機，組織形式為經營社會保險的保險組織，專門經營一些強制性或特定的保險業務，如中國的出口信用保險公司、美國聯邦政府設立的存款保險公司、日本厚生省管轄的國營健康保險機構。這種情況下的保險組織形式類似政府機構，管理體制一般是行政式的，甚至由國家立法對其承保範圍、承保對象、保障程度做出規定，強制承保，所承保風險多屬私營保險不願意或無能力經營的特殊風險，如失業保險、農業保險、投資保險、出口信用保險等，側重於為整個社會經濟生活的正常運轉提供保障。

國有獨資保險公司是一種典型的國營保險組織形式，有以下幾個特點：

①國有保險公司不設股東會，國家是國有保險公司的唯一股東。在一般的有限責任公司中，股東權利通過股東會行使。而在國有保險公司中，國家是唯一的股東，因此不設股東會。但是代表國家出資的機構或部門必須獲得國家授權。

②國家僅以出資額為限對公司承擔有限責任。

③國有獨資保險公司是特殊的國營保險公司。國有保險公司的章程，由國家授權投資的機構或部門制定，或者由公司董事會擬定，由國家授權投資的機構批准，並報經中國保監會核准後生效。

目前國營保險組織是中國保險公司的主要組織形式之一，在中國保險市場上佔有重要地位，中國人民保險公司、中國人壽保險公司、中國出口信用保險公司、中國太平保險公司是中國四大副部級保險公司，由中共中央組織部任命人事權，中國保監會負責監督。

（2）私營保險組織。私營保險組織是由私人投資設立的保險經營組織，通常採用保險股份公司和相互保險公司形式。

①保險股份公司。保險股份公司是指兩個或兩個以上出資者以一定形式共同出資，按照法律程序組建，對外承擔有限責任，專營保險業務的以盈利為目的的法人企業。廣義的股份公司一般包括股份有限公司和有限責任公司兩種形式，其中，保險股份有限公司是現代保險公司制度下最典型的組織形式。

保險股份有限公司是由一定數量的股東發起組織的，將全部公司資本劃分為等額股份，通過發行股票（或股權證）籌集資本，股東以其所認購股份承擔有限責任的法人企業。設立股份有限公司，除必須符合《中華人民共和國公司法》具體規定的公司發起人的人數、公司債務的限額、發行股票的種類、稅收、營業範圍、公司的權力、申請程序、公司執照等，還要符合《中華人民共和國保險法》關於保險公司的規定，如主要股東具有持續盈利能力，信譽良好，最近三年內無重大違法違規記錄，淨資產

不低於二億元。

　　保險股份有限公司作為一種現代保險公司制度，因其嚴密而健全的組織形式，為世界各國廣泛採用，從資本規模和市場份額來看均處於保險組織形式的主導地位。同時，由於保險股份有限公司的經營目的是盈利，所以比較適用於那些風險較大、投機性較強的財產保險業務。綜合看來保險股份有限公司形式有以下幾個特點：

　　第一，可以迅速聚集大量資本，廣泛聚集社會閒散資金形成充足的經營資本，有利於擴展保險業務和公司的成長，充分發揮大數法則的作用，分散風險，提高對被保險人的保障能力。

　　第二，股份有限公司採取所有權和經營權分離，擁有眾多專業管理人才，經營管理水平高，創新險種能力強，可以迅速對市場需求做出反應。

　　第三，公司重大事項必須向社會公開，有利於接受社會公眾監督，使經營更加安全。

　　第四，使用確定的保險費制一方面可以排除被保險人的追補義務，另一方面也便於保險業務的持續擴張，更符合現代保險的特徵和投保人的訴求。

　　但是保險股份有限公司的形式也存在一定的局限：既然以盈利為目的，那麼對於風險的篩選控製會更加嚴格，經營成本較高；與非營利保險組織相比保險費率較高，而獲得保險金給付的條件相對苛刻；由於所有權和控製權相分離，容易出現委托代理問題。

　　保險有限責任公司也是現代企業制度中較常見的公司組織形式，是指不通過發行股票，由股東根據自己的實際財力投資相應比例的股本，公司以自己的全部資產對外承擔責任，而公司股東則以所投資的資本為限對公司債務承擔有限責任的保險公司。

　　相對於早期勞合社等承擔無限責任的保險組織，保險有限責任公司有以下幾個特點：

　　第一，最大的特點就是保險有限責任公司股本不劃分為等額的股份，而是根據股東協議分為相應的額度，公司股東按照出資額對外承擔有限責任，即使公司經營不善，也不會造成股東過大的損失，最壞的情況就是投資到保險公司中的資本全部損失。

　　第二，按照中國法律的規定，有限責任公司的股東人數為 1~50 人，數量較少，容易協調，出讓股權一般要取得其他股東的同意，並且老股東有優先購買權。而且股東之間，尤其是原始股東彼此通常較為熟悉，相互間有較強的人身信任關係，所以保險有限責任公司既有資本聯合的性質，又有很強的人合性。

　　第三，保險有限責任公司依照法定的方式對公司進行經營和管理，一般要建立股東會、董事會、監事會等組織機構，高級管理人員通常也是股東，公司所有權和控製權分離程度不及股份有限公司。

　　但由於公司的帳目無須向社會公眾公開披露，所以信息透明度較低。一些中小規模的保險企業為享受現代公司制的優勢，保持封閉式經營，會選擇這種組織形式，但從資本總額來看，保險有限責任公司遠遠少於保險股份有限公司。

　　②相互保險公司。相互保險公司是所有投保人基於相互保障的原則為自己辦理保險而設立並共同擁有的法人組織，體現「人人為我、我為人人」的理念。相互保險公

司是保險業特有的一種非營利性的公司組織形態，也是相互制保險組織中最主要的組織形式。

相互保險公司具有以下幾個特點：

第一，相互保險公司沒有股東，一般由成員代表大會、董事會、監事會及經理層組成，其中成員代表大會為公司的最高權力機構。投保人根據公司章程的規定可作為法人的組成人員（會員），以向公司繳納保險費，公司根據合同約定進行賠付的形式，從事相互保險活動。也就是說，公司會員是保險人和被保險人的統一體。只要繳納保費，投保人就可以成為公司會員，而保險合同一旦解除，會員資格隨之消失。公司清算時，在償付完其他債務后，剩餘財產歸全體投保人所有。

第二，由於相互保險公司的投保人同時為保險人，成員的利益同時就是投保人和保險公司的利益，所以可以有效避免保險人的不當經營和被保險人的詐欺所導致的道德風險，更為有效地集中和管控風險。

第三，相互保險公司不以盈利為目的，所有的資產和盈餘都用於被保險人的福利和保障。相互保險公司通過所有權關係取代了市場交易，這為降低費率提供了條件，為經濟條件相對較差的人們尋求保險保障提供了機會。同時，沒有利潤壓力使得相互保險公司更為重視那些對被保險人有利的長期保險項目。

第四，相互保險公司的經營資本又稱為基金，主要來源於各公司成員加入公司之時認購公司基金作為創立的費用及其所交納的保險費之和。各個公司成員以交納的保險費為限承擔有限責任。由於相互保險公司沒有資本金，也不能發行股票，其競爭對手無法通過資本市場運作來進行惡意收購。

第五，相互保險公司運用上述基金在經營中若有盈餘時，則將其撥作公積金和法定準備金，或者以保單紅利的名義分配給公司成員，即保單持有人。當公司經營虧損時，則或者由公司成員以分攤保費的方式彌補，或者採取減額賠償，即削減部分保險金的方法加以解決。

但是相互保險公司也存在局限：一是其不能以發行股票的形式向社會募集資金，不能充分地利用資本市場，使它的發展速度受到一定的限制，主要依靠留存盈餘來增強承保能力。二是由於籌資能力弱，又沒有外部融資渠道，因此其保障能力弱於股份制公司，一旦資金週轉出現問題，即使遠未達到資不抵債的程度也可能破產。三是相互保險公司的經營管理技術要求很高，如何確定公司的盈餘，以及不同保單持有人以何種比例分配該盈餘，可能使成員之間即被保險人之間產生新的利益分配不公甚至對立的問題。其經營成果和內控製度的透明度也不如股份制公司。也是由於這一原因，相互保險公司大多經營人壽保險業。四是隨著股份保險公司經營萬能險、分紅險等險種，相互保險公司被保險人可以分享公司經營成果的優越性變得不明顯，在費率等方面的區別逐漸減少。

相互保險公司作為當前世界保險市場上的主流組織形式之一，在全球保險市場上佔有重要地位。為了更好地保護被保險人利益，近年來出現保險股份有限公司向相互保險公司轉化的趨勢。2014年按照資產規模排名，扣除再保險公司，排名前50的保險公司中共有9家相互保險公司（日本2家，美國7家）。其中有5家專門經營人身險業

務；1家專門經營財險業務；2家既經營人身險業務，也經營財險業務；1家經營人身險、財險和再保險業務。瑞士再保險2016年8月發布的Sigma報告則指出相互保險公司占整個保險市場直接保費收入的份額從2007年的24%上升至2014年26%。

2004年中國成立了第一家經營財產險的相互保險公司——陽光農業相互保險公司，填補了國內相互保險公司的缺位。而在此之前，自1979年恢復保險業務以來，中國保險公司的組織形式一直是股份制。自2015年年初《相互保險組織監管試行辦法》發布以來，相互保險公司逐漸走俏。

（3）合營保險組織。合營保險組織是指一種公私合營的保險經營組織（公司等），即由政府或組織與私人共同投資設立的保險經營組織。公可以是政府或國有公司，私可以是國內國外的私人（公司）投資者。[①]

合營保險組織分為兩種形式：一種是私人與政府共同投資設立的保險經營組織，屬於公私合營保險組織；另一種是本國政府組織與外商共同投資設立的保險經營組織，在中國，此類保險經營組織稱為中外合資保險公司，例如中德安聯大眾人壽保險公司、金盛人壽保險公司、中英人壽保險有限公司等。中外合資保險公司和其銷售的產品均受保監會監管，它們和國內的國壽、人保、平安、太平洋等本土老牌保險公司的主要差別在於分支機構的多少。分支機構決定了一些理賠服務方式是否支持和經營的局限，若外資公司在當地沒有分支機構，那麼上門收單勘查就比較難實現，就只能選擇郵寄資料獲取理賠。

合營保險組織也以股份制形式出現，並具有保險股份有限公司的特點。

2.3.2.3 合作保險組織

合作保險組織是指社會上為了獲得保險保障，具有共同風險的個人或單位共同籌資設立的一種保險組織形式，可分為消費者合作保險組織和生產者合作保險組織。合作保險組織的形式有相互保險社、保險合作社、交互合作社。

（1）相互保險社。相互保險社是為了應付自然災害或意外事故造成的經濟損失，由有相同保障要求的人或單位自發組成的一種集體保險組織，當其中某個成員遭受損失時，由其餘成員共同分擔該損失。

相互保險社有如下幾個特點：

第一，相互保險社無股本，其經營資本來源僅為社員繳納的分擔金。參加相互保險社的社員需事先繳納一定數量的賠償基金和管理費，在年度結算確定出實際賠償分擔額後多退少補。該基金在未支付賠款前可存入銀行或投資，所得利息或紅利歸全體社員所有。

第二，相互保險社保險費採取事後分攤制，事先並不確定。

第三，相互保險社的最高管理機構是社員選舉出來的管理委員會，通常由委員會指定一位具有法人資格的代理人主持日常工作。

目前歐美國家依然存在相互保險社這種組織形式，如針對海上保險的船東互保協

---

① 林秀清. 保險與實務 [M]. 北京：北京理工大學出版社，2010：58-62.

會、英國的「友愛社」、美國的「兄弟社」等。

（2）保險合作社。保險合作社是由為獲得保險保障的人們自願集股設立的一種特殊的相互組織形式。它要求社員（只能是自然人）加入時必須繳納一定金額的股本，社員對合作社的債務以其認購的股本為限。只有社員才能作為保險合作社的被保險人，但是社員也可以不與保險合作社建立保險關係。合作社為社員提供保險服務，採取固定保險費制，事后不再補繳保費。

保險合作社和相互保險社非常相似，它們都是互助合作的組織形式，都是非營利機構，但是它們也存在一些區別：

第一，保險合作社是由社員共同出資入股設立的，社員必須繳納一定金額的股本；而相互保險社卻無股本。

第二，保險合作社的業務範圍僅局限於合作社的社員，只承保合作社社員的風險。

第三，保險合作社採取固定保險費制，事后補繳；而相互保險社保險費採取事后分攤制，事先並不確定。

第四，只有保險合作社的社員才能作為保險合作社的被保險人，但是社員也可以不與保險合作社建立保險關係；而相互保險社與社員之間是為了一時目的而結合的，如果保險合同終止，雙方即自動解約。

目前全球具有影響力的保險合作社有美國的藍十字與藍盾協會等。藍十字與藍盾協會（Blue Cross Blue Shield）是美國歷史最悠久、規模最大、知名度最高的專業醫療保險服務機構，為一億多美國人提供醫療保險，占據大半醫保市場。但是該協會並不直接擁有或控製任何一家藍十字與藍盾公司，它只是擁有藍十字與藍盾商標和名稱，對世界各地被授權冠以藍十字藍盾的醫保公司進行監督和規範。大部分藍十字和藍盾保險公司為非營利性保險公司，它們在各州獨立經營，互不干涉。非營利組織和營利組織的區別在稅務方面，並不是說非營利組織的經營結果不能有盈餘，非營利組織要向聯邦稅務局證明自己的盈餘是用在公共服務上，而不是發放給股東或管理層。

（3）交互合作社。交互合作社是單獨存在於美國的一種保險組織形態，是一種介於相互保險組織和個人保險組織之間的混合體。交互合作社的社員之間互相約定保險及保險責任限額，在限額內可將保險責任按比例分攤於各社員之間，同時接受各社員的保險責任。例如，甲參加交互合作社，並約定25萬元的保障額度，那麼就把他的額度分攤給乙、丙、丁等其他社員，同時他也要分攤其他社員共計25萬元的保險，這樣就使甲將25萬元的風險，由集中於個人財產而轉變為分散於乙、丙、丁等其他社員的財產。同樣，如果社員乙需要30萬元的保障額度，那麼乙就要分攤其他社員30萬元的保險。

交互合作社的投保人僅以社員為限，互相交換保險也限於社員之間，有相互保險組織的性質。但是各社員以個人名義在一定金額限度內承擔責任，而不是分攤，所以它又與相互保險組織有所不同，有類似英國勞合社個人保險組織的性質，比如美國的農夫保險集團（Farmers Insurance Group）和USAA保險公司。

交互合作社不是非法人或合夥組織，其社員除個人外，還可以是法人。其業務通常由各社員以委托方式委托代理人經營。代理人是交互合作社的重要管理人，負責處

理有關保險的一切業務,如核保、理賠等,收取一定的酬金,通常為所收保險費的一部分,但是相關經營費用是由交互合作社支付的。有時各社員推選出代表組成顧問委員會,以監督代表人執行業務,這與股份公司的董事會頗為相似。①

交互合作社主要涉足火災保險與汽車保險方面,在人壽、海上、傷害等保險方面較少。其保險費的繳納採用事後分攤的方式,並無資本、盈餘及準備金等的積存。

我們可以從所有者、經營目的、決策機構、資金來源、成員資格、保費收取方式、責任類別等方面對上述幾種保險組織形式加以歸納比較(見表 2.1)。

表 2.1　　　　　　　　　　　幾種保險組織形式的比較表

	個人保險組織	公司保險組織			合作保險組織		
	個人保險商組織	保險股份有限公司	保險有限責任公司	相互保險公司	相互保險社	保險合作社	交互合作社
所有者	個人保險商	股東	股東	保單持有人即會員	社員	社員	社員
經營目的	盈利	盈利	盈利	非盈利	非盈利	非盈利	非盈利
決策機構	理事會	股東大會	股東大會	成員代表大會	社員大會或管理委員會	社員大會或代表大會	社員大會或顧問委員會
資金來源	個人保險商淨值	股東出資股本金	股東出資股本金	社員支出的基金及出資人支出的基金(負債性質);無股本	社員繳納分擔金;無股本	合作社成員出股金;對外籌資	類似於相互保險社
成員資格	確切地說是一個保險市場,只向其成員提供交易場所和有關的服務,本身並不承保業務	基於保險合同而取得;無社員關係	基於保險合同而取得;無社員關係	社員關係同時基於保險合同而取得,合同終止,社員資格終止	保險契約終止,相互保險社的社員關係隨即解除	社員繳付股本後,即使沒有參加合作社的保險,也擁有社員關係	既有相互保險組織的性質又有英國勞合社個人保險商的性質
責任類別	從無限轉變為有限	有限	有限	有限	有限	有限	有限
保費收取方式	固定保險費制	固定保險費制	固定保險費制	從事後分攤保費制逐漸轉變為固定保險費制	採取事後分攤保費方式	固定保險費制	採取事後分攤保費方式
代表機構	勞合社	美國美亞、友邦,德國安聯、泰康人壽等	陸家嘴國泰人壽保險有限責任公司,中法人壽保險有限責任公司	日本生命人壽,美國大都會人壽	船東互保協會,英國友愛社	美國藍十字與藍盾協會	美國農夫保險集團,USAA 保險公司

2.3.2.4　專業自保組織

專業自保組織是指某一行業或企業為本企業或本系統提供保險保障的組織形式,一般是由一家母公司單獨出資或母公司與其控股子公司共同出資,且只為母公司及其

---

① 江生忠. 保險企業組織形式研究 [M]. 北京:中國財政經濟出版社, 2008: 69-182.

控股子公司提供保險服務的保險公司。

自保是國際大型企業進行風險管理的重要手段，也是國際保險市場的重要組成部分。相比商業保險公司需要為股東謀求最大利益、以利潤為導向的立場相比，自保公司由於多是母公司旗下的全資子公司，協助母公司完成風險管理目標是自保公司營運的首要目的。

專業自保公司與一般商業保險公司相比較，具有以下幾個特點：

第一，降低保險成本。當前成立自保公司的目的主要是節約成本，提供風險損失的資金融通工具。歐美傳統保險公司的費用率一般在 20%~30%，而自保公司的營運成本大約為保費的 5%，由此可以節省一大筆保險費用。

第二，滿足企業的保險需求。早期人們設立專業自保公司在很大程度上是由於在傳統保險市場中人們無法得到某些保險保障才不得已而為之。自保公司承保業務的伸縮性較大，對於傳統保險市場所不願承保的風險，也可予以承保，以解決母公司風險管理上的困難，還可以提供優惠的保費支付安排。

第三，減輕稅收負擔。企業在購買保險時，所支付的保險費作為企業經營所必要的成本，可以從應稅所得中扣除。但是，風險自擔的成本一般是無法從應稅所得中扣除的。因此，人們通過設立專業自保公司，使企業既可以得到自擔風險的好處，又能得到稅收方面的利益。自保公司不僅在已決賠款和費用中享受稅收優惠，在賠款準備金方面也能獲得稅收減免，利用這一優勢，可以減少整個企業的納稅額。

第四，改善企業現金流量。保險公司從收取保險費到出險並對損失做出賠償之間，一般存在一段相當長的時間間隔。通過建立專業自保公司，其潛在投資收益也是屬於企業的。另外專業自保公司可以向其他企業提供保險業務，這成為新的利潤增長點。

第五，再保險有優勢。通常擁有自保公司的企業被認為風險控製較好，參加再保險時，由於自保公司也承擔了一部分保險責任，再保險公司會更加信賴自保公司對潛在風險的評估，認為企業產生道德風險的可能性較低，從而給予較優惠的再保險條件。

然而自保公司也存在一定的弊端：一是自保仍然屬於風險自留，並且自保公司大部分業務在本質上仍然以母公司為主要來源，危險單位有限，使大數法則難以發揮功能，並不能將風險完全轉移。二是自保公司通常規模較小，組織較為簡陋，財務基礎脆弱，不易吸引專業人才，難以提高經營水平。三是母公司成立自保公司前期需要大量資金投入，會增加母公司的資金占用和成本。四是如果專業自保公司一味追求盈利，可能會增加母公司的風險，甚至導致整個企業破產。

隨著中國企業更多的「走出去」，自保正成為更多企業垂青的保險組織形式。截至 2015 年年底，國內已有五家大型國企設立了自保公司，分別是中國海洋石油總公司成立的中海石油保險經紀有限公司、中國石油化工集團公司設立的中石化保險經紀有限公司、中國石油天然氣集團公司成立的中石油專屬財產保險股份有限公司、中國廣核集團有限公司設立的中廣核保險經紀有限責任公司以及中國鐵路總公司設立的中國鐵路財產保險自保有限公司。以中石油專屬財產保險公司為例，其 2015 年實現保費收入 5.56 億元，比 2014 年增長 257%，實現利潤總額 3.27 億元，保費收入占集團母公司總保費支出從 2014 年的近 10% 增至近 30%。其海外業務共承保了 14 個國家的 22 個項

目，範圍覆蓋中東、中亞、美洲、非洲、亞太五大海外油氣合作區，與54家再保險公司開展了業務合作。此外還有公司通過境外併購取得了併購對象已設立的自保公司。

2.3.2.5　保險集團公司

保險集團公司就是在一個集團公司（母公司）的框架之下，各子公司專門從事銀行、證券、保險、信託等不同領域的金融業務。

近年來，西方金融機構在降低成本、提高效率和提升國際競爭力的壓力下，為適應客戶多元化服務的需求，紛紛通過收購和兼併等方式組建新的金融集團，迅速擴張其資本，擴大經營領域，占領市場。全球金融業開始經歷由分業經營向集團經營的歷史轉變，但這絕不是半個多世紀前金融服務業混業經營的簡單重複，而是在市場需求形態高級化、現代金融業經營管理手段有了巨大發展和進步的情況下，金融服務業走向更高級經營階段的標誌。

大資管背景下，來自消費者對產品多元化的訴求，以及來自股東對企業超常規增長的願景，倒逼保險公司不斷追求資本投資最優化、資本利潤最大化。國外諸如德國安聯集團、法國安盛集團、荷蘭國際集團等成功範例，讓國內保險公司的股東們看到了集團化帶來的巨大優勢。比如集團資源整合可有效降低經營成本，可以在不同業務之間共享核心能力和資源，從而充分利用規模經濟，實現多層面的協同，實現客戶資源利用最大化。目前，已有人保、國壽、平安、太平洋、中再、太平、陽光、華泰、安邦、中華聯合、富德等十多家保險集團。其中，中國平安保險（集團）股份有限公司所持有的金融機構牌照最為齊全。更多的保險公司選擇先設立低成本的保險銷售公司或仲介公司，而后再進軍保險產業鏈中的其他環節。

作為保險集團，其金融控股的基本作用是形成同一集團在品牌、經營戰略、營銷網路以及信息共享等方面的協同優勢，降低集團整體營運成本並從多元化的經營中獲取更多收益。保險集團的金融控股職能，不但有利於集中統一管理各項資金，實現投資專業化管理，取得投資規模效益，還有利於增強專業子公司的抗風險能力，擴大規模競爭的優勢。保險集團控股的形式，既可以保持原有產險、壽險及相關業務的相對獨立性，又能在集團不同金融業務之間形成良好的「防火牆」，從而有效控制風險；同時，集團控股的架構使各子公司具有獨立的法人地位，控股集團對子公司的責任、子公司相互之間的責任，僅限於出資額，而不是由控股集團統付盈虧，這既可以防止不同的業務風險相互傳遞，對內部交易起到遏制的作用，又防止了個別高風險子公司拖垮整個集團的情況發生。

但是，國際上也有不少保險集團化失敗的鮮活案例。設立保險集團並不必然產生競爭優勢，不當的集團化策略也有可能分散企業資源，令企業失去管控能力，反而無法獲得競爭力。同時，集團化將導致保險公司組織形式、股權關係、業務和風險結構趨於複雜，關聯交易增多，這些都可能會對業務發展、戰略規劃和風險管理產生複雜的影響。比如，來源於保險業務的資金會通過借助自有的信託、不動產等渠道提高運用效率和收益，而這種自營業務的大量增加也可能導致風險在集團內部聚集。一旦風控不到位，就會導致風險交叉傳遞的可能性加大。尤其是在中國第二代償付能力監管

制度體系（以下簡稱「償二代」）之下，保險集團所面對的風險管理要求要遠比單一保險公司複雜和多變。「償二代」進一步明確了在保險集團管理層級多、業態豐富的狀況下集團層面的特有風險，包括風險傳染、組織結構不透明風險、集中度風險、非保險領域風險等，這無疑對保險集團的風險管理提出了更高的要求。

在保險集團化過程中，拿齊牌照只是第一步。保險業的綜合經營，需要保險集團對各業務線的發展和協同承擔起重要的戰略管控角色，而不僅僅是財務層面的管控和報表合併。保險集團化后，須對新發展的業務建立一個合理的增長預期和平衡的盈利預期，避免過於追求快速擴張而帶來低質量的甚至是無價值的增長。

2.4 保險市場的供需分析

2.4.1 保險市場的需求

2.4.1.1 保險需求的含義

經濟學意義上的需求是針對消費者的購買能力而言的，即在一定價格條件下，以一定的貨幣支付能力為基礎，消費者願意並且能夠購買的商品數量，一般指的是個人需求。就保險商品而言，其價格就是費率。保險需求是指在特定時期和一定費率水平上，保險消費者即投保人在保險市場願意並且能夠購買的保險商品的數量。

保險需求的產生，源於風險的客觀存在和人們對風險所致經濟損失承受能力的有限性。保險需求實際上是投保人對保險保障的需求，這可以用投保金額或保費收入加以計量。另外由於保險交易的特殊性，保險需求除需具備對商品的需要和相應的支付能力兩個條件外，投保人必須是完全民事行為能力人或滿足法律規定的無行為能力和限制行為能力人的監護人，否則保險合同無法律效力；並且投保人對保險標的必須具有可保利益。[①]

2.4.1.2 影響保險需求的主要因素

（1）風險因素。保險商品服務的具體內容是各種客觀風險。風險是保險存在的客觀前提和基礎。風險因素存在的程度越高、範圍越廣，保險需求的總量也就越大；反之，保險需求量就越小。隨著科技的發明、經濟的發展和社會的進步，新興風險也大大增加，對保險的需求將不斷擴大。

（2）社會經濟與收入水平。保險是社會生產力發展到一定階段的產物，並且隨著社會生產力的發展而發展。保險需求的收入彈性一般大於1，即收入的增長引起對保險需求更大比例的增長。但不同險種的收入彈性不同。

（3）保險商品價格。保險商品的價格是保險費率。保險需求主要取決於可支付保險費的數量。保險費率與保險需求一般成反比例關係。保險費率越高，則保險需求量

---

① 粟芳，許瑾良. 保險學 [M]. 2版. 北京：清華大學出版社，2011：29-31.

越小；反之，則保險需求量越大。

（4）人口因素。人口因素包括人口總量和人口結構。保險業的發展與人口狀況有著密切聯繫。人口總量與人身保險的需求成正比，在其他因素一定的條件下，人口總量越大，對保險需求的總量也就越多，反之就越少。人口結構主要包括年齡結構、職業結構、文化結構、民族結構。由於年齡風險、職業風險、文化程度和民族習慣不同，對保險商品需求也就不同。

（5）商品經濟的發展程度。商品經濟的發展程度與保險需求成正比，商品經濟越發達，則保險需求越大，反之則越小。

（6）政策因素。金融財政及社會保障政策等都會對保險需求產生影響。以稅收政策為例，它對保險需求的影響體現在國家對保險稅率、稅種及稅收分配等設定的行為規範會在某種程度上改變保險價格，進而改變對保險的實際需求量。在其他因素不變的情況下，如果稅收政策對人們購買保險具有鼓勵的作用，保險需求就越大，反之則越小。再如強制保險是政府以法律或行政的手段強制實施的保險保障方式。凡在規定範圍內的被保險人都必須投保，因此強制保險的實施，人為地擴大了保險需求。

（7）互補商品與替代商品的價格。當保險商品的價格不變，而與其相關的互補商品或替代商品價格變化時，保險需求也會發生變化。例如，利率水平的變化對儲蓄型的保險商品有一定影響，當利率上升時，儲蓄型保險需求就會減少，反之則會增加。再如汽車和汽車保險是互補品，汽車價格下降，引起汽車需求量上升，汽車保險的需求也隨之增加，反之則會減少。

2.4.1.3 保險需求函數

我們可以將保險需求量看作上述影響因素的函數，由此可以得出保險需求函數，即：

$$Q^d = f(x_1, x_2, x_3, \cdots)$$

其中，Q^d 為保險需求量，x_1，x_2，x_3 等為影響保險需求量的因素。

我們可以假定其他條件不變，僅分析當價格變化時保險需求量的變動情況。保險需求函數又可寫為：

$$Q^d = f(P)$$

其中，P 為保險費率。

由保險需求函數可得出保險需求曲線（見圖2.1）。

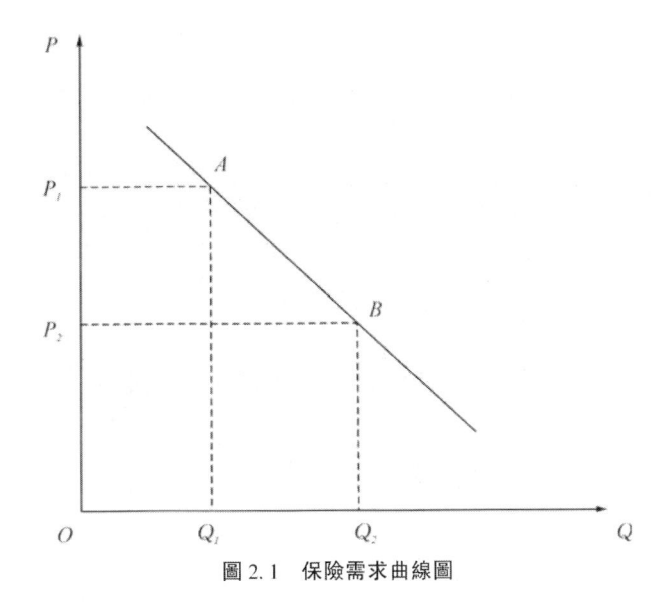

圖 2.1 保險需求曲線圖

保險需求曲線表明：保險需求量與保險費率呈負相關關係。在 A 點，當保險價格為 P_1 時，需求量為 Q_1；在 B 點，當保險價格為 P_2 時，需求量上升為 Q_2。

2.4.1.4 保險需求彈性

保險需求彈性是指保險需求量對各影響因素變化的反應程度，一般用需求彈性系數表示，其表達式為：

$$保險需求彈性系數 = \frac{需求量變動率}{各因素變動率}$$

保險需求彈性主要包括三種：保險需求的價格彈性、保險需求的收入彈性和保險需求的交叉彈性。

（1）保險需求的價格彈性。保險需求的價格彈性是指保險費率的變動所引起的保險需求量的變動情況，它反映了保險需求對費率變動的敏感程度，可表示為：

$$E_d = -\frac{\Delta Q/Q}{\Delta P/P} = -\frac{\Delta Q}{\Delta P} \times \frac{P}{Q}$$

其中，Q 表示保險需求；ΔQ 表示保險需求量變動；P 表示保險費率；ΔP 表示保險費率的變動；E_d 表示需求彈性系數；負號表示保險需求量和費率一般呈反方向變動，加上負號使 E_d 取正值便於比較。

需求價格彈性 E_d 存在五種情況：

① $E_d>1$，表示富有彈性，即當該險種保險費率下降時，保險需求的增加程度大於保險費率的減少程度，例如大部分汽車保險。

② $E_d=1$，表示單位彈性，即該險種保險費率的變化與保險需求量變化程度相等。

③ $E_d<1$，表示缺乏彈性，即當該險種保險費率下降時，保險需求的增加程度小於保險費率的減少程度，例如大部分責任保險。

④$E_d = 0$，表示完全無彈性，即無論該險種保險費率怎樣變化，保險需求量都不會變化，例如強制保險。

⑤$E_d = \infty$，表示無限大彈性，即保險費率的微小變化就會引起保險需求量無限大的反應。

研究保險需求價格彈性，基本目的是瞭解保險費率與保費收入之間的關係。當保險費率變動時，其需求價格費率彈性的大小與保費收入是密切相關的。因為費率變動引起保險需求量的變動，從而引起銷售量的變動，進而影響到保費收入。

與一般商品的需求價格彈性類似，保險需求價格彈性也主要受以下因素影響：

①消費者對保險的需求程度越高，保險價格對保險需求的影響就越小，保險需求價格彈性就越小。例如，在西方發達國家，保險是人們除衣、食、住、行之外的第二生活必需品，故保險價格對保險需求的影響就小，價格彈性就小。而在中國，由於人們並不認為保險是生活必需品，故保險價格對保險需求的影響大，保險價格彈性大。保險價格彈性除了因地而異外，還因類不同而不同，如強制保險（如機動車輛第三者責任保險）的價格彈性小於自願保險（如車輛損失險），因為人們對前者的需要程度高於后者。

②一個國家的社會保險、財政補貼、民政救濟、企業和個人自保活動對保險均有一定的替代作用。這些事業開展得越多、越好，人們對保險的需要程度就會越低，價格彈性也將隨之越大；反之，如果上述事業發展得越少、越差，人們對保險的需要程度就會越高，價格彈性也就隨之越小。

③能用於購買保險的貨幣收入量與保險需求的價格彈性正相關，即能用於購買保險的收入量越大，保險需求的價格彈性就越強，反之就越弱。其中的道理很簡單，消費者能用於購買保險的貨幣收入量越小，其選擇的餘地就越小，從而價格彈性就越小，反之就越大。

（2）保險需求的收入彈性。保險需求的收入彈性是指保險消費者貨幣收入變動所引起的保險需求量的變動，它反映了保險需求量對保險消費者貨幣收入變動的敏感程度，可表示為：

$$E_1 = \frac{\Delta Q/Q}{\Delta I/I} = \frac{\Delta Q}{\Delta I} \times \frac{I}{Q}$$

其中，Q 表示保險需求，ΔQ 表示保險需求的變動，I 表示貨幣收入，ΔI 表示貨幣收入的變動，E_1 表示需求收入彈性系數。

保險需求與消費者收入呈正相關關係。一般來講，保險需求的收入彈性大於一般商品。這是因為：首先，保險商品特別是人身保險帶有很大的儲蓄性。儲蓄與消費者的貨幣收入呈正方向變化。根據需求層次理論，人的需求滿足是順序遞進的，只有當低層次的需求滿足以後，才能顧及較高層次的需求，而生存較安全是更低層次的需求，因此，只有當溫飽問題解決以後，消費者才能更多地考慮保險的需要。消費者貨幣收入的增加，必然帶動儲蓄性保險需求量的增加。其次，人們的消費結構會隨著貨幣收入的增加而變化，一些高額財產、文化娛樂、旅遊等精神消費支出比例會由此而增大，而與其具有互補作用的消費會隨著消費者貨幣收入的增加而增加，例如汽車保險、家

庭財產保險、旅遊意外傷害保險等保險的需求會隨之增加。

（3）保險需求的交叉彈性。保險需求的交叉彈性是指相關的其他商品的價格變動引起的保險需求量的變動，它取決於其他商品對保險商品的替代程度和互補程度，反映了保險需求量變動對替代商品或互補商品價格變動的敏感程度，可表示為：

$$E_{12} = \frac{\Delta Q_1 / Q_1}{\Delta P_2 / P_2} = \frac{\Delta Q_1}{\Delta P_2} \times \frac{P_2}{Q_1}$$

其中，Q_1表示保險需求，ΔQ_1表示保險需求變動，P_2表示替代商品或互補商品價格，ΔP_2表示替代商品或互補商品價格的變動，E_{12}表示交叉彈性系數。

一般而言，保險需求與替代商品的價格呈正方向變動，即交叉彈性為正，且交叉彈性越大，替代性也越大。如自保與保險就是互為替代品。保險需求與互補商品價格呈反方向變動，即交叉彈性為負。如汽車保險與汽車為互補品，當汽車價格提高時，汽車保險需求量減少。

2.4.2 保險市場的供給

2.4.2.1 保險供給的含義

保險供給是指在一定的費率水平上，保險市場上各家保險企業願意並且能夠提供的保險商品的數量。保險市場供給可以用保險市場上的承保能力來表示，它是各個保險企業的承保能力的總和。承保能力具有多重含義：一是指保險市場能夠提供的總保險金額，二是指保險市場能夠提供的某些特殊險種的保險金額，三是指可保風險的可保總金額，四是指保險人的承保意願。因此，保險供給是由保險人的承保能力所決定的保險商品的供給數量。

保險市場供給包括質和量兩個方面。保險供給的質既包括保險企業所提供的各種不同的保險商品品種，也包括每一具體的保險商品品種質量的高低；保險供給的量既包括保險企業為某一保險商品品種提供的經濟保障額度，也包括保險企業為全社會所提供的所有保險商品的經濟保障總額。保險供給是以保險需求為前提的。因此，保險需求是制約保險供給的基本因素。

2.4.2.2 影響保險供給的主要因素

存在保險需求的前提下，保險市場供給主要受到以下因素的制約：

（1）保險費率。一般說來，保險費率上升，所收取保費增加，會刺激保險供給增加，此時社會有一部分資本流向保險行業，擴大了保險供給；反之，保險費率降低，保險供給就會減少。因此保險供給與保險費率呈正相關關係。保險公司可以根據保險市場費率的變化情況從保險結構上調整業務，通過擴大或減少供給，調高或調低費率的方法來使險種的結構合理化。

（2）保險經營資本量。保險公司經營資本包括投入資本和公積金兩部分。投入資本指公司股東實際投入的資本金。公積金是指公司基於增強自身財務能力，為擴大經營範圍以及預防意外虧損，按照法律和公司章程的規定，從公司稅后利潤中提取的部分資金累積。一般來說，保險經營資本量越大，保險供給能力就越強，反之則越弱。

《中華人民共和國保險法》規定：「經營財產保險業務的保險公司當年自留保費不得超過其實有資本金加公積金總和的四倍。」《中華人民共和國保險法》對於保險公司承保的每一風險單位的規模也做了規定：「保險公司對每一危險單位，即對一次保險事故可能造成的最大損失範圍所承擔的責任，不得超過其實有資本金加公積金總和的百分之十；超過的部分應當辦理再保險。」

（3）償付能力。由於保險經營的特殊性，各國保險公司都必須遵循最低償付能力標準的法律規定，因此保險供給會受到償付能力的制約。如果保險公司的償付能力低於法定最低償付能力標準，保險監管機構就要限制保險公司簽訂新的保險合同，使得保險公司不能隨意擴大保險供給。中國自 2016 年 1 月 1 日起施行中國第二代償付能力監管制度體系，以風險為導向，這使得不同風險的業務對資本金的要求出現了顯著的變化，從而顯著影響保險公司的資產和負債策略。

（4）保險業的經營技術和管理水平。保險業經營要求很強的專業性和技術性，尤其是保險費率厘定需要應用複雜的保險精算技術。有些險種即使有較大的市場需求，但由於險種設計過於繁復，保險公司仍然難以提供。所以保險業的經營技術和管理水平越高，就越能降低交易成本、提高風險管理能力，就越能向社會提供適宜的保險產品。

（5）保險人才的數量和質量。一般來說，保險從業人員的數量越多，保險供給能力就越強，反之則越弱。但是，在一個競爭的保險市場中，從業人員的素質（包括業務素質和道德素質）更加重要。所以人力資本理論創始人舒爾茨所言的人力資本的實力對保險供給能力十分關鍵。對保險公司而言，保險經營所需的專門人才如精算師、理賠師、承保員等是重要的人力資本。保險人才素質過硬，開發出新險種，展業能力強，從而擴大保險供給，促進保險需求。

（6）互補品和替代品的價格。互補品與保險供給呈正相關關係：互補品價格上升，引起保險需求減少，保險費率上升，促使保險供給增加；互補品價格下降，引起保險需求增加，保險費率下降，使得保險供給減少。替代品價格與保險供給呈負相關關係，替代品價格下降，保險需求減少，保險費率上升，促使保險供給增加，反之則使保險供給減少。

（7）政策因素。政策因素在一定程度決定著保險業的發展方向、保險業市場結構，從而影響保險供給能力。一是涉及保險本身的規定，主要是指社會經濟政策對保險活動直接採取的各種管理、調節手段和辦法。例如，如果政府對保險業採取鼓勵發展的政策，社會流入保險業的資本量可能增加，由於競爭，保險業的人力資本、經營技術會不斷提高，因此，保險供給能力得以增強。二是涉及保險經濟運行的社會經濟環境，主要是指社會經濟政策的調整和變化，間接地創造了適宜保險經濟發展的社會經濟環境，例如農業政策、計劃生育政策等。積極的社會政策可以對保險經營活動加以引導和疏通，從而增加保險供給；消極的社會經濟政策則會阻礙保險業的發展，從而減少保險供給。

（8）政府監管。保險業是一個極為特殊的行業，各國對其都有相對於其他行業更嚴格的監管，因而即使保險費率上升，但由於政府的嚴格監管，保險供給也難以擴大。

2.4.2.3 保險供給函數

我們可以將保險供給看作上述影響因素的函數,由此可以得出保險供給函數,即:

$Q^s = f(x_1, x_2, x_3, \cdots)$

其中,Q^s 為保險供給量,x_1,x_2,x_3 等為影響保險供給量的因素。

我們可以假定其他條件不變,僅分析當價格變化時保險供給量的變動情況。保險供給函數又可寫為:

$Q^s = f(P)$

其中,P 為保險費率。

由保險供給函數可得出保險供給曲線(見圖2.2)。

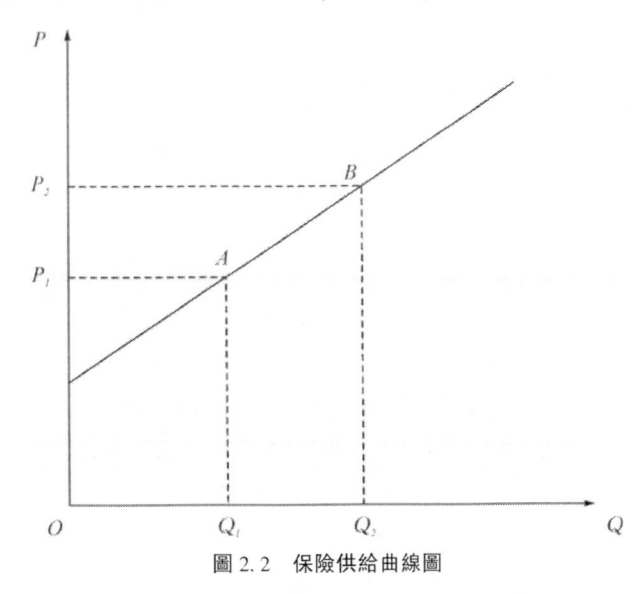

圖2.2 保險供給曲線圖

保險供給曲線表明:保險供給量與保險費率呈正相關關係。在 A 點,當保險價格為 P_1 時,需求量為 Q_1;在 B 點,當保險價格為 P_2 時,供給量上升為 Q_2。

2.4.2.4 保險供給彈性

保險供給彈性是指保險供給量對各影響因素變化的敏感程度,主要有保險供給的價格彈性、保險供給的資本彈性和保險供給的利潤彈性三種形式。

保險供給彈性有其特殊性:一是保險商品的供給和需求是同時存在的。保險商品一旦被提供,同時就被有購買欲望和購買能力的需求方所購買,當然這僅指保險買賣的承保環節。二是保險供給彈性較一般商品穩定,不會因經濟興衰產生明顯的驟然的變化。三是保險商品的供給具有長期性和持續性,特別是在人壽保險中,可能持續幾十年的時間。[1]

---

[1] 劉連生,申河. 保險學原理 [M]. 北京:中國金融出版社,2008:67-74.

（1）保險供給的價格彈性。保險供給價格彈性是指保險供給量的變動對保險商品價格量變動的反應程度，即保險費率每變動百分之一所引起的保險供給量變動的百分率。它反映了保險供給對價格變動的敏感程度，可表示為：

$$E_s = \frac{\Delta Q/Q}{\Delta P/P} = \frac{\Delta Q}{\Delta P} \times \frac{P}{Q}$$

其中，Q 表示保險供給；ΔQ 表示保險供給量變動；P 表示保險費率；ΔP 表示保險費率的變動；E_s 表示供給彈性系數；一般來說 E_s 取正值，根據保險價格與保險供給的函數關係，兩者呈正相關關係。

供給價格彈性 E_s 同樣存在五種情況：

① $E_s > 1$，表示富有彈性，即保險價格的變動程度小於保險供給量的變動程度。

② $E_s = 1$，表示單位彈性，即該險種保險價格的變化與保險供給量變化程度相等。

③ $E_s < 1$，表示缺乏彈性，即保險價格的變動程度大於保險供給量的變動程度。

④ $E_s = 0$，表示完全無彈性，即無論該險種保險價格怎樣變化，保險供給量都不會變化。

⑤ $E_s = \infty$，表示無限大彈性，即保險價格的微小變化就會引起保險供給量無限大的反應。

影響保險供給價格彈性的因素主要是時間和保險成本。當某一保險商品的價格發生變化時，保險機構要在很短的時間調整其供給量有時是不可能的，但在較長的時間內，保險機構就能通過展業、承保、理賠等事項做出安排，從而增加保險商品的供給量，因此，在短期內，供給量對價格變動反應不靈敏，保險供給彈性較小，而在長期內，保險供給彈性則要大一些。此外，如果保險供給量的增加，只引起保險商品邊際成本的微小變化，保險供給的價格彈性就較大；反之，保險供給的價格彈性就較小。

（2）保險供給的資本彈性。保險供給的資本彈性是指保險供給量的變動對保險公司資本量變動的反應程度，即資本每變動百分之一所引起的保險供給量變動的百分率。它反映了保險供給對資本變動的敏感程度，可表示為：

$$E_s = \frac{\Delta Q/Q}{\Delta K/K} = \frac{\Delta Q}{\Delta K} \times \frac{K}{Q}$$

其中，Q 表示保險供給，ΔQ 表示保險供給量變動，K 表示保險資本，ΔK 表示保險資本的變動，E_s 表示供給彈性系數。

一般來說，保險資本量與保險供給兩者成正比例關係，而這個百分比要靠大量的數據和統計分析才能得到。也就是說，資本增加，保險供給就越大，但不同的保險品種，保險的資本彈性又不相同。對於社會所必需的保險品種，資本供給的彈性小，反之就大；對於可替代性強的品種，保險供給的彈性大，因為資本可隨時投向不同的險種。

（3）保險供給的利潤彈性。保險供給的利潤彈性是指保險商品的供給量變動對利潤變動的反應程度，即保險利潤每變動百分之一所引起的保險供給量變動的百分率。它反映了保險供給對利潤變動的敏感程度，可表示為：

$$E_s = \frac{\Delta Q/Q}{\Delta \pi/\pi} = \frac{\Delta Q}{\Delta \pi} \times \frac{\pi}{Q}$$

其中，Q 表示保險供給，ΔQ 表示保險供給量變動，π 表示保險利潤率，$\Delta \pi$ 表示保險利潤率的變動，E_s 表示供給彈性系數。

一般而言，保險供給利潤彈性是正值。保險供給對利潤率很敏感，因為商業保險經營的目的是盈利。它們之間呈正相關關係，利潤率提高，將會帶來保險商品供給量的增大，而利潤率下降時，保險商品供給量也會下降。保險利潤在不同險種險別中有較大區別，如在涉外險中利潤較高，彈性較大，而在農業險及機動車險中利潤較低，彈性較小。

2.4.3 保險市場供求平衡

保險市場供求平衡，是指在一定的保險價格條件下，保險供給恰好等於保險需求，即保險供給與保險需求達到均衡點。

保險市場供求平衡受市場競爭程度的制約。市場競爭程度決定了保險市場費率水平的高低，因此，市場競爭程度不同，保險供求平衡的水平各異。而在不同的費率水平下，保險供給與需求的均衡狀態也是不同的。保險市場有自動實現供求平衡的內在機制。

保險市場供求平衡包括供求的總量平衡與結構平衡兩個方面，而且平衡還是相對的。保險供求的總量平衡是指保險供給規模與需求規模的平衡。保險供求的結構平衡是指保險供給的結構與保險需求的結構相匹配，包括保險供給的險種與消費者需求險種的適應性、費率與消費者繳費能力的適應性以及保險產業與國民經濟產業結構的適應性等。

我們設 S 為保險市場的供給曲線，D 為需求曲線，E 為均衡點。如圖 2.3 所示：

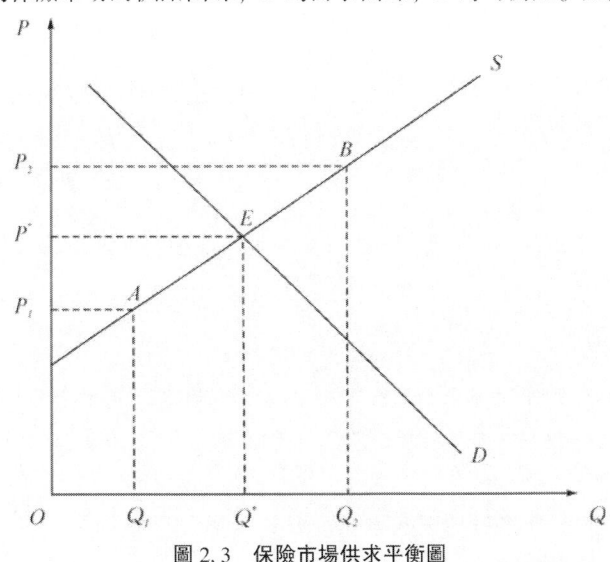

圖 2.3　保險市場供求平衡圖

當保險費率 P 不變時，$S=D$，即保險市場供求平衡。此時供給曲線和需求曲線相交的點 E 為均衡點，它表示保險需求與保險供給在該點時達到均衡，在均衡點上的價格（P^*）為均衡價格。

當保險市場處於不均衡狀態時，有兩種情況：當保險供給大於需求，競爭加劇，保險商品的價格將下降；而當保險需求大於保險供給，將使保險商品價格走高。市場機制就會發揮調節作用，使價格恢復為均衡價格。

2.4.4 保險市場價格

保險價格是保險市場中的重要組成部分，是調節保險市場活動的經濟槓桿，是保險市場供給和需求的具體表現。

2.4.4.1 保險價格的含義

保險價格是指每一保險金額單位與應繳納保險費的比率，即保險費率。保險價格如果單純地從供給量的內在因素（如成本等）考慮，只是保險的理論價格，需要加上外部因素（如競爭等）才能形成保險的市場價格。保險理論價格是保險市場價格的基礎，保險市場價格是保險理論價格的表現形式。

2.4.4.2 保險理論價格

保險理論價格就是指不考慮影響保險價格的外部因素，僅以決定保險價格的內在因素的價值為基礎而形成的價格。價值是價格的基礎，價格是價值的貨幣表現形式。保險商品的價值從質上說是凝結在保險商品中的人類勞動，從量上說是生產保險商品所耗費的社會必要勞動時間。生產保險商品的社會必要勞動量，決定保險商品的價值量，進而決定了保險的理論價格。

保險價值反映在貨幣上就是保險價格，保險價格的具體形式是保險費。保險費一般指毛保費，由純保費和附加保費兩部分組成。保險費的計算基礎是保險費率，習慣上將由純費率和附加費率兩部分組成的費率稱為毛費率。

（1）純費率。純費率也稱淨費率，是保險費率的主要部分，它是根據損失概率確定的。按純費率收取的保險費叫純保費，以純保費形成的賠償基金用於保險事故發生後對被保險人進行賠償和給付。

目前，世界各國普遍把以往若干年的平均保額損失率加上一定數量的危險附加率之和作為純費率，以此計算預期純保費。平均保額損失率就是在一定時期（一般為3年或5年）內的保險金額總和與保險賠款總額的比率。

$$平均保額損失率 = \frac{保險賠款總額}{保險金額總和} \times 100\%$$

由於按照平均保額損失率計算出來的純保費只是一個平均數，而實際發生的保險損失額往往高於或低於平均純保費的數額。為了提高保險經營財務的穩定性，必須在平均保額損失率的基礎上，增加一定比率的危險附加率。兩者之和為預期的純費率。

財產保險純費率的計算依據是損失概率。人壽保險純費率計算的依據是利率和生命表。

(2) 附加費率。附加費率是保險人經營保險業務的各項費用和合理利潤與純保費的比率，按照附加費率收取的保險費又稱附加保險費。它在保險費率中處於次要地位，以保險人的營業費用為基礎計算，用於保險人的業務費用支出、手續費支出以及提供部分保險利潤等。但附加費率的高低，對保險企業開展業務，提高競爭能力有很大的影響。

附加保費通常包括三項內容：營業費用、預期利潤、異常風險費用。三項之和與保險金額總和的比率即附加費率。

$$附加費率 = \frac{營業費用 + 預期利潤 + 異常風險費用}{保險金額總和}$$

(3) 毛費率。毛費率包括純費率和附加費率兩部分。

毛費率 = 純費率 + 附加費率

保險人承保一筆保險業務，用保險金額乘以保險費率就得出該筆業務應收取的保險費。按照毛費率計算出來的保費即毛保費或保險費，也就是保險理論價格。因此保險理論價格就是純保費（風險保險費）與附加保費（費用附加保費、利潤附加保費、異常風險附加保費）之和。

2.4.4.3 保險市場價格

保險市場價格就是通常所說的交易價格，它受市場競爭、貨幣價值、保險標的、國家有關政策及替代品價格等諸多外部因素的影響。受市場供求關係和競爭力量的影響，保險市場價格總是圍繞價值上下波動。保險理論價格實際上是抽象的價格，在實際經濟生活中通用的都是保險的市場價格。市場價格與理論價格由於多種外部因素的制約和影響，存在一定程度的偏離。

2.4.4.4 保險費率市場化

從人身險費率到車險費率，保險業大刀闊斧地進行市場化改革。保險費率市場化實際上就是讓保險產品的價格發揮市場調節作用，利用費率槓桿調控保險供需關係，提高保險交易的效率。保險費率市場化包括費率決定、費率傳導、費率結構、費率管理、費率機制、資金價格、勞動力價格等要素的市場化。保險費率作為經濟槓桿在保險業務中發揮著重要作用，保險費率宏觀上能夠調節保險的供給和需求關係，微觀上能夠改變個人和企業的行為偏好。

保險費率市場化改革需要建立健全完整的保險市場組織體系，將保險市場、再保險市場、保險仲介市場的建設與建立新的保險費率調節傳導機制有機結合起來，整體推進，同時，保險費率市場化改革要求保險公司進行體制改革以適應市場化改革的需要，構造保險費率市場化改革的良好微觀經濟基礎。目前保險市場已經初具規模，再保險市場和保險仲介市場需要加快完善，進而形成完整、有效、互動、靈敏的保險市場體系。

2.5 保險市場的現狀

2.5.1 衡量保險市場發展的指標

2.5.1.1 保險深度

保險深度是指一國（地區）的全部保費收入與該國（地區）的生產總值總額的比率，它是衡量一國（地區）保險市場發展程度和潛力的指標之一。

保險深度的計算公式為：

$$保險深度 = \frac{一國保費收入}{國內生產總值}$$

保險深度可以反映出一個國家的保險業在整個國民經濟中的重要地位。該指標的計算不僅取決於一國總體發展水準，而且還取決於保險業的發展速度。

2.5.1.2 保險密度

保險密度是按照一國的人口計算的人均保費收入，它反映了一個國家保險的普及程度、保險業的發展水平與人們保險意識的強弱。一般說來，保險密度越大，表明該地區保險業發達，市場發育水平高。一個地區的保險業發展和保險密度是其經濟、社會、文化等諸多因素共同作用的結果。

保險密度的計算公式為：

$$保險密度 = \frac{某地區當年保費收入}{某地區當年常住人口數}$$

中國市場雖然有望於 2020 年前成為全球第二大保險市場，但是保險市場保險密度和深度仍然偏低。截至 2015 年年底，中國人均壽險保單數不足 1 張，而美國 5 張，日本 6.5 張；中國內地人均保額 1 萬元左右，而中國香港人均保額 48 萬元。

2.5.1.3 市場份額

市場份額即各國總保險費占世界總保險費的比例。加入 WTO 以來，中國保險業發展迅速，「十二五」期間，中國保險市場全球排名由第 6 位升至第 3 位，對國際保險市場增長的貢獻度達 26%，中國在國際保險監管領域的影響力和話語權日益增強。

2.5.1.4 壽險與非壽險保費比例

壽險與非壽險保費之比也是反映保險業務結構發展變化的重要標誌。該指標在 20 世紀 80 年代初為 40：60，到 20 世紀 90 年代初為 52：48，到 20 世紀 90 年代中期已達 58：42，進入 21 世紀後，世界平均壽險保費收入在總保費中占比達到 65% 以上。

縱觀 2015 年，保險行業投資回報率較低、承保業績下降，非壽險公司盈利水平有所下滑，但保費增長率從 2014 年的 2.4% 提高至 2015 年的 3.6%。壽險市場儘管處於低利率環境，保費增速從 2014 年的 4.3% 下滑至 4.0%，不過股東權益和盈利水平均有

所上升。

2.5.2 中國保險市場的現狀

2014年8月,《國務院關於加快發展現代保險服務業的若干意見》發布,保險業迎來了發展的重大機遇期。「新國十條」提出了現代保險服務業的發展目標:到2020年,努力由保險大國向保險強國轉變。保險成為政府、企業、居民風險管理和財富管理的基本手段。保險深度達到5%,保險密度達到3,500元/人。

瑞士再保險 Sigma 報告數據顯示,2015年,全球市場人均保險支出為662美元,發達市場人均保險支出為3,666美元。其中,同是保費收入大國的美國、日本、英國和法國2014年的保險密度分別為4,017美元/人、4,207美元/人、4,823美元/人和3,902美元/人,而中國保險密度到2015年也才僅為271.77美元/人,相差10多倍。這表明中國運用保險機制的主動性還不夠,全社會的保險意識還不強。在保險深度方面,全球保險深度為6.2%,美國、日本、英國和法國2014年的保險深度分別為7.3%、10.8%、10.6%和9.1%,而中國的保險深度在2015年僅為3.59%,差距非常明顯。這表明中國保險業對國民經濟相關領域的覆蓋程度較低,保險業務的發展相對滯後。中國保險機構國際競爭力、保險業的國際影響力也還不夠強,中國還不是保險強國。

2016年8月,保監會發布《中國保險業發展「十三五」規劃綱要》,發布保險業「十三五」發展規劃,並提出堅持「保險業姓保,保監會姓監」。在2016年保險監管方面有三件大事:一是正式實施「償二代」,有助於提升監管的效率,促進保險業的健康發展,並且增強了中國參與國際保險市場規則制定的話語權。二是啟動國內系統重要性保險機構(D-SII)監管制度建設,提出更高的監管要求。三是發布中國保險業第三套生命表,對於產品定價、準備金評估、現金價值計算等都具有重要意義,有利於夯實行業發展和監管的基礎。

互聯網、大數據、雲計算、移動終端的興起和廣泛運用在保險業不斷深入。互聯網保險的經營模式正在快速滲透、改變,乃至顛覆保險產業鏈中的多個環節。互聯網與保險的結合,使保險業呈現出全新的發展態勢,互聯網為傳統的保險業注入了新元素、新活力,拓展了保險業的發展空間,實現了保險覆蓋面的擴大和保險滲透率的提升,凸顯了互聯網保險業務作為「新引擎」的助力作用。但是不少互聯網保險確實是在打著創新的名義玩噱頭,卻忽視了保險的保障功能,並且互聯網保險的服務水平有待於進一步提升。

國際經驗表明,人均GDP 8,000~12,000美元的經濟發展時期,正是保險業需求最旺盛的階段。這個階段也是中國努力跨越中等收入陷阱,全面建成小康社會的攻堅階段。因此,未來十年到二十年的時間,仍然是中國保險業實現跨越式發展的重要戰略機遇期。

未來保險著力點應該是供給側改革,保險公司應該充分利用「一帶一路」帶來的機遇,對外重點開發工程保險、財產保險、水險、責任和人身意外保險、貿易信用保險等業務;對內大力發展商業健康險和商業養老保險,滿足居民不斷增長的剛性需求。

同時，保險公司應通過穩健審慎的產品策略、有效的資產負債協同管理機制、認真貫徹「償二代」體系建設要求，全力拓展第三方業務，參與大資管市場競爭。保險業應立足經濟社會發展全局，積極服務國家戰略，在為國家重大發展戰略和重大改革舉措提供強有力支持上發揮越來越重要的作用。

3 保險公司計劃與統計管理

雖然保險公司是經營風險的特殊企業，但是它與一般的企業一樣，需要對保險經營的各項活動實行計劃管理，按預定目標組織實施，以保證保險企業的高效運轉和良性循環。此外，為了全面瞭解保險企業的經營狀況，準確釐定保險費率，為保險理論和實務研究提供可靠的數據資料，保險公司還應該加強保險統計管理。

3.1 保險計劃管理概述

3.1.1 保險計劃管理的含義

所謂保險計劃管理，就是指保險公司根據發展需要及本身的條件，通過周密的調查研究，制訂保險計劃，以組織、領導、監督和調節保險經濟活動的一種制度和方法。保險計劃是指保險公司的計劃，即保險公司為了實現一定目標而制訂的未來行動方案。保險公司的各項經營活動，包括承保、投資、理賠、人力資源管理等都要求實行計劃管理，按照預定目標組織實施。

保險計劃管理的主要任務是根據保險市場需求、企業內外環境狀況和企業經營目標，編制經營計劃，組織、監督計劃實施，調控計劃的執行，充分利用企業的各種資源，協調企業的各項業務活動，以最好的經濟效益和效率實現企業的經營目標，同時加強計劃工作自身的管理，提高計劃管理工作的科學性、可行性和工作效率。

3.1.2 保險計劃管理的意義

正確的決策指引公司的發展方向，好的計劃則可以起到將決策具體化、目標化並為控制提供依據的作用，使企業各層員工的工作都能夠切實可行地為企業的目標服務。保險企業作為一種新型的社會化企業，需要根據高度發展的生產技術要求，對保險經營過程進行計劃管理。因此，保險計劃管理對於保險企業的經營活動有著重要意義。

3.1.2.1 實行計劃管理有利於提高保險企業的經濟效益和社會效益

從保險企業所追求的經濟效益來看，通過計劃管理，一方面保險企業可以克服市場調節的消極方面，更合理地配置和利用人力、物力和財力等一切資源，使保險企業經營中所投入的物化勞動和活勞動減少，並降低企業的經營成本，提高保險公司的經濟效益和社會效益；另一方面企業實行科學的計劃管理，可以使保險企業的經營活動與國民經濟協調發展，調整和改善保險企業與外部各環境因素的關係，樹立良好的社

會形象，擴大經營市場，最終以良好的社會效益促進企業自身的經濟效益。

3.1.2.2 實行計劃管理可以明確保險企業的發展方向和經營目標

保險計劃是根據保險市場經濟規律，黨和國家的路線、方針、政策，以及保險的有關規定，結合企業內外條件所制訂的未來保險業務活動的方案，它規定了保險企業在計劃期內經營活動的主要任務，對業務發展速度、險種結構、保額、賠款額、再保險分出額和分入額，以及保險機構、職工人數等一系列經濟指標提出具體要求，為保險企業各職能部門、基層單位和廣大職工指明了努力方向，規定了行動綱領，使企業各部門和各項保險業務緊密銜接起來，保證保險企業順利發展。另外，企業實行保險計劃管理，根據保險發展的總體戰略目標和國家保險政策，以及下達的有關經濟指標，制定固定資產投資、保險資金運用、財務收支、勞動工資、職工培訓等具體目標和行動規劃，從而為企業發展提出了明確而具體的經營目標。

3.1.2.3 實行計劃管理能夠使保險企業更有效地發揮保險的功能

保險企業是龐大的經濟實體，是國民經濟中的重要組成部分。要使這個企業的經濟活動正常運轉，發揮積極組織保險基金和對意外災害進行經濟補償的作用，就必須加強計劃管理，以便在企業內部建立各種職能部門和科學的勞動組織形式，實現各系統、各要素、各工作環節的有機配合與協調，使各部分保持正常的比例關係，才有助於提高保險企業的經營水平，充分發揮保險企業的職能作用。

3.1.3 保險計劃管理的原則與要求

3.1.3.1 保險計劃管理的原則

為了使保險作為社會「穩定器」和經濟「助推器」的作用正常而充分地發揮，保險公司在進行計劃管理時必須遵循以下原則：

（1）科學性、法律性和政策性相結合的原則。保險計劃管理應當建立在科學基礎上從實際出發，保險企業在制訂計劃時根據客觀市場經濟規律，充分考慮主客觀條件和保險公司經營環境，採用先進的計算方法和手段，通過系統分析論證來確定各項計劃指標的範圍，保證計劃的正確性，使保險計劃能反映保險企業的特殊經營要求，不斷提高計劃管理水平。同時作為專業的風險管理機構，保險企業必須在國家既定的宏觀政策和法律法規下運作，保證企業的穩健經營，維護被保險人的利益。這都要求保險企業的計劃管理必須滿足科學性、法律性和政策性相結合的原則。

（2）統一計劃和分級管理相結合的原則。保險公司必須有一個統一的發展規劃和長遠的計劃總目標，使公司內部各部門和廣大員工協調一致地共同努力。但由於保險公司各部門、各分支機構客觀環境存在差異，保險公司的各級部門應當具有一定的自主計劃管理權，在統一計劃的基礎上，根據各部門的實際情況制訂符合本部門的計劃，使計劃管理更具可行性，這樣才能更好地執行和完成保險公司的總體計劃。因此，只有實行統一計劃和分級管理相結合，充分發揮各部門的積極性，才能提高保險計劃管理的效益。

（3）嚴肅性與靈活性相結合的原則。保險計劃是保險公司的發展戰略和行動方針，不能因為主觀原因隨意變動計劃，只有強調計劃的嚴肅性，才能充分發揮計劃管理對保險公司經營管理水平的提高和經濟效益的促進作用，才能使公司各部門和廣大員工有效地實現計劃目標。但是保險公司本身經營的是風險，難免出現計劃與實際不一致的情況，因此，應當堅持嚴肅性與靈活性相結合的原則，根據實際適當對計劃做出合理修正和調整，同時參考分級管理制度，賦予保險公司各部門根據實際情況調整保險計劃的權利，以保證計劃管理的科學性，最大限度發揮計劃管理的作用。

（4）專業性和群眾性相結合的原則。保險計劃是通過建立保險計劃管理機構和配備專業計劃管理人員來實現的，並且最終計劃是由保險企業領導者和專業人員來完成的。但是由於保險公司的廣大員工處於保險經營活動的一線，最瞭解公司經營活動中的具體情況，對保險計劃的編制、執行、控製和評價最有發言權，這就要求保險公司在制訂保險計劃時要依靠廣大員工，其執行也要依靠一線員工。只有專業性和群眾性相結合，才能保證保險計劃不脫離實際。

3.1.3.2 保險計劃管理的要求

保險計劃的執行需要與其他管理職能相銜接配合，使得計劃管理滲透和貫穿於保險公司經營管理的各個環節，此外還必須建立相應的考核制度，以確保計劃的嚴肅性。同時，保險公司是經營和管理風險的企業，保險業務的特殊性以及與不確定性相伴的特點，使得保險公司對計劃管理又有特殊的要求和條件。

（1）保險計劃管理要以宏觀經濟為基礎。宏觀經濟總量和變化趨勢對保險需求有著重要影響。由於保險的首要職能是為社會經濟的穩定運行提供保障，而大多數經濟活動進行過程中都有風險，因此經濟越發達對保險的需求也就越高。另外，保險產品屬於收入彈性較高的商品，因此，保險需求對國民收入的變化具有很強的敏感性。國民收入提高到一定程度時，可能帶來保險需求成倍的增加，反之則可能引起保險需求成倍的萎縮。因此，要想準確地把握市場和消費者對保險產品的需求，對保險產品的供給做出合理的預計和安排，就必須密切關注宏觀經濟的動向和走勢。

（2）保險計劃管理要以保險需求為基礎。風險無處不在、無時不在，因此保險需求廣泛存在於經濟的各個領域，這與一般商品的需求僅來自有限的市場有顯著的區別。這一特點要求保險公司對外部市場的關注要遠遠超出其他類型的企業。特別是對於財產保險公司來講，隨著風險管理技術的發展和產品的不斷創新，越來越多的有形財產和無形財產以及責任被納入可保風險的範圍內，保險標的種類繁多，涉及面廣，性質各異。因此，要實現計劃的準確性、有效性和精細化，就必須對相關市場的總量、性質、變化趨勢、影響因素、保源轉化情況等一系列問題進行廣泛的考察和深入的研究。

（3）保險計劃管理要重視保險投資。保險投資是保險公司一項重要的經營活動，因而也是計劃管理的重要內容。過去對保險資金運用的法律政策限制比較多，投資收益對保險公司利潤的貢獻度比較低。但近年來情況在逐步發生變化。隨著保險市場開發程度的加大和競爭的日趨激烈，許多保險公司的承保利潤開始下降，甚至出現虧損，保險公司逐漸重視投資活動對償付能力和盈利能力的影響。與此同時，中國保險資金

運用渠道在不斷拓寬，保險資金運用的效果對保險公司盈利水平和競爭能力的影響程度也在不斷加大。因此，保險公司計劃管理部門必須詳細掌握自身可運用資金的規模、來源構成、期限結構、利率敏感度等情況，以及保險投資的風險來源、風險構成、風險控製及投資策略等相關情況，以便對投資活動特別是投資的風險和收益做出合理和恰當的預測和安排。

（4）保險計劃管理要重視精算技術的應用。在任何企業，以歷史數據為基礎的定量測算都是保證計劃的科學性和可靠性所必需的，這對於保險公司尤為重要。對保險事故規律性的探索過程必須要以充分的歷史數據為基礎，利用精算、統計等技術工具研究和分析才能完成。此外，對準備金的計提也必須通過對大量歷史數據的分析才能確定合理的規模，從而既能滿足未來賠付的需求，又不至於因提取過高而影響利潤計劃的準確性。但是大量的原始數據往往是孤立存在的，每一個數據所反映的都是一次保險事故特有的信息。要挖掘數據中所包含的規律性，精算技術和各種統計方法是保險公司深入研究有關不確定性問題的重要工具。因此，保險公司應做好精算技術應用的基礎性工作，並在計劃管理環節重視精算技術，使計劃管理的科學性和有效性落到實處。

3.1.4 保險計劃的種類和指標體系

保險計劃是對將來活動做出決策而進行的周密思考和準備工作，保險公司應按照社會需要和保險公司自身的經營條件，確定保險公司的經營思想、經營方針、經營目標和經營計劃。

3.1.4.1 保險計劃的種類

（1）按計劃期和作用的不同分類。按計劃期和作用的不同，保險計劃分為中長期計劃、年度計劃和進度計劃。

①中長期計劃。中長期計劃的計劃期一般為5年及5年以上。它具有預見性和綱領性的特點，其內容主要是確定保險公司的發展戰略、經營方針、經營規模和經營範圍等，解決保險公司發展過程中的一些重大問題，如計劃目標、計劃重點、區域佈局、發展策略等。中長期計劃是保險公司今後較長一段時期內經營的指導思想和行動指南。保險公司通常依據國民經濟和保險公司自身的發展狀況編制中長期計劃。由於中長期計劃期限長，不確定因素多，因此只能對保險公司發展遠景做一個輪廓性的規劃，保險公司還必須通過年度計劃和短期計劃對其進一步具體化。

②年度計劃。年度計劃的計劃期一般是一個自然年。年度計劃是依據保險公司在中期計劃中的分年度指標而編制的實施性計劃，是長期計劃的具體體現，也是長期計劃實現的保證。通常年度計劃是在上年計劃完成的基礎上，根據中期計劃規定的各項指標，綜合平衡計劃年度內國民經濟發展的新情況、新要求以及計劃所處的內外環境而制訂的。保險公司的年度計劃包括各個經營環節和各個方面的計劃。保險公司在向分支機構下達年度計劃時，還規定了考核指標的內容，為檢查計劃執行情況提供依據。

③進度計劃。進度計劃是根據各項年度計劃指標分解制訂的季度或月度的短期計

劃。進度計劃是保險公司內部為組織日常經營活動，保證各個經營環節相互銜接和平衡而制訂的計劃，具有實踐性的特點。進度計劃作為保險公司年度計劃的控製手段，通過將年度計劃按季、按月地規劃保險公司日常工作以及每個員工的行動目標和具體任務，不僅有利於建立和維護正常的業務經營秩序，而且在進度計劃執行過程中，可以及時發現年度計劃中存在的問題，尋找原因，及時解決，從而有效地控製年度計劃的執行過程，避免到年終考核時才發現問題，因無法及時糾正而影響年度計劃的執行和控製。

（2）按計劃性質分類。保險計劃按性質又可分為保險業務收入計劃、財務收支計劃、投資計劃、固定資產投資計劃、機構人員編制計劃、薪酬福利計劃、員工培訓教育計劃和經濟核算指標計劃。

①保險業務收入計劃。保險業務收入計劃是保險年度計劃中的核心計劃，也是編制其他計劃的依據。保險業務收入計劃主要根據國民經濟發展、保險需求以及保險公司的長期計劃編制。保險業務收入計劃主要內容有保費收入、新險種的開發、承保深度、承保密度、承保面、賠付率等。保險業務收入計劃還可以細分為直接業務計劃和再保險業務計劃。直接業務計劃包括財產保險計劃、人身保險計劃和涉外業務計劃。再保險業務計劃分為分出分保業務計劃和分入分保業務計劃。

②財務收支計劃。財務收支計劃是反映保險公司一切貨幣收支的綜合性計劃，它是依據保險公司的業務計劃、費用預算、勞動工資及繳納額等編制的貨幣收支計劃。財務收支計劃的基本內容為營業收支項目和非營業收支項目。財務收支計劃的目的是促進保險公司加強經濟核算，增收節支。

③投資計劃。投資計劃是保險計劃的重要組成部分。投資計劃的編制需要保險公司的投資部門、財務部門和精算部門通力合作、相互制約，既要處理好投資業務與承保業務的關係，又要遵循保險投資的原則，加強投資風險的控製，保證投資的安全和收益。

④固定資產投資計劃。固定資產具有價值高、使用年限長的特點。固定資產投資計劃包括基本建設計劃和設備計劃兩部分，必須經過相關部門的審批。基本建設計劃是根據國家規劃和保險公司自身財力與需要而制訂的有關營業用房、員工宿舍等固定資產的新建、擴建、改建和恢復等項目工程的計劃。設備計劃是編制運輸工具、計算機和大型辦公設備等的購置和製造計劃。

⑤機構人員編制計劃。機構人員編制計劃是根據保險長期計劃和年度業務計劃編制的保險機構和部門以及人員發展規模的計劃，它是保險業務計劃實施的輔助計劃。但是機構人員編制計劃要注意機構人員結構、員工規模與勞動生產率的關係。

⑥薪酬福利計劃。薪酬福利計劃是根據國家薪酬政策和保險公司的薪酬分配原則，確定各級員工薪資報酬數額的計劃。它是在業務計劃和機構人員編制計劃的基礎上編制的，是保險年度計劃中的一項重要計劃，主要內容包括薪酬的範圍、結構、等級與數額，崗位業績要求與績效考核標準，福利安排及薪酬激勵手段等。

⑦員工培訓教育計劃。員工培訓教育計劃是根據保險業務發展的需要和員工的實際情況，合理安排員工進行各種形式的理論學習和業務學習的計劃。對於現代保險公

司來說，員工教育計劃是一項重要的長期計劃，它直接關係到保險公司員工綜合素質的改善、保險公司競爭能力的增強和經營管理水平的提高。員工培訓教育計劃通常分為在職員工的再教育計劃和保險代理人的培訓計劃。

⑧經濟核算指標計劃。經濟核算指標計劃是反映保險公司經濟效益和經營管理水平的計劃，它的主要內容為承保率、利潤率、費用率、賠付率、保費增長率、投資收益等。

3.1.4.2 保險計劃指標體系

保險計劃指標是指保險公司在計劃期內的具體目標和發展水平。保險公司的各項計劃都通過一系列的指標來規定和表現，因此，編制計劃的主要內容實際上就是編制計劃指標。

計劃指標按性質不同可分為質量指標和數量指標。質量指標是用相對數表示的保險公司在計劃期內業務經營活動在質量上應達到的目標，它反映的是保險經營質量水平。保險計劃的質量指標包括成本利潤率、綜合費用率、賠付率、投資利潤率、人均保費收入、人均利潤等。數量指標是用絕對數來表示的保險公司在計劃期內業務經營活動在數量上應達到的目標。保險計劃的數量指標包括保費收入、營業費用、利潤總額、投資收入、員工人數、工資總額等。

（1）保費收入指標。它屬於保險公司的承保業務指標，主要是用以綜合反映保險公司業務狀況、承保金額、承保責任以及某一地區保險業發展水平的業務指標。

（2）人均保費收入指標。這是反映保險公司勞動組織情況和經營管理水平的綜合性指標，屬於勞動生產率指標。人均保費收入指標的設置，可以促進保險公司合理安排勞動力，降低勞動耗費，增加保費收入。

（3）營業費用指標。這是反映保險公司的經營性費用支出的指標，屬於財務成本指標。加強保險公司的經營管理，提高經營管理水平，可以降低營業費用支出，增加保險公司的利潤。

（4）利潤總額指標。這是反映保險公司經營成果和對國家財政貢獻的指標，屬於保險公司的綜合性指標。保險公司的利潤總額等於營業利潤加上營業外收入減去營業外支出。

（5）人均利潤指標。這是綜合反映保險公司勞動組織情況和員工對企業和國家貢獻水平的指標，屬於勞動效益指標。人均利潤指標的設置，有利於促進保險公司優化勞動組合，降低費用支出，提高經營管理水平，同時也便於保險公司考核各分支機構和各職能部門的經濟效益。

（6）投資收入指標。這是反映保險公司投資業務狀況的指標，屬於保險公司的資產業務指標。投資業務和承保業務並駕齊驅是現代保險業發展的一種潮流，投資是現代保險公司發展的一大支柱。在承保能力日趨過剩，保險競爭日益加劇的今天，投資收入對保險公司的利潤總額具有非常重要的影響。

（7）成本利潤率指標。這是反映保險公司經營成本（包括賠款支出和營業費用支出）與利潤的比例關係的指標，屬於保險公司的財務成本指標。成本利潤率指標的設

置，可以促進保險公司加強成本管理，有計劃地控製成本支出，增加保險利潤，提高經濟效益。

（8）賠付率指標。賠付率是反映保險公司賠款與保費收入的比例關係的指標，它屬於保險公司的業務成果指標，與保費收入指標一樣屬於保險業務計劃中的重要指標。賠付率指標的設置可以促使保險公司嚴格核保，加強風險管理，降低保險風險發生的頻率和損失程度，從而提高保險公司的經濟效益。

3.1.5 保險計劃的編制、執行和控製

3.1.5.1 保險計劃的編制

（1）編制計劃的一般程序。編制保險計劃是保險計劃管理的第一步，一般分為三個階段，即準備階段、編制計劃草案階段和計劃確定階段。

①準備階段。這一階段的任務是根據計劃的內容，搜集和整理計劃編制的基本依據。具體來說，就是搜集和整理與保險計劃相關的黨和國家的有關方針、政策，國民經濟的發展規劃，上年或本年計劃的執行情況，以及企業經營環境及其變動趨勢，調查研究保險市場狀況，廣泛搜集保源信息、供求信息、競爭信息，並對保險需求進行分析和預測，為科學、準確地編制保險計劃奠定可靠的基礎。

②編制計劃草案階段。這一階段的任務是在企業經理領導下，與各有關部門和廣大職工相互配合，經過試算平衡，制訂保險計劃草案。計劃草案的編制，要注意計劃任務與企業人力、物力和財力之間的平衡等，以保證計劃的可行性。

③計劃確定階段。經過對各個計劃草案進行比較，篩選出最佳或最滿意的計劃草案，作為企業付諸實施的計劃。

（2）保險計劃的編制方法。保險計劃的編制方法主要有綜合平衡法、比例法、動態關係法和滾動計劃法。

①綜合平衡法。綜合平衡法是編制計劃的基本方法。平衡是指保險經營活動中各個局部、各個環節、各種要素和各種指標之間的平衡。綜合平衡就是利用這些平衡關係來確定計劃指標，制定的指標具有科學性和可行性。

②比例法。它是以歷史上形成的有關指標之間比較穩定的比例關係為基礎，結合計劃期內因素的變動情況來推算相關指標的一種計劃編制方法。這種方法對於結構性計劃指標體系中指標的確定，效果最佳。採用這種方法時應注意兩點：一是歷史上形成的比例關係要具有穩定性，不能忽高忽低，否則不宜採用；二是對計劃期影響因素的變化要進行全面分析，並對歷史上形成的比例進行恰當的調整。

③動態關係法。此方法是利用某種指標在歷史上發展變化的一般規律，考慮計劃期內的變化因素，確定計劃指標的一種方法。這一方法的關鍵是確定計劃期內指標增長率，它由指標變化的規律性和計劃期內影響因素的變化決定。計劃指標的計算公式為：

計劃期某項指標＝報告期該項指標完成數×（1＋計劃期該項指標增長率）

④滾動計劃法。滾動計劃法是一種動態編制計劃的方法。與靜態計劃相比，它不

是等計劃全部執行之后再重新編制下一個時期的計劃，而是在每次編制或調整計劃時，均將計劃向前推移，即向前滾動一次。五年計劃改為每年編制一次。

滾動計劃法由於是在計劃執行一段時間后修訂新一週期的計劃，新計劃週期包括原計劃週期中未執行的部分。對一個執行期的計劃來說，它要經過多次修訂後才進入執行階段。因此，這種方法編制的計劃總是處於動態變化的過程，這一動態過程考慮了外部環境的變化，使計劃更加切合實際。

3.1.5.2 保險計劃的執行

保險計劃的組織執行是計劃管理過程中的一項細緻而複雜的管理活動，是計劃管理的主體。具體在保險計劃組織執行過程中就是要充分發揮組織、指揮與協調職能，抓好計劃的落實和執行，完成計劃的目標。

保險計劃組織執行的具體工作主要有：

（1）實行指標分解。實行指標分解是保險計劃組織執行的第一步，指標分解包括兩方面的內容，一是將年度計劃分解成季度計劃或月度計劃，明確規定各階段的目標；二是向各部門、各科室和全體職工分解計劃目標，使計劃執行者心中有數，任務明確。

（2）建立內部經濟責任制。在保險計劃指標分解的基礎上，按照經濟責任、經濟權利和經濟利益相統一的原則，建立和完善公司內部經濟責任制，明確規定計劃執行者應承擔的責任。

（3）加強日常管理。在保險公司計劃的組織執行過程中，公司領導作為計劃制訂者，應加強日常管理和技術指導，強化公司的指揮系統，並運用各種統計方法和工具瞭解公司各部門和職工的計劃完成情況，及時解決計劃執行中發現的問題。此外，為充分調動員工積極性，應根據員工業績獎懲分明，保證保險計劃按時高質量完成。

3.1.5.3 保險計劃的控製

保險計劃的控製與調整，是指對企業內部各部門和職工的經營活動的控制以及根據保險計劃指標的執行情況做出調整。控制和調整的前提是及時、準確、全面地掌握計劃的執行情況。由於保險計劃具有預期性、計劃實施所依賴的內外部環境的變化和管理工作可能存在的缺陷等，計劃執行往往出現偏差，從而影響到計劃的科學性和計劃管理的效率。因此，保險公司必須對保險計劃實行有效的控製和適時的調整，以確保保險計劃的順利實現。

在保險經營實踐中，為了實現有效的控製，保險公司必須做到以下幾點：

（1）實行標準化計劃管理。把營銷、承保、理賠、投資、再保險、財務等各個經營管理環節的工作標準化，使各部門、機構和員工嚴格按標準去操作。

（2）建立保險公司信息系統。保險公司信息系統，可以使保險公司領導者通過信息系統及時瞭解本企業的經營情況以及經營環境的變化，進而採取有針對性的應對措施，消除計劃實施過程中可能出現的偏差。

（3）及時檢查評價控製。檢查評價是最傳統的，也是最為直接的控製手段。公司領導或主管人員要定期檢查計劃執行進度和服務質量情況，及時發現問題和分析原因，迅速判斷並做出處理決策。這種控製手段的特點是，領導者隨時能掌握第一手資料，

避免信息在傳遞過程中衰減，提高信息溝通率，有更好的控製效果。

當保險公司實際經營環境與預期狀況發生較大差異時，就必須對計劃指標及行動方案進行調整，才能真正發揮保險計劃管理的作用。調整計劃的方法有指標修正法和滾動式計劃調整法兩種。對於年度計劃可採取指標修正法予以調整。例如，若保險公司在上半年的業務經營狀況明顯好於預期，就可對下半年的計劃指標適當調整，如降低賠付率、成本費用率指標，提高利潤率指標，以適應經營環境的變化。對於中長期計劃多採用前述的滾動式計劃調整法進行調整，邊執行邊調整，這樣有利於增加保險計劃的適應性和可行性。

3.2 保險統計管理概述

大數法則是保險公司經營的數理基礎。保險事故發生的概率是根據過去大量的保險統計資料中的保險金額的損失率及有關因素計算的。費率厘定的準確與否直接影響到保險公司的業務經營的穩定。因此，保險統計對保險業的經營和發展具有重要的意義。

3.2.1 保險統計的含義

保險統計是運用各種科學的調查方法，獲取保險經營活動及其有關的社會現象方面的數據資料，經過整理和分析，用以反映保險經濟現象的規模、水平、結構、速度、深度、密度、效益等狀況，揭示保險經濟現象運動規律，實施監督管理的工具。保險統計是保險企業核算的方法之一，也是保險公司計劃管理的重要手段。

3.2.2 保險統計管理的意義

實行保險統計管理的意義在於：

3.2.2.1 為制訂保險經營計劃和管理者進行決策提供依據

保險統計通過定期統計報表、專門調查（如抽樣調查、重點調查、典型調查）等形式，以大量的統計指標數據，全面反映保險業務經營狀況及相關經濟狀況。這些準確、及時的數據為計劃目標的制定提供了依據。同時，通過統計分析，揭示出保險經濟活動的規律性，為保險企業管理者掌握全局，瞭解信息，進行經營決策提供了可靠的依據。

3.2.2.2 為開展保險理論研究提供依據

進行保險理論的研究，探討新的經營方式，是促進保險經營活動向前發展的重要手段。而理論研究是以實踐為基礎的，離開了實踐，理論研究就成了無源之水。保險統計通過系統、完整、科學地對統計資料進行整理、歸納和分類，建立統計資料檔案，存儲保險經濟有關歷史資料，為保險理論研究提供了大量的實踐數據和資料。

3.2.2.3 為制定和實施保險法律法規提供依據

保險法律法規是依據國家經濟發展總目標和有關保險事業發展的方針，在準確掌握了一定時期保險業務狀況的基礎上，結合保險業務自身的特點制定的，它貫穿於保險經濟活動的始終。因此，保險法律法規的制定必須以科學的統計數據為基礎，如此才能符合保險業務自身的發展規律。同時，通過對保險統計指標數據的分析研究，可以對保險經濟運行狀況實施定量檢查，以監督保險法律法規在各時期的執行效果，發現偏差及時糾正，最終促進保險業健康、協調、穩定地發展。

3.2.3 保險統計的內容

目前中國已形成以業務統計、資金運用統計、財務統計、人事統計為核心的保險統計指標體系。

3.2.3.1 保險業務統計指標體系

保險業務統計是全面反映保險企業業務經營活動狀況的統計，其主要內容包括保險業務成果統計和保險業務理賠統計。其中，反映保險業務成果的統計指標主要有保費收入、營業收入、營業利潤、保險金額、保戶儲金、分保保費、分保手續費、承保數量、退保人數、全員人均保費收入等；反映保險業務理賠的統計指標主要有賠案件數（包括已決賠案件數和未決賠案件數）、賠款（包括已決賠款和未決賠款）、給付（包括死亡、傷殘、醫療給付額、滿期給付額、養老金給付額）、無賠款優待款、退保金、賠付率（即賠款與保費收入之比）及各種出險原因（如火災、盜竊等）。

3.2.3.2 保險資金運用統計指標體系

在現代保險市場上，把保險資金用於種種投資，已成為保險企業獲取高額利潤、增強償付能力、提高競爭能力的重要途徑。保險資金運用統計包括三方面的內容：

（1）保險資金的數量和運用規模統計。保險資金的數量決定了保險企業有多少資金可進行投資，保險企業可運用的資金由資本金、責任準備金（包括未到期責任準備金、未決賠款準備金、人身保險的各種準備金、總準備金）和其他可運用的資金（如承保盈餘、暫時閒置的資金）組成。保險資金的運用規模受國家宏觀調控政策、經濟發展對資金的需求及保險資金的數量等因素影響，可通過計算保險資金運用率（即投資資金總額與企業全部資產之比）來反映。

（2）保險資金的運用情況統計。保險資金投入資本市場后，呈現多種投資形式，如購買債券和股票、不動產投資、抵押貸款、投資基金、同業拆借等，對於各種形式的資金運用額、所占份額、投資收益等需要進行統計。此外，在所運用的保險資金中，還需統計短期、中期、長期投資各自所占份額。

（3）保險資金運用效益統計。保險資金運用效益統計主要對投資收益總額、資金運用盈利率（指投資收益總額與投資資金總額之比）、資金運用回收率（指年度實際回收的資金總額與年度應按期回收的資金金額之比）、資金平均占用時間、資金運用成本率（指投資的各項費用和支出與投資資金總額之比）等指標進行統計。

3.2.3.3 保險財務統計指標體系

保險財務統計是對保險企業的財務成本及財務評價進行綜合描述，它包括兩方面的內容：

（1）保險財務成本統計。保險財務成本統計是指對保險企業在業務經營過程中發生的與業務經營有關的各項支出，主要包括利息支出、賠款支出、各種準備金（如未決賠款準備金、投資風險準備金、呆帳準備金、壞帳準備金）、固定資產折舊費、代辦費支出、業務宣傳費、防災防損費、業務招待費、有價證券買賣損失、業務管理費等指標進行統計。

（2）保險財務評價統計。保險財務評價統計是指對保險企業經營狀況和經營成果進行定期總結和評價，包括對經營狀況指標和經營成果指標的統計。

其中，反映經營狀況的指標主要有：①流動比率＝流動資產/流動負債；②資本風險比率＝逾期放款/投資資金總額；③固定資本比率＝固定資產淨值/資本金。

反映經營成果的指標則主要有：①利潤率＝利潤總額/營業收入；②資本金利潤率＝利潤總額/資本金；③成本利潤率＝總成本/利潤總額；④費用率＝費用總額/營業收入；⑤工資利潤率＝利潤總額/職工工資總額；⑥全員人均利潤＝利潤總額/職工人數。

3.2.3.4 人事統計指標體系

人事統計是保險企業勞動人事管理的依據，其主要內容包括對職工人數（包括對業務人員、管理人員、工程技術人員、后勤服務人員、其他人員五大類人員的統計）、人員流動、年齡結構、受教育程度、薪酬福利總額、職工平均工資、職稱晉升狀況等指標的統計。

3.2.4 保險統計的步驟

保險統計工作分為統計設計、統計調查、統計整理和統計分析四個基本步驟。

3.2.4.1 統計設計

統計設計是根據統計研究對象的性質和對其研究的目的，對整個統計工作進行全面考慮和安排。在統計設計階段，要確定調查對象的範圍，規定分析該對象的統計指標、指標體系和分組方法，以確保統計工作的順利進行和統計工作的質量。

3.2.4.2 統計調查

統計調查是根據統計研究的目標和任務，按照統計設計的要求，有組織、有計劃地搜集與保險公司經營活動有關的統計資料。統計調查是統計工作的基礎，因為統計調查資料是否完整和準確，直接影響保險統計工作的質量。

保險統計調查的內容很多，有與保險業有關的國家宏觀經濟狀況和地區經濟狀況、風險事故發生的頻率以及風險發生造成的損失範圍和損失程度、國內保險市場上的供求關係，尤其是社會對各類保險業務的需求、國際保險市場的動態等。保險統計調查的方法很多，一般是通過保險監管機構制定的保險公司統計制度中規定的統計報表這種調查方式來搜集掌握大量的統計資料。

3.2.4.3 統計整理

統計整理是通過統計調查，將搜集的大量的、分散的、零碎的原始資料，運用科學的方法進行整理、分類和匯總，使之系統化、條理化、科學化，成為具有代表性、概括性、統計性的資料。統計整理是統計調查的繼續，也是統計分析研究的前提和基礎。

3.2.4.4 統計分析

統計分析是根據國家對保險業的政策法規的要求，對搜集和整理的大量資料進行綜合計算、分析和研究，從中發現問題，找出規律，提出解決辦法。

保險統計工作是一個整體，各個步驟的工作都是相互關聯的，哪一個步驟的工作發生差錯，都將影響保險統計工作的質量。因此，保險公司必須切實加強對保險統計工作的管理。一方面，認真執行保險統計相關規定，採取有效措施穩定保險統計隊伍，加強保險統計信息化建設；另一方面，要嚴格落實責任，統計負責人應切實承擔起領導職責，加強對有關部門的協調和統計聯繫人及具體人員的管理。

3.2.5 保險統計的管理要求

保險統計應用於保險經營管理，主要是通過設計科學的統計指標體系，採用大量數據來反映和研究保險經營管理規律。因此，根據「統一領導、分工負責、綜合歸口」的管理原則，實行保險統計管理必須滿足以下要求：

首先，必須明確統計人員的職責權限。一是統計人員必須履行職責，遵守統計規律，堅決抵制違反統計制度、虛報、瞞報統計數字的弄虛作假行為；二是統計人員有權揭發和檢舉統計工作中違反國家法律法規、破壞國家計劃的行為；三是統計人員要準確、及時、系統地向有關部門和領導提供統計資料和統計數據，並且有權對本單位的經濟活動和業務計劃進行檢查和監督。

其次，必須加強保險總公司計劃部的統一管理，以確保統計指標及其口徑範圍和計算方法的一致性。保險統計報表的設計、組織填報及指標說明等事項應由總公司計劃部統一管理，確保統計指標、口徑範圍、計算方法的統一。有關部門需要增設統計項目或增加非一次性統計報表時，必須由計劃部批准，防止報表泛濫。

最后，必須認真審查統計報表，對外公布和計算使用的數字，以統計部門簽發的為準。在統計調查和編制統計報表的過程中，要對照原始單證對數字認真審查，避免漏報、錯報數字或項目。統計報表應嚴格按規定日期報出，並且經主管經理、統計負責人和製表人分別簽字蓋章后方能生效。公司對外公布和計算使用的數字，以該報表為準。若報表報出后發現錯誤，應及時發文更正。

隨著中國保險市場不斷走向成熟，《中華人民共和國公司法》《中華人民共和國保險法》《中華人民共和國統計法》《保險統計管理規定》等法律法規在實際工作中的逐步落實，各階層對保險統計工作重要性認識的不斷提高，保險統計必將在保險經營管理中越來越發揮出其反饋信息、提供諮詢、實施監督、參與決策的重大作用。

3.3　保險計劃和統計管理的關係

　　保險計劃管理和統計管理既相互區別，又相互聯繫。相互區別表現在：保險計劃管理是在統計工作的基礎上，側重於未來保險業發展趨勢和規律的預測、籌劃和實施，具有超前性；保險統計管理是通過統計指標體系的科學設計，側重於運用大量的歷史數據反映和研究保險經營管理的規律，具有滯后性。相互聯繫表現在：保險統計管理是保險計劃制訂和分析的基礎，是檢查和監督計劃完成情況的重要工具。

4 保險營銷管理

保險營銷是保險公司經營的第一個環節，它不僅僅是一種促銷活動，更是對保險市場的充分研究和統籌決策。通過對保險營銷各環節進行統籌規劃和有效管理，可以提高保險營銷效益，增強保險公司的市場競爭力，實現保險公司利潤目標，促進保險公司的可持續發展。

4.1 保險營銷概述

4.1.1 保險營銷的概念

保險營銷又稱保險銷售，是指以保險產品為載體，以消費者為導向，以滿足消費者需求為中心，運用整體手段，將保險產品轉移給消費者，以實現保險公司長遠經營目標的系列活動，包括保險市場的調研、保險產品的構思、開發與設計，保險費率的合理厘定，保險分銷渠道的選擇，保險產品的銷售及售後服務等一系列活動。

保險營銷體現的是一種消費者導向型的理念。保險營銷是以保險市場為起點和終點的活動，它的對象是目標市場的準保戶。保險營銷的目的是滿足目標市場準保戶的保險需求。保險營銷不僅是為了推銷保險商品獲得利潤，還是為了提高保險企業在市場上的地位或佔有率，在社會上樹立良好的信譽。

4.1.2 保險營銷的特點和原則

4.1.2.1 保險營銷的特點

（1）服務性。保險營銷是一種服務活動，其營銷對象是保險這一特殊商品。保險商品從外在形式來看只是一紙承諾，並且這種承諾的履行只能在約定的事件發生或約定的期限屆滿時。對保戶而言，其無法從保險單中馬上獲得實質性的消費感受。保險營銷人員只有通過優質的服務使客戶對其產生信賴感，才能長期吸引客戶，保持客戶對保險的信心，並不斷開發新的客戶來源。因此，與其他職業相比，保險營銷服務質量的好壞尤為重要，它關係到保險企業的生存與長遠發展。

（2）專業性。保險學是一門範圍非常廣泛的交叉學科，涉及經濟、法律、醫學、數學、社會學等學科。此外，保險營銷人員在營銷過程中要與各個行業、社會各界和各色人物進行廣泛的接觸，涉及許多專業知識和技能，因而保險營銷人員需要運用其各方面的豐富專業知識，如營銷學、心理學、風險管理、金融、投資、財務管理等知

識，根據客戶的保險需求及不同客戶的心理特徵，為客戶設計合理的保險保障方案。

（3）挑戰性。由於保險商品過於抽象，保險單過於複雜，人們對保險商品瞭解甚少，在沒有強烈的銷售刺激和引導下，一般不會主動購買保險商品。正是這種購買欲望的缺乏，使保險尤其是壽險必須依靠推銷。加之中國的經濟體制及社會保障制度的特點，使中國的商業保險發展較為緩慢，國民的保險意識也較為薄弱，所以保險營銷環境不容樂觀，保險營銷工作也極富挑戰性，這就要求保險營銷人員具備良好的心理素質和堅強的意志。

（4）競爭性。保險營銷的競爭並非價格的競爭。保險商品的價格即保險費率是根據損失概率並考慮利率、保險期限等其他各種因素經精確計算而確定的，其並不主要取決於市場上的供求關係。為了保證保險公司的償付能力，中國保險監督管理委員會也對主要險種的費率進行監管。因此，價格競爭在保險營銷中並非佔有重要地位，相反，如優質的服務、優勢險種等倒更有利於保險營銷活動。

4.1.2.2　保險營銷的原則

（1）遵守法律規範和職業道德原則。保險營銷人員代表保險公司與客戶進行溝通活動，其品德和信譽的優劣不僅影響保險公司的整體形象，而且還關係客戶的利益是否得到保護。一般而言，保險營銷人員嚴禁有下列不道德行為：①保費折扣；②換約招攬；③對保險條款等方面的錯誤描述。保險營銷是一項經濟活動，它受法律的保護和約束，每個營銷人員在營銷活動中的行為都必符合國家相關法律法規的要求。

（2）客戶至上，優質服務原則。保險營銷是一種商業服務行為，保險公司只有提供優質服務才能占領較大的市場份額。客戶簽約投保並不意味著一筆交易的完成，恰恰相反，而是保險服務的真正開始。一般來說，保險服務包括兩個方面的內容：一是保險業務自身的服務，如承保、防災防損、理賠等；二是拓展性服務，如汽車修理服務、風險管理諮詢服務、社會福利服務、金融服務等。保險營銷人員向客戶提供的保險服務必須具有全面性和高效性。

（3）最大誠信原則。最大誠信原則不僅是保險合同的基本原則之一，也是保險營銷人員必須遵循的重要行為準則。對於保險營銷人員來講，主要從兩個方面來做到最大誠信：一是保險營銷人員必須要把瞭解到的保險標的風險的真實情況，尤其是那些影響到保險人決定是否承保和是否調整費率的重要事實，如實告知保險人；二是壽險營銷人員還要對客戶誠實守信，必須如實向客戶說明保險公司的基本情況、保險條款的內容等，尤其是壽險保單的保險責任和除外責任，不得誇張宣傳，欺騙客戶。

（4）積極開拓市場原則。保險營銷人員在眾多保險需求不同的客戶群中，要有針對性地開展營銷活動，開拓自己的營銷市場。此外，保險營銷人員應對市場的各種需求狀況進行調查，全面掌握市場需求信息，包括潛在市場、市場佔有率、銷售趨勢、競爭形勢等各方面的信息。同時對信息的收集一定要注重迅速、準確、靈敏，即具有一定的時效價值和準確性，這樣才能在營銷工作中處於主動地位，靈活出擊。然後保險營銷人員利用獲取的市場需求信息，分析客戶群的心理活動和保險購買偏好，不斷開拓新的服務領域，不斷推出新的保險險種，不斷挖掘新的保險客戶，提高公司的市

場佔有率。

4.1.3 保險營銷的發展階段

從1992年美國友邦保險公司把個人壽險營銷機制帶入中國，25年的時間裡，中國的保險營銷事業從零起步，到突飛猛進，至成績斐然。保險營銷經歷了以下幾個發展階段。

4.1.3.1 以產品為導向的營銷階段（1992—2002年）

1992年友邦帶來全新保險營銷模式；1993年深圳平安起草壽險營銷方案；1994年太平洋財險開展個人壽險營銷業務；1996年年初中國人保財險和壽險分業，壽險籌劃個人營銷模式。從此全國上下，每年以幾十萬遞增的保險營銷大軍突襲大江南北，壽險營銷機制勢如破竹。拎包串巷、敲門掃樓、街頭問卷等一系列的方式，打開了國內保險營銷市場的開端。

在此階段，保險營銷部門只是一個簡單的保險推銷部門，是保險公司的一個附屬單位。保險公司的整個銷售沒有系統化、專業化，所推出的產品往往是保險公司根據本企業的自身情況所設計的險種，沒有考慮保險市場的需求，如推出在市場上無法售出的某些險種。

4.1.3.2 以銷售為導向的營銷階段（2002—2012年）

保險業步入第二個十年，信息增險①、電話邀約、客戶聯誼成了開拓市場的主要方式。雖然這些方式短時期內換得了豐厚的保費，但並不能說這就是保險模式創新的成功。隨著保險公司數量增多，保險市場日益成熟，市場競爭異常激烈。公司內部機制發生了質的變化，考核壓力越來越大，利益引導氛圍越來越濃，導致銷售誤導越來越多，保險銷售越來越難。

在這一階段，保險公司雖然以保險商品的銷售為主要手段，但營銷部門本身只具有附屬功能，保險推銷則由專門的營業部或展業部負責。這個階段表現為「我們會做什麼，就努力去推銷什麼」。

4.1.3.3 以市場需求為導向的營銷階段（2012年至今）

隨著社會和經濟的進步，保險營銷不再只依賴於營銷部門來實施，而是需要保險公司運用其所有的資源，包括人員及財務，擬訂適當的營銷計劃，對定價、配銷、促銷、客戶溝通等方面制訂具體方案，將客戶視為上帝，主動做好與客戶間的溝通工作，對市場需求定期進行調查研究，隨時把握市場需求變化，使保險商品的推銷更為順暢。

微信、互聯網銷售保險模式的出現，在一定程度上已經衝擊了傳統的保險營銷模式。隨著互聯網金融時代的來臨，網路已然成為保險銷售的一大渠道。

4.1.4 保險營銷管理的基本程序

保險營銷管理程序包括分析營銷機會、保險市場調查與預測、保險市場細分與目

---

① 信息增險是指利用手機短信來推銷保險。

標市場選擇、制定保險營銷策略、組織實施和控製營銷計劃等。

4.1.4.1 分析營銷機會

分析市場環境，尋找營銷機會，是保險營銷活動的立足點。營銷機會是營銷環境中對保險公司的有利因素。一個市場機會能否成為保險公司的營銷機會，要看它是否符合保險公司的目標和資源。如果有些市場機會不符合公司的目的，就不能轉化成營銷機會。

4.1.4.2 保險市場調查與預測

在分析營銷機會的基礎上，保險公司要對保險市場進行調查和預測。市場調查就是要弄清楚各種保險的需求及其發展趨勢。市場調查的程序包括確定調查目的、調查計劃、調查方法、對掌握的數據進行分析及撰寫調查報告等。

預測保險市場，特別是預測目標市場的容量，有利於不失時機地做出相應決策。保險市場預測一般要經過六個步驟：明確預測目標、確定預測計劃、確定預測時間和方法、搜集預測資料、分析預測結果、整理預測報告。

4.1.4.3 保險市場細分與目標市場選擇

在競爭的保險市場上，無論實力多麼雄厚的保險公司也不可能占領全部市場領域，每個公司只能根據自身優勢及不同的市場特點來占領某些市場。這就需要保險公司對市場進行細分並確定目標市場。市場細分就是依據保險購買者對保險商品需求的偏好以及購買行為的差異性，把整個保險市場劃分為若干個需求願望各不相同的消費群，即「子市場」。保險市場細分的主要標準有：①地理區域因素，例如區分城市市場和農村市場；②人口統計因素，即按照年齡、性別、家庭結構、收入水平、職業、文化程度等劃分不同的保險消費群；③心理因素，即根據營銷消費者購買保險的心理因素進行細分；④行為因素，即根據消費者的投保行為將保險市場進行細分。市場細分后，還應根據各個細分市場的消費者特徵，確定細分市場的名稱。

在市場細分的基礎上，保險公司可以根據自身的營銷優勢選擇合適的目標市場。一般而言，保險公司首先對市場進行評估，可以通過對五個方面因素的分析進行評估，即同行業競爭、新參加的競爭者、替代產品、購買者的議價能力、供應商的議價能力，然后選擇一個或幾個細分市場作為目標市場，最后確定占領市場的策略。保險公司仍需將本身的目標與所在的細分市場的情況結合在一起考慮，對於一些有較大吸引力的細分市場，如果不符合保險公司長遠目標，應該放棄；對於符合保險公司目標的細分市場，如果不符合保險公司長遠目標，也應該放棄；對於符合保險公司目標的細分市場，在進入時也要考慮自己是否具備必要的資源和條件。

4.1.4.4 制定保險營銷策略

保險營銷策略主要有險種策略、費率策略、銷售渠道策略和保險促銷策略。險種策略是根據保險市場的保險需求制定的，包括新產品開發策略、險種組合策略、產品的生命週期策略等內容。費率策略包括定價方法、新險種費率開價等，保險公司應該根據不同險種制定不同保險費率。銷售渠道策略是對將保險商品送到保險消費者手中

的途徑的決策。保險銷售渠道有直接銷售和間接銷售兩種。保險促銷策略是指促進和影響人們購買行為的各種手段和方法,如人員促銷、廣告促銷和公共關係促銷等。

4.1.4.5 組織實施和控製營銷計劃

營銷管理程序的最後一個步驟就是組織實施和控製營銷計劃。其主要內容就是組織保險公司的所有營銷資源,根據本公司的市場定位,制定相應的營銷戰略戰術,以實施和控製保險營銷活動。為了實施保險營銷計劃和戰略,保險公司必須建立相應的營銷組織部門。營銷組織通常由一位副總經理負責,其主要工作有兩項:一是合理安排營銷力量,特別是保證各部門經理如廣告經理、銷售人員經理、公共關係經理等的合作關係;二是要與負責財務、行政、研究與開發、人事等部門的副總經理密切配合,使公司各部門協調一致,以滿足客戶的需要,實現公司的營銷計劃。同時,為及時發現和處理計劃實施過程中出現的各種意外情況,必須建立相應的營銷控製系統,以確保營銷目標的實現。

4.1.5 保險營銷環境分析

保險營銷環境是指影響保險公司的營銷管理能力,使其能否成功地發展和維持與其目標客戶交易所涉及的一系列內部因素與外部條件的總和。保險營銷環境是複雜多變的,它隨著社會經濟、文化、政治的發展變化而不斷變化。同時,保險營銷環境的各因素又不是孤立存在的,而是相互聯繫、相互作用、相互制約的一個統一體。

從環境層次的角度來劃分,保險營銷環境可以分為宏觀環境和微觀環境。

4.1.5.1 宏觀環境分析

所謂宏觀環境,就是指那些給保險公司提供市場機會和造成環境威脅的主要社會力量,包括人口環境、經濟環境、政治法律環境、社會文化環境和科學技術環境等。

(1) 人口環境。人口環境指人口的規模、密度、地理分佈、年齡、性別、家庭、民族、職業,以及其他有關情況。人口狀況如何將直接影響到保險企業的營銷戰略和營銷管理,尤其是人身保險的市場營銷與一國人口環境的聯繫尤為密切。人口環境及其變動對市場需求有著整體性、長遠性的深刻影響,制約著保險公司營銷機會的形成和目標市場的選擇。因此,多角度、多側面地正確認識人口環境與保險營銷之間存在的不可避免的深刻聯繫,把握住人口環境的發展變化,是保險公司把握自己的行業特點和資源條件,正確選擇目標市場,成功開展營銷活動的重要決策依據之一。

(2) 經濟環境。經濟環境是指保險企業與外部環境的經濟聯繫,是影響企業營銷活動的主要環境因素。它包括一個國家或地區的消費者收入、消費者支出和物價水平等經濟指標。經濟越發達,組織和個人面臨的風險就越多,對風險管理的需求就越迫切,保險的需求就越旺盛。保險公司在分析消費者收入這個經濟指標時,應當注意社會各階層收入的差異性以及不同地區、不同年齡、不同職業的消費者的收入水平,針對具體情況,把握時機,及時開發出適銷對路的險種。保險公司在分析消費者支出模式時,要瞭解消費者用於各種消費支出的比例以及消費者的各種儲蓄目的,適時調整自己的營銷策略,以爭取到更大的市場份額,在競爭中占據有利的地位。

(3) 政治法律環境。政治法律環境主要是指與保險市場營銷有關的國家方針、政策、法令、法規及其調整變化動態，以及有關的政府管理機構和社會團體的各種活動。任何國家的國內政治局勢和政策法規與國外的政治局勢和政策法規的變化，都會給保險市場營銷帶來相應的影響，無論是挑戰還是機遇，保險企業都應認真對待。

(4) 社會文化環境。社會文化環境是指一個國家、地區或民族的文化傳統，如風俗習慣、倫理道德觀念、價值觀念、宗教信仰、法律、藝術等。保險營銷管理者必須具體研究這些問題，瞭解和熟悉各種不同的社會文化環境，才能做好保險營銷工作。

(5) 科學技術環境。科學技術對人類的生活最具影響力，如新技術、新產品的不斷問世，一方面將會降低原有風險，給企業帶來源源不斷的經濟利益，但另一方面也會給企業帶來一些新的風險，從而為保險市場營銷創造新的機會。

4.1.5.2 微觀環境分析

保險營銷的微觀環境是指與保險企業直接有關的市場營銷環境，包括供給商、保險仲介人、保險顧客、競爭對手、社會公眾以及保險企業內部影響營銷管理決策的各個部門，如計劃、人事、財務、業務、營銷等。

(1) 保險企業內部各部門。保險企業內部各部門之間分工協作的關係是構成保險企業內部環境的一個重要因素。保險企業內部各個部門、各個管理層次之間的分工是否科學合理，合作是否和諧、目標能否一致、配合是否默契，直接影響到保險企業的營銷管理決策和營銷方案的實施。

(2) 保險仲介人。保險仲介人包括保險代理人、保險經紀人和保險公估人。事實上，一個成熟健全的保險市場不應只是保險企業與保險購買者兩個基本要素的簡單組合，它還需要有保險仲介人活躍其中，這已是大多數保險業發達國家的具體實踐所證實的一個普遍規律。保險公司為了擴大市場份額，需要保險代理人、保險經紀人為其招攬業務、開拓市場；發生保險事故後，需要保險公估人站在公正的立場上查勘定損。兩者之間能否建立穩定有效的協作關係，會對保險公司服務於目標顧客的能力形成重大影響。

(3) 保險顧客。保險顧客是保險營銷的基礎。就某一險種而言，購買該險種的個人或組織越多，風險就越分散，保險企業的經營就越穩定；反之，其經營的風險性就越高。因此，分析保險購買者的心理及行為特徵是保險企業不可忽視的一項重要工作。

(4) 競爭對手。保險企業的競爭對手主要是指提供同一種類保險服務，但其承保條件、保險責任、除外責任、保險範圍以及售後服務有所不同的競爭者，它涵蓋了在保險市場上提供保險服務、經營保險業務的所有保險企業。各個保險企業為了達成自身最佳的經營績效，都會採取不同的營銷策略和競爭手段，從而形成行業競爭關係。

同行業競爭通常用賣方密度、服務商品差異、進入難度三個指標來衡量。賣方密度是指保險競爭者的數量，即有多少家保險公司，特別是實力強的保險公司有多少，這在保險市場需求相對穩定的情況下，會直接影響到保險公司市場份額的大小和競爭的激烈程度。例如，近幾年來外資保險公司在中國湧現，使得各保險公司的市場份額相對降低，競爭越來越激烈。服務商品差異是指各家保險公司提供同類保險服務商品

的差異程度，它主要表現為險種差異、業務差異和營銷策略差異。差異使保險服務產品各有特色，這就構成了一種競爭關係。進入難度是指一家新的保險公司試圖進入某個保險市場時遇到的難度。不同的國家或地區、同一國家的不同地區、一國在經濟發展的不同階段，新企業進入保險市場的難易程度是不一樣的。一般說來，政治體制、民族宗教都會不同程度影響國家或地區對於市場准入的規定。

（5）社會公眾。由於保險營銷活動會影響到社會公眾的利益，因此政府機構、金融機構、仲介機構、群眾團體、地方居民等也會關注、監督、影響、制約保險企業的營銷活動。保險企業遵紀守法，及時理賠，開展社會公益活動，努力塑造並保持良好的信譽和公眾形象，是保險企業適應和改善環境的一個重要方面。

4.1.6　保險營銷策略

營銷是企業以顧客需要為出發點，根據經驗獲得顧客需求量以及購買力的信息、商業界的期望值，有計劃地組織各項經營活動，通過相互協調一致的產品策略、價格策略、渠道策略和促銷策略，為顧客提供滿意的商品和服務而實現企業目標的過程。保險行業天生具備與社會發展和百姓生活緊密結合的特點，其營銷策略是指保險公司根據目標市場的保險需求、自身的經營能力和市場競爭等因素制定的有利於保險營銷的手段。保險營銷策略主要包括目標市場策略、保險商品組合策略、險種生命週期策略、保險費率策略和促銷策略等。

4.1.6.1　目標市場策略

目標市場策略是在保險市場細分的基礎上，針對目標市場的情況和保險營銷的需要制定的。保險公司在選擇好目標市場之後，還要選擇適當的目標市場策略。一般來說，可供選擇的目標市場策略有以下三種：

（1）無差異性市場策略。無差異性市場策略也稱整體市場策略，是指保險公司把整個市場看作一個目標市場，只注意保險消費者對保險需求的共性，而不考慮他們對保險需求的差異性，以同一條款、同一標準的保險費率和同一營銷方式向所有的保險消費者推銷這種保險。無差異性市場策略適用於那些差異性小、需求範圍廣、適用性強的險種的推銷。如機動車輛第三者責任險，可在一個國家的所有地區內用同一營銷方式和保險費率進行營銷。

（2）差異性市場策略。差異性市場策略是指保險公司選擇了目標市場后，針對每個目標市場分別設計不同的險種和營銷方案，去滿足不同消費者的需求的營銷策略。這種營銷策略，可以根據保險消費者需求的差異性，捕捉保險營銷機會，擴大保險銷售量，提高市場佔有率，適用於新成立的保險公司和規模較小的保險公司。

（3）集中性市場策略。集中性市場策略也稱密集性市場策略。保險公司選擇一個或幾個細分市場作為目標，制訂一套營銷方案，集中力量爭取在這些細分市場上佔有大量的份額，而不是在整個大市場上佔有小量份額。集中性市場策略適用於資源有限、

實力不強的小型保險公司。①

4.1.6.2 保險商品組合策略

保險商品組合是指保險公司根據保險市場需求、保險資料、公司的經營能力和市場競爭等因素，確定保險商品保障機能的結合方式。保險商品組合關係到保險公司險種開發的計劃與保險資源的利用，關係到保險公司的經濟效益和發展前途，所以必須予以重視。

（1）擴大保險商品組合的策略。擴大保險商品組合有三個途徑：一是增加保險商品組合的廣度，即增加新的險種系列；二是加深保險商品組合的深度，即增加險種系列的數量，使保險險種系列化和綜合化；三是保險商品廣度、深度並舉。

（2）縮減保險商品組合策略。縮減保險商品組合策略是指保險公司縮減保險商品組合的廣度和深度，即減少一些利潤低、無競爭力的保險險種。這是在保險市場處於飽和狀態、競爭激烈、保險消費者交付保險費能力下降的情況下，保險公司為了更有效地進行保險銷售，或者為了集中精力進行專業化經營，取消某些市場佔有率低、經營虧損、保險消費者需求不強烈的保險商品而採取的策略。

（3）關聯性小的保險商品組合策略。隨著保險市場需求的發展和保險公司之間的激烈競爭，越來越多的保險公司將財產保險與人身保險進行組合，每一組合或以財產保險為主，或以人身保險為主，使新組合的保險險種更能滿足消費者的需求。例如，有的保險公司將家庭財產保險與家庭成員的人身意外傷害保險相組合；有的保險公司將駕駛員意外傷害保險與機動車輛保險相組合，形成具有特色的新險種。從保險業發展來看，財產保險與人身保險的組合，適應了保險市場的需求變化，受到廣大消費者的歡迎。

4.1.6.3 險種生命週期策略

險種生命週期是指一種新的保險商品從進入保險市場開拓，經歷成長、成熟到衰退的全過程。險種生命週期包括投入期、成長期、成熟期和衰退期。

（1）投入期的營銷策略。險種投入期是指險種投放保險市場的初期階段。保險企業通常採用的營銷策略有：①快速掠取策略，即以高價格和高水平的營銷費用推出新的保險商品的策略；②緩慢掠取策略，即以高價格和低水平的促銷費用將新的保險商品投入保險市場的策略；③迅速滲透策略，即以低價格和高水平的銷售費用推出新的保險商品的策略；④緩慢滲透策略，即以低價格和低水平的營銷費用推出新的保險商品的策略。

（2）成長期的營銷策略。險種成長期是指險種銷售量迅速增長的階段。保險企業應採取的營銷策略包括不斷完善保險商品的內涵，廣泛開拓營銷渠道，適時調整保險費率，確保售後服務的質量，以盡可能地保持該險種在保險市場上長久的增長率。

（3）成熟期的營銷策略。險種成熟期是指險種銷售量的最高階段。保險企業應採取的營銷策略有：①開發新的保險市場；②改進險種；③爭奪客戶。

---

① 鄧大松，向運華. 保險經營管理學 [M]. 2版. 北京：中國金融出版社，2011：87-92.

（4）衰退期的營銷策略。險種衰退期是指險種已不適應保險市場需求，銷售量大幅度萎縮的階段。因此，保險企業要採取穩妥的營銷策略，有計劃地、逐步地限制推銷該險種。此外，還應有預見性地、有計劃地開發新險種，將那些尋求替代險種的消費者再一次吸引過來，使險種衰退期盡量縮短。

4.1.6.4 保險費率策略

保險費率策略是保險營銷策略中最重要的策略之一，它與其他策略相互依存、相互制約，調整保險產品結構比例，提高保險交易的效率，促進對保險產品的不斷創新。

（1）低價策略。它是指以低於原價格水平而確定保險費率的策略。實行這種定價策略是為了迅速占領保險市場或打開新險種的銷路，更多地吸引保險資金。但是保險企業要注意嚴格控製低價策略使用的範圍，以防損害償付能力。

（2）高價策略。它是指以高於原價格水平而確定保險費率的策略。保險企業可以通過實行高價策略獲得高額利潤，有利於提高自身的經濟效益，同時也可以利用高價策略拒絕承保高風險項目，有利於自身經營的穩定。但是保險企業要謹慎使用高價策略。

（3）優惠價策略。它是指保險企業在現有價格的基礎上，根據營銷需要給投保人以折扣費率的策略，包括：①統保優惠；②續保優惠；③躉交保費優惠；④安全防範優惠；⑤免交或減付保險費。

（4）差異價策略。差異價策略包括三種類型：①地理差異價，即保險人對位於不同地區相同的保險標的應採取不同的保險費率。②險種差異價，即各個險種的費率標準和計算方法都有一定的差異。③競爭策略差異。其主要做法包括：第一，與競爭對手同時調整費率，以確保本企業在保險市場佔有的份額；第二，在競爭對手調整費率時，保持原費率不變，以維護本企業的聲譽和形象；第三，採取跟隨策略，在已知競爭對手調整費率時，先不急於調整本公司的費率，待競爭對手的費率對市場銷售產生較大影響時，才跟隨競爭對手調整相關費率。

4.1.6.5 促銷策略

促銷策略是保險企業、保險代理人、經紀人等將有關保險商品的信息通過各種溝通形式，如人員推銷、廣告、公共關係、展業推廣等傳遞給投保人，以便讓投保人瞭解、產生興趣、產生投保欲望、最終做出投保決策等。

（1）培養營銷思想，創新市場策略。保險營銷是幫助客戶建立風險意識、保險認知和選擇保險服務的過程，不只是滿足市場需要的營銷，更多是激發和創造市場需求的過程營銷。保險公司須建立高效聯動的以客戶需求為導向的銷售營運系統、服務支持系統和文化價值系統，為多維營銷和互動營銷創造條件，推動保險公司從「銷售保險產品組合」轉移到「滿足客戶需求組合」的市場策略上來，真正把「創造客戶價值和滿意度」作為持續健康發展的前提和基礎，穩定和培養保險公司忠誠客戶和家族客戶。

（2）健全分銷體系，改革營銷制度。截至 2015 年 12 月，全國已有 10 多家保險公司成立了保險銷售公司。如何從戰略和制度層面整合個險、銀保、團險、網銷，產險

互動，產險和養老年金直銷團隊以及險資組建的基金銷售經理等多元銷售隊伍，需要保險公司在市場定位、銷售制度和激勵體系方面進行總體設計、統一規劃、統籌協調、整體推進、督促落實。特別是結合現有渠道改革創新的需要，加快制度的創新，建立保險行業「相對統一、利益共享、組織精簡、機制靈活、結構優化、信息暢通、職能前移、相互轉換」的營銷渠道（營銷網路）體系。

在改革營銷制度方面，要充分發揮個人代理人、經紀人、員工制銷售隊伍的優勢，從培訓體系、銷售組織體系、激勵體系對現有的銷售渠道進行統一改革，減少渠道衝突、體制衝突和服務衝突。當前最重要的是要對佣金制的個人代理人制度進行研究創新，重點研究個人代理人對客戶名單和長期保單的權益歸屬問題，以及營銷團隊長期發展的利益問題。

（3）協調整體利益，創新營銷激勵。保險市場營銷的整體利益包括三個方面：一是以開發客戶全生命週期價值（客戶終身價值）為根本的長遠利益，二是基於保險營銷價值鏈的營銷員（所有從事銷售的業務員）報酬利益，三是協調保險公司系統可持續營銷的整體利益。

所謂客戶全生命週期價值（客戶終身價值）是從保險生命週期和客戶家族緣故來進行思考的，為每位客戶樹立終身服務的理念，整合壽險、財險、養老年金和基金產品等所有產品為客戶提供全方位營銷服務的價值，構建出彼此信賴、共存共榮的長遠利益。圍繞客戶終身價值，除常規促銷服務之外，保險企業可以考慮創建以社區和客戶家庭為基礎的「保險門店」「保險之家」的銷售激勵方式，同時為每位客戶建立「保險終身積分卡」和「保險生命價值積分卡」，還可以考慮與金融機構合作研發出保單價值可查驗、保單現金價值可借取的，融保險、銀行功能為一體的「人生價值」保險銀行信用卡，讓客戶的保單價值隨時可見，時時關注個人風險，靈活運用保單借款，增強保險客戶保單利益的價值體驗。

（4）提高營運效率，創新營銷支持。保險營銷效率來源於「點效率、線效率、面效率和立體綜合效率」四個方面。立足保險營銷生態系統，需要保險行業在保險產品、移動網站、線上與線下服務、銷售激勵制度、營銷企劃支持等方面進行改進和提高。對聯動客戶的生命週期進行管理，保險公司可以相互尋找和共享優質客戶，預測和防範銷售風險並分析客戶需求，實現對客戶的整合營銷，共同評價營銷活動的投入與產出目標。同時，保險公司還可以研發保險公司銷售支持系統、銷售人員標準工作（培訓）手冊、銷售價值管理辦法、客戶權益積分管理辦法等銷售制度，實現在點的效率上建立保險銷售的行為素質標準和線上線下的支持體系，在線的效率上建立起不同層級清晰明確的職責範圍和考核指標，在面的效率上建立起高效溝通、全面整合、整體作戰的銷售運作機制，在立體綜合效率上真正體現保險公司銷售渠道誠信、專業、合作、標準的職業形象，確保公司系統銷售體系在營銷方式上言行一致，從而逐步建立起金融保險營銷服務的標準和品牌。

（5）塑造行業品牌，創新營銷互動。保險公司開展保險互動營銷須具備三個條件：一是品牌的影響力和號召力，二是上億的客戶群體和銷售隊伍以及員工隊伍，三是全社會正共同處在一個「搜索引擎、網路視頻、微信微博、網上社區」等全數字營銷時

代。如何適應天時地利人和的互動營銷時代，一方面保險公司有必要加強對客戶特質和行為模式的分析研究，另一方面要在保險門戶網站和移動互聯網的基礎上，搭建網路互動平臺，通過微信、微博和電子郵件的方式，組織銷售人員和廣大客戶註冊檢驗。同時在大中城市社區建立「保險實體網點與虛擬網路」相結合的保險綜合性營銷服務平臺，逐步建立起保險公司客戶網路交流共享服務平臺，為億萬客戶和數百萬銷售隊伍搭建一個線上與線下結合的互動營銷服務平臺。

4.2 新險種的開發管理

保險公司要提高在整個保險市場的佔有率，就必須開發適合市場需要的新險種。由於保險商品生命週期的作用和市場競爭的壓力，新險種的開發成了保險公司經營管理的重要一環。保險公司只有不斷進行險種創新，才能滿足客戶不斷變化的保險需求，才能在市場競爭中保持穩定發展。

4.2.1 新險種開發的步驟

儘管各國保險公司甚至各個保險公司的險種開發均有自己的特色，但就其基本程序而言，不外乎六個步驟。

4.2.1.1 市場調查

保險公司必須先進行市場調查，瞭解保險客戶對新的危險保障的需求及其市場潛力，調查原有的經營狀況，從中尋找險種開發的方向和設計點。

4.2.1.2 可行性分析

可行性分析即保險公司根據自己的業務經營範圍，在市場調查的基礎上對險種開發進行可行性分析，選擇險種開發的重點，初步構思主要考慮開發什麼保險業務，其內容一般包括險種名稱、業務性質、主攻方向及其與公司現有業務的聯繫等。

4.2.1.3 保險條款設計

由於保險條款是保險險種的主要內容，條款設計便成了險種開發的關鍵環節。設計保險條款時要注意以下問題：

（1）明確保險標的的範圍。例如，財產保險條款應對保險財產、特約保險財產和不可保財產明確區分，讓投保人容易瞭解。

（2）確定保險責任和除外責任。保險責任是確定保險人承擔危險的依據，是保險人對所承保的保險事故發生時應承擔的損失賠償責任或保險金給付責任。除外責任是保險合同列明的不屬於保險人賠償範圍的責任。確定保險責任和除外責任時，既要考慮保險人承擔危險的大小，又要適應市場的需求。

（3）確定保險金額和償付計算方法。保險金額是保險人承擔賠償或給付保險責任的最高限額。在財產保險中，保險金額確定的方法一般是以保險標的的保險價值為依

據；人身保險的保險金額確定方法原則上是由投保人與保險人約定而成。保險賠償和給付是保險人在保險標的遭遇保險事故導致被保險人財產損失或人身傷亡時依法履行的義務，因此，其計算方法一般在條款中明確規定。

（4）確定保險期限。保險期限是保險人承擔保險責任的時間。保險期限的確定有兩種方式：一是定期保險，即規定半年、一年為保險期限；二是航程保險，即以某一事件的自然發生過程為保險期限。無論以何種方式確定，保險期限都應在保險條款中明確規定。

（5）確定保險費率及保險費支付辦法。保險費是投保人付給保險人使其承擔保險責任的代價。保險條款應對保險費率，繳付保險費的方式、時間和次數明確規定。

（6）列明被保險人的義務。被保險人是受保險合同保障，享有保險金請求權的人。保險條款應明確被保險人負有的主要義務，如損失通知義務、防止和減少損失義務等。

4.2.1.4 鑒定

險種設計完成後，保險公司一般由其專門的險種設計委員會或有關專家顧問諮詢機構對其進行鑒定，其內容主要包括險種的市場及業務量大小、險種能否給公司創造效益以及條款設計中有無缺陷等。如果鑒定通不過，則需重新進行市場調查、可行性論證及條款設計工作。因此，鑒定環節實質上是公司對險種開發部門的設計進行審核和把關。

4.2.1.5 報批

險種作為保險公司的保險商品，事先由保險公司設計推出，事後為保險客戶所購買。險種設計是否合理，直接關係到作為保險消費者的保險客戶的切身利益，因此在一些國家，險種報批是保險法律規定的一項必經程序。審批保險條款等也是保險管理機關的法定權力，尤其是對一些主要險種更是如此，以便維護保險客戶的權益。

4.2.1.6 進入市場

經過前述程序，險種即可投入市場，但對新險種而言，其生命力往往要經過保險市場的檢驗，因此，保險公司險種開發的最后階段便是試辦，待試辦證實該項險種的生命力后再大規模推廣，並爭取迅速占領市場。

上述程序是險種開發中的通常程序，對於各保險公司而言，其具體步驟與內容可能有所差異。例如，有的公司設有專門的市場調查部門、險種開發部門，擁有一支專門的險種設計隊伍；有的公司則由展業或承保部門負責進行；有的公司借助於代理人的力量；還有的則缺乏自己的新險種，即只是借鑒或照搬其他保險公司的條款開展業務。

4.2.2 險種設計的原則

險種設計是保險公司重要的工作，它直接關係到保險公司的生存與發展。不僅保險公司重視保險險種的設計與開發，保險監督部門也十分重視這項工作。《中華人民共和國保險法》第一百三十六條規定：「關係社會公眾利益的保險險種、依法實行強制保

險的險種和新開發的人壽保險險種等的保險條款和保險費率,應當報國務院保險監督管理機構批准。國務院保險監督管理機構審批時,應當遵循保護社會公眾利益和防止不正當競爭的原則。其他保險險種的保險條款和保險費率,應當報保險監督管理機構備案。」《中華人民共和國保險法》明確了保險公司在制定保險費率和保險條款方面的自主權,這使保險公司的經營管理面臨新的機遇和挑戰,保險公司間的競爭將更加激烈。

4.2.2.1 市場性原則

市場性原則,是指保險公司要以市場需求為導向開發新險種。保險公司要提高自身業務在整個保險市場的佔有率,就必須開發適合市場需求的新險種。保險商品應能滿足一定客戶群體的特定保險需求,即險種開發應有特定的目標市場,以最大限度地滿足消費者的需求。

4.2.2.2 技術性原則

技術性原則,是指險種的開發要從保險人處理風險的客觀能力出發,保證業務經營的財務穩定性。保險新險種開發最為關鍵的內容是條款的設計和費率的釐定。如果條款設計不合理、費率釐定不準確,將導致保險公司的經營風險。根據大數法則,保險公司只有掌握保險標的的風險性及其發生的規律性,才能保證定價的準確性,這就要求保險公司在開發新險種時要掌握大量風險事故資料。

4.2.2.3 社會性原則

保險公司作為社會經濟體系中的一員,有責任和義務支持和促進政府的經濟政策的貫徹與執行,設計和開發一些政策性的保險業務,明確政策性保險業務也可能由於其業務面廣泛和社會影響力大的優勢,使其成為宣傳保險公司的廣告性業務。同時,讓社會大眾通過政策性保險業務認識現代商業保險的社會意義,從而促進和帶動其他非政策性保險業務的開展,擴大保險公司的社會效益和企業效益。

4.2.2.4 前瞻性原則

前瞻性原則,是指新險種開發要具有超前的產品開發意識,適應保險市場需求的變化,適時進行產品創新。保險公司要想在不斷變化和競爭激烈的保險市場中保持產品競爭優勢,必須具有超前的產品開發意識,適應保險市場需求的變化,善於發現和捕捉新的市場機會,遵循產品生命週期和銷售方式的週期規律,適時進行產品創新。隨著科技發展,傳統的保險營銷方式也正在發生深刻的變革,如保險電子商務已初露端倪,網上營銷正處於高速發展階段。保險產品開發應適應國際保險市場發展趨勢,不斷拓展新的銷售方式和業務領域。

4.2.2.5 盈利性原則

盈利性原則,是指險種開發應關注公司的長期盈利能力。商業性保險公司要實現企業的可持續發展,其經營最終必須贏利,這就要求保險公司的新險種開發必須進行產品成本收益分析。險種開發的成本主要是在險種開發過程中所投入的人力、物力和

財力，除此之外，還應考慮到險種開發的機會成本，以及由於新險種的推出而可能導致的傳統業務銷售及利潤下降的替代成本。保險公司還可能出於完善其產品系列或增強市場競爭力等方面的原因，開發一些成本較高且業務規模較小的不贏利甚至虧損的險種，這也是一種險種開發的無形成本。

4.2.3 新險種條款和費率的管理

4.2.3.1 新險種條款的管理

新險種開發最為關鍵的內容是條款的設計和費率的厘定。保險條款是保險商品的主要內容，它規定了保險雙方的權利和義務，是當事人履行合同和承擔法律責任的依據。因此，保險條款設計時需要注意這幾方面的問題：一是注意文字嚴謹，文字應符合經濟合同和相關法律規範的要求；二是條款設計應簡潔明瞭，格式應標準化、規範化；三是條款設計時要維護保險公平，使雙方承擔的義務與權利相適應，盡可能地將逆向選擇、道德風險因素限制在責任範圍之外。

4.2.3.2 費率厘定的準則

費率厘定是影響保險公司財務穩定性的關鍵因素，且是調節保險供求的重要槓桿，所以在新產品設計過程中居於首要地位。為了使保險費率厘定更科學、更合理，費率厘定時必須遵循法律準則和業務準則。

（1）法律準則。保險人在厘定保險費率時要符合法律法規，具體包括下列幾個原則：

①公平性。公平性是指費率計算上的公平。一方面，保費收入必須與預期的支付相對稱；另一方面，被保險人所負擔的保費應與其所獲得的保險權利相一致，保費的多寡應與保險的種類、保險期限、保險金額、被保險人的年齡和性別等相對稱，風險性質相同的被保險人應承擔相同的保險費率，風險性質不同的被保險人，則應承擔有差別的保險費率。

②合理性。合理性是指保險費率水平應與保險標的風險水平和保險人的經營水平相一致。費率過低，會損害保險人的利益，最終使被保險人得不到充分的保障。保險人不能為追求超額利潤而片面制定過高的保險費率，費率過高，尤其是附加費率過高，會損害被保險人的利益，加重被保險人的經濟負擔。

③充分性。充分性是指所收取的保險費足以支付保險金的賠付及合理的營業費用、稅收和公司的預期利潤，充分性原則的核心是保證保險人有足夠的償付能力。如果保險費率過低，就會降低保險人的償付能力，使保險人的經營處於不穩定狀態，不利於穩健發展。

（2）業務準則。保險人在厘定保險費率時總體上要做到權利與義務對等，具體包括下列幾個原則：

①穩定靈活原則。穩定是指保險費率應當在一定時期內保持穩定，以保證保險公司的信譽。穩定的費率有利於保險公司的業務核算，也使被保險人的保費支出保持穩定。不穩定的保險費率會給保險公司的經營活動帶來負面影響。同時，堅持穩定原則

並不是要求保險費率保持一成不變，保險費率也要隨著風險的變化、保險責任的變化和市場需求的變化而做出相應的調整，因此其具有一定的靈活性。

②促進防災防損原則。促進防災防損原則要求保險費率的厘定應有利於促進防災防損。具體來講，就是對注重防災防損工作的被保險人採取較低的費率。貫徹這一原則有兩個好處：其一，可以減少保險人的賠款支出；其二，可以促進被保險人加強防災防損，減少整個社會的財富損失。

4.3 保險營銷管道管理

保險營銷渠道是指保險商品從保險公司向保戶轉移過程中所經過的途徑。保險營銷渠道的選擇直接制約和影響著其他營銷策略的制定和執行效果。選擇適當的營銷渠道，不僅會減少保險公司經營費用的支出，而且還會使保險商品的銷售更為順暢。

按有無中間商的參與，可將保險營銷渠道劃分為直接營銷渠道和間接營銷渠道。此外，隨著信息技術和互聯網的蓬勃發展，保險網路營銷渠道的作用已不容小覷，具有重要的市場影響力。

4.3.1 直接營銷管道

4.3.1.1 直接營銷管道的含義

直接營銷渠道，也稱直銷制，是指保險公司利用支付薪金的業務人員為保險消費者直接提供各種保險險種的銷售和服務。

在保險市場不健全的時期，保險公司大都採用直銷制進行保險營銷。但隨著保險市場的發展，保險公司僅僅依靠自己的業務人員和分支機構進行保險營銷是遠遠不夠的，同時也是不經濟的。無論保險公司的資金實力有多雄厚，都不可能建立一支足以包容整個保險市場的營銷隊伍，即使可能，龐大的工資支出和業務費用勢必提高保險經營的成本。因此，在現代保險市場上，保險公司在依靠自身的業務人員進行直接營銷的同時，還要廣泛地利用保險仲介人進行間接營銷。

4.3.1.2 直接營銷管道的優勢與劣勢

（1）直接營銷渠道的優勢。在這種營銷方式下，保險公司可以有效控製承保風險，保持業務量的穩定。

①保險公司的業務人員由於工作的穩定性強又比較熟悉保險業務，因而有利於控製保險詐欺行為的發生，不容易發生因不熟悉保險業務而欺騙投保人的道德風險，給保險消費者增加了安全感。

②保險公司的業務人員直接代表保險公司開展業務，具有較強的公司特徵，從而在客戶中樹立公司良好的外部形象。

③如果保險公司業務人員完成或超額完成預期任務，則維持營銷系統的成本較低。因為公司員工享有固定的工資和福利，其收入不會因業務超額完成時大量增長，同時

員工的培訓費用也少於代理人員的培訓費用。

（2）直接營銷渠道的劣勢。由於保險直銷需要與大量目標客戶進行長時間接觸溝通，而保險公司雇傭的直銷人員是有限的，所以從長遠發展來看直銷制的弊端很明顯。

①不利於保險企業爭取更多的客戶。因為有限的業務人員只能提供有限的服務，同時他們預定任務較重，無法與所有客戶建立較為密切的關係，使保險企業失去了很多潛在的客戶。

②不利於擴大保險業務的經營範圍。由於直銷人員有限，他們只能側重於進行某些大型險種的營銷活動，如企業財產保險、團體人身保險的業務，而某些極有潛力的業務領域都無暇顧及，如個人壽險、家庭財產保險等業務。

③不利於發揮業務人員的工作積極性。由於在直銷方式下業務人員的收入與其業務量沒有必然的聯繫，當其超額完成預定工作任務後，並沒有相應的業務提成或提成太少。

4.3.2 間接營銷管道

4.3.2.1 間接營銷管道的含義

間接營銷渠道，也稱仲介制，是指保險公司通過保險代理人和保險經紀人等仲介機構推銷保險商品的方法。保險仲介人不能真正代替保險人承擔保險責任，只是參與、代辦、推銷或提供專門技術服務如保險業務諮詢與招攬、風險管理與安排、價值衡量與評估、損失鑒定與理算等各種保險活動，從而促成保險商品銷售的實現。

4.3.2.2 間接營銷管道的作用

保險仲介是順應社會分工的細化而發展起來的，在完善保險市場體系、促進保險市場健康發展等方面發揮著越來越重要的作用，已經發展成保險業中一個相對獨立的子產業。

從世界保險業的發展以及中國保險實踐的情況看，保險仲介在保險業的作用主要可以歸納為以下幾個方面：

（1）改進保險服務質量，促進保險業務發展。保險仲介廣泛地宣傳保險知識，大力介紹保險公司和保險險種，有利於增強人民群眾的風險意識和保險意識，加強保險公司與客戶之間的聯繫；同時，保險仲介可以利用自己的專業優勢，指導客戶合理投保，有利於解除人們心中的顧慮。特別是針對條款比較複雜、期限較長、涉及金額較大的保險產品，消費者在購買保險時更需要向專家諮詢，因此保險仲介的存在非常有必要。保險仲介的存在也極大地方便了社會大眾投保，有利於擴展保險市場規模。此外，保險仲介特別是保險經紀人的存在有利於糾正保險公司在保險條款制定和保險理賠中存在的傾向性和片面性，更好地維護被保險人的合法利益。

（2）提高保險企業的經濟效益，增強保險企業的競爭能力。對於保險公司來說，保險仲介具有社會展業面廣、服務質量高、業務費用低、管理方便等優點，可以極大地降低保險企業的經營成本和管理成本，有利於提高保險企業的競爭力。同時，保險仲介有著廣泛的社會聯繫，對保險需求、產品評價、理賠服務等方面的信息反應及時，

有助於保險企業及時瞭解市場供需情況，調整和改進自己的經營策略。另外，保險仲介的發展還有利於促進和規範保險市場競爭。據《中國保險年鑒2015》，2014年全國保險公司通過保險仲介渠道實現保費收入占2014年全國總保費收入的79.8%。

（3）健全和完善保險市場，加快保險業與國際接軌。從國際上看，保險仲介是一個成熟、健全的保險市場不可缺少的重要組成部分。在經營活動中，保險公司與保險仲介各司其職，相互配合，有力地促進保險市場的有序運行。加快保險仲介市場的發展有利於增強國內保險企業的國際競爭力，促進保險市場對外開放，對中國保險業的發展具有極其深刻的現實意義。

保險仲介人的主體形式多樣，主要包括：保險代理人、保險經紀人和保險公估人等。此外，其他一些專業領域的單位或個人也可以從事某些特定的保險仲介服務，如保險精算師事務所、保險諮詢公司、保險索賠公司、事故調查機構和律師等。

4.3.2.3　保險代理人

《中華人民共和國保險法》第一百一十七條規定：「保險代理人是根據保險人的委托，向保險人收取佣金，並在保險人授權的範圍內代為辦理保險業務的機構或者個人。」

保險代理制度是代理保險公司招攬和經營保險業務的一種制度。保險人委托保險代理人代為辦理保險業務的，應當與保險代理人簽訂委托代理協議，依法約定雙方的權利義務及其他代理事項。保險代理人的行為，通常被視為被代理的保險人的行為。在保險人授權範圍內，保險代理人的行為對其所代理的保險人有法律約束力。為保障被保險人的合法權益，《中華人民共和國保險法》第一百二十七條規定：「保險代理人根據保險人的授權代為辦理保險業務的行為，由保險人承擔責任。保險代理人沒有代理權、超越代理權或者代理權終止后以保險人名義訂立合同，使投保人有理由相信其有代理權的，該代理行為有效。保險人可以依法追究越權的保險代理人的責任。」

保險代理人為完善保險市場，溝通保險供求，促進保險業發展起到了重要的作用。具體說來有以下作用：

（1）直接為各保險公司收取了大量的保險費，並取得了可觀的經濟效益。從2014年來看，中國通過各種保險代理人所獲得的保險業務收入占保險業務總收入的80%左右，其中通過個人代理渠道實現的保費收入占全國總保費收入的近40%。

（2）有助於實現巨大的社會效益。各種保險代理人的展業活動滲透到各行各業，覆蓋了城市鄉村的各個角落，為社會各層次的保險需求提供了最方便、最快捷、最直接的保險服務，發揮了巨大的社會效益。

（3）有效宣傳推廣保險。保險代理人的展業活動直接、有效地宣傳和普及了保險知識，對增強整個社會的保險意識起到了不可替代的作用，進一步促進了中國保險事業的發展。

（4）認識市場規律。保險代理人的運行機制，對保險公司尤其是對國有獨資的中保公司的機制轉換，有著直接和間接的推動作用。另外，保險代理作為一個新興的行業，它的發展能容納大批人員就業，從而在安置就業方面發揮一定的積極作用。

但是保險代理人的綜合素質參差不齊，也存在一定的缺陷：

（1）保險人與保險代理人之間存在利益衝突。保險代理人與保險人產生利益衝突的原因就在於保險人在承保時對風險進行嚴格控製，從而減少了保險代理人可能獲得的佣金。

（2）保險代理人若單純地為佣金而開展業務將導致保險公司承保質量下降。由於保險代理人的個人收入與保險費掛鈎，個別保險代理人為了賺得更多的佣金會利用代理權利，有時甚至超越代理權去推銷保險單，從而導致保險人與被保險人之間發生矛盾，損害保險公司在保險市場上的聲譽。

（3）保險代理人的行為缺乏規範化管理，從而造成保險代理市場的混亂。例如，對保險代理人缺乏嚴格的業務培訓和資格要求，造成保險代理人業務素質的低下；某些兼職代理的主管部門利用其對下屬客戶的制約關係，強迫客戶在指定的保險公司投保；個人代理人隊伍龐大，業務素質參差不齊，管理難度大；對代理人的行為缺乏實質性的約束，等。

加強對保險代理人的管理，規範保險代理人的代理行為，是完善保險市場、促進保險事業健康發展的需要。我們可以從以下三個方面進行改進：一是制定標準化的展業流程，統一和明確展業宣傳、履行說明義務、投保單填寫、收取保費等易引發爭議環節的操作標準和注意事項；二是強化對保險代理人的培訓及展業過程的監督，要加強保險代理人的上崗培訓、業務培訓以及相應法律法規的教育工作，提高代理人的工作責任心，改善服務質量，同時通過客戶回訪定期對展業情況進行調查，對發現的問題及時予以糾正和補救，最大限度地防範風險和減少損失；三是改革佣金制度，現行的佣金制度由於集中支付在初期，實際上對保險代理人產生短期利益的導向，所以首先要降低首年保費的佣金比例，調高以後各年的佣金提取，以長期的經濟利益弱化代理人誤導詐欺等短期行為的動機，其次在后續佣金的發放上，應綜合考查營銷員的退保率、投訴率等指標，總之通過薪酬佣金制度的改革，實現風險與收入的掛鈎，建立健全有效的內部約束機制。

4.3.2.4 保險經紀人

《中華人民共和國保險法》第一百一十八條規定：「保險經紀人是基於投保人的利益，為投保人與保險人訂立保險合同提供仲介服務，並依法收取佣金的機構。」

保險經紀人主要是投保人利益的代表，其法律地位與保險代理人完全不同，因保險經紀人在辦理保險業務中的過錯，給投保人、被保險人或其他委托人造成損失的，由保險經紀人承擔賠償責任。

保險經紀人一般可以經營下列業務：①為投保人擬訂投保方案，選擇保險人，辦理投保手續；②協助被保險人或受益人進行索賠；③再保險經紀業務；④為委托人提供防災防損或風險評估、風險管理諮詢服務；⑤保險監督管理機構批准的其他業務。

再保險經紀人是促成再保險分出公司與接受公司建立再保險關係的仲介人。他們把分出公司視為自己的客戶，在為分出公司爭取較優惠的條件的前提下選擇接受公司並收取由后者支付的佣金。再保險經紀人不僅介紹再保險業務，提供保險信息，而且

在再保險合同有效期間對再保險合同進行管理,繼續為分保公司服務,如合同的續轉、修改、終止等問題,並向再保險接受人及時提供帳單並進行估算。由於再保險業務具有較強的國際性,因此充分利用再保險經紀人就顯得十分重要,尤其是巨額保險業務的分保更是如此。在西方保險業務發達的國家,擁有特殊有利地位的再保險經紀人在有利條件下能夠為本國巨額保險的投保人提出很多有吸引力的保險和再保險方案,從而把許多資金力量不大、規模有限的保險人組織起來,成立再保險集團,承辦巨額再保險。

保險經紀人的優勢非常明顯,主要在於其專業性,包括以下幾個方面:

(1) 保險經紀人提供服務的專業性強。保險經紀人一般都具有較高水平的業務素質和保險知識,是識別風險和選擇保險方面的專家,可以幫助投保人及時發現潛在風險,能夠提出消除或減少這種風險的各種可能辦法,並幫助投保人在保險市場上尋找最合適的保險公司等,因此,投保人或被保險人通過保險經紀人能獲得最佳的服務,即支付的保險費較低而獲得的保障較高。

(2) 保險經紀人獨立承擔法律責任。根據法律規定,保險經紀人應對投保人或被保險人負責,有義務利用自己的知識和技能為其委託人安排最佳的保險。如果因為保險經紀人的疏忽致使被保險人利益受到損害,經紀人要承擔法律責任。

(3) 保險經紀人的服務不增加投保人或被保險人的經濟負擔。保險經紀人雖然是投保人或被保險人的代理人,但其佣金卻是向保險人提取。一般來說,保險人從被保險人所繳納的保險費中按一定比例支付佣金給保險經紀人,作為其推銷保險的報酬。因此,利用保險經紀人不會給投保人或被保險人增加額外開支。

但是由於保險經紀人不依託某家保險公司進行仲介活動,因此如果保險經紀人缺乏法律法規方面以及內部管理的必要限制,就可能導致保險經紀人以仲介為名,採取詐欺的手段提供虛假信息來牟取暴利,使交易者在經濟上蒙受損失,擾亂保險市場的正常秩序。

4.3.3 互聯網營銷管道

保險網路營銷是指保險公司或新型的網上保險仲介通過互聯網為客戶提供有關保險產品和服務的信息,並實現網上承保,直接完成保險產品的銷售和服務,由銀行將保費劃入保險公司。

保險網路營銷具有不受時空限制,交易主體、交易過程虛擬化等特點,進一步拓展了保險公司的營銷能力,降低了保險公司的營運成本,能夠為客戶提供較高水平的信息服務,使客戶享受到個性化服務。相較於傳統營銷手段,保險互聯網營銷渠道具有以下五大優勢:

(1) 成本優勢。保險公司利用互聯網開展業務將會降低其各方面的成本。網路保險的實施使保險公司的產品銷售、理賠、客戶服務等經營業務均可在線完成,大大節省人力、場地、信息費用。同時,利用網路保險公司可以在培訓員工、發布公司內部信息等諸多方面節省大量的費用和時間。

(2) 服務優勢。網上保險服務沒有時間限制,客戶和保險公司可以全天24小時交

易。在網路技術的支持下保險公司可以隨時隨地為客戶提供保險服務。通過網路的交互功能，客戶可以方便、快捷地瞭解到保險公司背景、其所提供的保險產品的內容及費率表等幾乎所有信息。客戶還可通過比較多家保險公司的產品和報價，選擇一個最適合的產品。客戶還可以在任何時候提出索賠申請。同時，保險公司也可以通過網路與客戶進行雙向交流，回答客戶提出的問題，為客戶設計保單等。

（3）客戶資源優勢。由於人力、財力等多方面的限制，保險公司只能與部分客戶接觸，而保險網路營銷可以突破地域的限制，進一步拓展保險公司的客戶範圍。比如保險網路營銷突破了行政區劃的地域限制；同時，通過保險網路營銷員還可以與偏遠地區人群、因工作繁忙而無暇與代理人打交道的人群等進行廣泛、有效的聯繫，大範圍地開拓業務發展空間。

（4）市場定位優勢。保險網路營銷在低額保單目標市場中佔有一定的優勢。

（5）速度優勢。網路可以大量、快速地傳遞和集中信息，使出現集中處理理賠等保險專業服務職能的機構成為可能。通過軟件進行標準化處理，大大地提高了交易速度。由於投保、承保、保險費的支付都是通過網路來進行的，因而大大加快了交易的進程，網路的應用使保險行業的整體運行提速。

同時，互聯網營銷也存在一些問題：

（1）誠信問題。在保險網路銷售中，誠信問題顯得很突出，其原因是缺乏較好的溝通，違約成本較低。

（2）相關認證問題。目前，在技術方面，國內還沒有相關的機構對各網站開發的電子保單在格式和技術等方面進行統一規範和專業認證。而許多網站的電子保單，並沒有完全實現加密技術上的電子簽名。在法律規範方面，目前《中華人民共和國保險法》和其他法律法規，還未對電子保單和保險網路營銷進行專門的法律界定。在監管方面，鑒於網站，特別是行業相關類網站，面對的是全國的客戶，對於這些仲介網站潛在資源的開發，如何在一些方面，如業務代理權限等方面，進行鼓勵式的監管，也是一個需要盡早解決的問題。

（3）售後服務問題。在本地，保險售後服務可以多種多樣，生日祝福禮品、理賠領取通知、產品說明會客戶邀請等內容，圍繞公司重大活動、傳達公司信息、轉達榮譽祝賀等都可以無障礙進行。如果保險網路銷售在異地達成交易，則售後服務工作難以進行，無法達到與客戶面對面交流的效果。

（4）安全穩定性問題。保險網路營銷還有一個很重要的問題，那就是安全穩定性問題。電子保單形式的營銷系統，由於涉及網上支付、自動生成保單等一系列流程，所以首先要確保網路支付的安全，才能實現真正意義上的在線支付。而對於專業相關網站而言，很多時候涉及與保險公司系統的對接，用於即時自動核保出單或實時監測，還必須要確保雙方對接系統的穩定、流暢。

無論是保險公司通過官網直銷，還是利用綜合性電商平臺，抑或是建立網上保險超市、專業的保險垂直搜索，都必須始終堅持用戶至上原則，完善從保險產品設計、渠道銷售到售後服務、關係維護的全流程，為消費者創造更好的消費體驗。

4.3.4 保險行業自律管理

保險行業組織是具體實施保險行業自身管理（即通常所謂自律）的機構，是指經營保險業務的各類保險人組合以及與保險業共生組織的統稱，他們為了共同的權益組織起來，對全行業進行自我監督和調節，屬於保險企業自律性的民間社團組織性質，具有獨立的社團法人地位，既不附屬於任何行政管理部門，也不是其分支機構。

保險行業組織在國外保險市場上發展迅速，形式多樣且極具影響力，如英國著名的保險聯合會、保險經紀人聯合會，美國的全國保險監督官協會，新加坡的按不同業務性質組成的財險、壽險、再保險同業協會等，他們一方面代表同業利益協調政府與保險業的關係，另一方面又有自身嚴格的自律制度，對維護市場秩序、促進保險業健康快速發展起著舉足輕重的作用。保險行業組織形式一般有兩種：保險行業公會和保險行業協會。中國採用保險行業協會的組織形式，開展行業自律管理工作。

保險行業組織是各保險組織的橫向聯合組織。相對於國家保險監管機構對各類保險組織自上而下的縱向管理，它實行橫向管理，不對保險組織下達「指示」，而是為各成員提供各種服務，如技術諮詢、信息發布、市場預測、險種設計等，同時還定期對在職人員進行業務培訓，並制定一些共同遵守的規章。保險行業組織的成員在經濟上和法律上是獨立的。保險行業組織的建立以「自願平等、互惠互利、進出自由」為原則，對各保險組織不強加干涉，參加組織的各成員都具有平等的地位和權利。保險行業組織的管理貫徹「自我服務、自我約束、自我協調」等原則。組織的最高權力機構是成員代表大會及其理事會，一切決定由理事會和參加成員共同批准，但這種決定只具有建議性質，對各成員公司無強制約束力。

保險行業組織參與市場管理，有利於配合政府實施有效的宏觀監管，密切政府與保險業的關係，遏制不正當的市場競爭行為，促進政府各項法規政策的全面貫徹執行和市場的協調、穩定、健康發展。在全面開放的今天，儘管政府監管部門與廣大保險企業的關係是管理與被管理的關係，但事實上，政府監管主要是宏觀管理，不可能十分具體，保險監管部門就可以通過行業組織貫徹國家關於保險的法律、法規及政策，行業組織可以通過自律機制有效地解決保險活動中的具體問題，從而對國家在宏觀監管活動中運用行政、法律方面的不足之處進行彌補，協助政府加強對保險業的管理。此外，各保險公司、仲介機構還可以通過行業組織向政府反映行業共同利益的要求和有關保險行業的發展信息，為國家制定保險宏觀政策提供依據。

中國保險業進入黃金發展時期，為適應保險市場發展新形勢，完善保險行業協會自身建設，加強保險行業組織自律管理顯得尤為重要和迫切。

5 保險承保管理

承保管理是保險公司經營風險的總關口，承保質量如何，關係到保險公司經營的穩定性和經營效益的好壞，同時也是反映保險公司經營管理水平高低的一個重要標誌。

5.1 保險承保

5.1.1 保險承保的概念

承保是指保險人在投保人提出保險請求後，經審核認為符合承保條件並同意接受投保人申請，承擔保單合同規定的保險責任的行為。承保工作中最主要的環節為核保，核保的目的是避免危險的逆選擇，實現企業有效益的發展。核保活動包括選擇被保險人、對危險活動進行分類、決定適當的承保範圍、確定適當的費率或價格、為展業人員和客戶提供服務等幾個方面。承保的基本目標是為保險公司安排一個安全和盈利的業務分佈與組合。

5.1.2 保險承保的基本程序

保險承保是保險人對投保人所提出的投保申請進行審核，繼而決定是否承保和如何承保的過程。承保環節是保險合同雙方就保險條款進行實質性談判的階段，承保質量的高低直接影響到保險企業的生存與發展，是保險經營的一個重要環節，要約、承諾、核查、訂費都屬於承保業務環節。

5.1.2.1 制定承保方針

承保方針是指導保險人進行風險選擇和分級，以及做出承保決策的總原則。保險公司一般設有專門的承保部門或機構，由它制定與公司經營總目標相一致的承保方針。保險公司的經營目標包括保證償付能力、持續發展、盈利、樹立良好社會形象等，在把這些目標轉化為指導個別和整體承保過程的規劃與決策時，就要依靠承保方針。所以，制定承保方針必須考慮保險經營各個環節，以及影響保險標的風險狀況的各種因素，如各環節目標協調、地區的風險狀況、保單的形式和費率、使用的定價標準、賠付計劃的選擇等。此外，承保方針還要與本企業的承保能力、相關法律法規、核保人員素質和再保險能力相適應。

5.1.2.2 獲取承保信息

接受投保申請往往意味著承保活動的正式啓動，承保內勤人員接受外勤人員或代

理人遞交來的投保資料和保險費預付款，並進行初審。承保人通常需要在綜合各種信息和個人判斷的基礎上決定是否接受投保人的投保申請。為了做出準確、合理的承保決策，承保人必須設法從各種可能的渠道獲得有利於做出正確核保決定的有關信息，以便正確分析和評價保險標的面臨的風險。

一般來講，承保信息來源的渠道主要有：

（1）投保單。投保單是投保人向保險人申請訂立保險合同的書面要約。投保單通常由保險人採用統一的格式印制，投保人依照保險人所列的項目逐一填寫。投保單是保險合同的重要組成部分，也是不可缺少的原始單證。險種不同，投保單的內容格式也不盡相同，但一般都會包括以下項目：投保人和被保險人（人身保險中還有受益人）的名稱、住所及聯繫方式，保險標的的名稱、種類以及保險人需要瞭解的有關風險項目，保險金額，保險期限，保險費及其支付方式，投保日期，等等。

在投保單上，投保人要向保險人如實告知影響保險人做出簽約決定的全部真實情況。例如，在財產保險中，投保人需要如實填寫被保險財產的坐落位置、周圍環境、營業性質、消防設備等情況；在人身保險中，投保人需要如實填寫被保險人的年齡、健康狀況、職業、經濟承擔能力、與受益人的關係等情況。這些信息對於保險人評估風險，決定是否承保都是非常重要的。如果投保人在投保時沒有如實告知或隱瞞某些重要事實，保險人可以以投保人違反最大誠信原則而解除保險合同。因此，投保單成為承保人掌握承保信息的第一手資料。此外，投保人以往的損失資料、保險公司對投保人以往的理賠檔案等也是獲取承保信息的重要途徑。

（2）保險公司的外勤人員和仲介人。保險公司的外勤人員以及作為保險市場仲介人的保險代理人和保險經紀人，在承攬保險業務的過程中通過與投保申請人的多次接觸，也能夠提供一些投保單上未列明的信息，便於承保人更好地把握投保標的的風險狀況，從而進行更為客觀的風險評估。此外，在評估投保申請時，承保人還非常重視代理人和經紀人的職業道德和經營業績，對職業道德水平高、經營業績一直非常優秀的代理人或經紀人承攬的投保申請，即使沒有滿足承保人所需求的所有承保條件，承保人可能也會接受。

（3）體檢報告。在人壽保險和健康保險中，體檢報告是提供被保險人信息的重要來源。體檢報告的內容包括身高、體重、腰圍、胸圍、血型、心肺和神經系統等的情況。對於被保險人年齡和保險金額超過保險公司規定的限制，或是發現健康方面有明顯問題，承保人可以授權主治醫師對被保險人進行全面的體檢，並出具詳細的體檢報告。

（4）社會公共部門。通過社會公共部門來搜集信息並加以整理分析，是一個十分重要的信息來源渠道，但又經常被忽視。不論是通過投保人填寫的投保單還是承保人員直接瞭解的渠道，都存在一些不足。例如，投保人填寫的投保單可能會存在誤填的情況，這會給保險人提供錯誤的信息，而承保人員卻不能全部識別，結果導致錯誤地做出承保決策。承保人員直接瞭解情況，搜集信息，直接檢查保險標的，對被保險人進行調查，一是要牽涉承保人員大量的精力，二是這樣搜集的信息也不能保證完全的正確性。例如，在財產保險中，投保人為其廠房投保火災保險，可能會採取欺騙手段

應付承保人員的檢查，以獲取較低的費率；在人身保險中，承保人員通過醫院給被保險人進行體檢往往只能瞭解被保險人的現症，而不能瞭解被保險人的病史。因此，通過社會公共部門搜集資料是十分必要的，如通過企業上級安全生產管理部門可以瞭解企業安全生產記錄；通過醫院可以瞭解被保險人的病史等；通過財務評級機構，如會計師事務所、審計師事務所、資信評級機構的有關資料可以掌握投保企業的經營業績、資信情況等；通過社會公共防災防損部門的現場查勘報告可以瞭解投保機構的防災防損狀況等。

5.1.2.3 審驗核保

保險核保是指保險公司經保險監督管理機構批准設立，並依法登記註冊的商業保險公司，在對投保標的的信息全面掌握、核實的基礎上，對可保風險進行評判與分類，進而決定是否承保、以什麼樣的條件承保的過程。核保的主要目標在於辨別保險標的的危險程度，並據此對保險標的進行分類，按不同標準進行承保、制定費率，從而保證承保業務的質量。核保工作的好壞直接關係到保險合同能否順利履行，關係到保險公司的承保盈虧和財務穩定。因此，嚴格規範的核保工作是衡量保險公司經營管理水平高低的重要標誌。

保險核保信息的來源主要有三個途徑，即投保人填寫的投保單、銷售人員和投保人提供的情況、通過實際查勘獲取的信息。首先，投保單是核保的第一手資料，也是最原始的保險記錄。保險人可以從投保單的填寫事項中獲得信息，以對風險進行選擇。其次，銷售人員實際上是一線核保人員，其在銷售過程中獲取了大量有關保險標的的情況，其尋找準客戶和進行銷售活動的同時實際上就開始了核保過程，可以視為外勤核保。所以必要時核保人員會向銷售人員直接瞭解情況。另外，對於投保單上未能反映的保險標的物和被保險人的情況，也可以進一步向投保人瞭解。最後，除了審核投保單以及向銷售人員和投保人直接瞭解情況外，保險人還要對保險標的、被保險人面臨的風險情況進行查勘，即核保查勘。核保查勘可由保險人自己進行，有時也會委託專門機構和人員以適當方式進行。

5.1.2.4 做出承保決策

保險承保人員對通過一定途徑搜集的核保信息資料加以整理，並對這些信息經過承保選擇和承保控制之後，可做出以下承保決策：

（1）正常承保。對於屬於標準風險類別的保險標的，保險公司按標準費率予以承保。

（2）優惠承保。對於屬於優質風險類別的保險標的，保險公司按低於標準費率的優惠費率予以承保。

（3）有條件地承保。對於低於正常承保標準但又不構成拒保條件的保險標的，保險公司通過增加限制性條件或加收附加保費的方式予以承保。例如，在財產保險中，保險人要求投保人安裝自動報警系統等安全設施才予以承保；如果保險標的低於承保標準，保險人採用減少保險金額，或者使用較高的免賠額或較高的保險費率的方式承保。

（4）拒保。如果投保人投保條件明顯低於保險人的承保標準，保險人就會拒絕承保。對於拒絕承保的保險標的，要及時向投保人發出拒保通知。

5.1.2.5 簽發保險單證

對於同意承保的投保申請，要求簽單人員繕製保險單或保險憑證，並及時送達投保人手中。繕製單證是保險承保工作的重要環節，其質量的好壞關係到保險合同雙方當事人的權利能否實現和義務能否順利履行。單證採用計算機統一打印，要求做到內容完整、數字準確、不錯、不漏、無塗改。保單上註明繕製日期、保單號碼，並在保單的正副本上加蓋公、私章。如有附加條款，將其粘貼在保單的正本背面，加蓋騎縫章。同時，要開具「繳納保費通知書」，並將其與保單的正、副本一起送復核員復核。

5.1.2.6 復核簽章

任何保險單均應按承保權限規定由有關負責人復核簽發。它是承保工作的一道重要程序，也是確保承保質量的關鍵環節。復核時會審查投保單、驗險報告、保險單、批單保險人出具的變更保險合同的證明文件，以及其他各種單證是否齊全，內容是否完整、符合要求，字跡是否清楚，保險費計算是否正確等，力求準確無誤。保單經復核無誤后必須加蓋公章，並由負責人及復核員簽章，然后交由內勤人員清分發送。

5.2 保險續保

續保以特定合同和特定的被保險人為對象，指一個保險合同即將期滿時，投保人在原有保險合同的基礎上向保險人提出繼續投保的申請，保險人根據投保人當時的實際情況，按原有合同條件或適當修改而繼續對投保人簽約承保的行為。續保通常要比初次承保的手續和程序簡便一些。

對保險人來說，續保不僅可以穩定自身的業務量，而且利用與投保人之間的關係，還可以減少展業的工作量，降低保險營業費用。對投保人來說，及時續保不僅可以獲得連續不斷的保險服務和保險保障，而且作為保險公司的老客戶，還可以在一些服務項目和保險費率等方面得到優惠或通融。因此，續保對保險合同雙方均有利無弊。

在保險公司經營過程中，與已簽約的投保人、被保險人尤其是一些保險金額較高的大客戶保持經常性的聯繫，有助於穩定保險人與投保人之間的關係，增強客戶對保險公司的信任，提高續保率，促進業務量穩定增長。同時，保險人在續保時必須注意以下幾個問題：一是當投保人提出續保申請時，保險人應及時組織審核驗險，避免保險期的中斷；二是如果保險標的的危險程度增加或減少了，保險人應對保險費率做出相應的調整；三是保險人應根據上一年的經營狀況和賠付情況，適當調整承保條件和保險費率，甚至拒絕續保；四是保險人應考慮通貨膨脹因素，使續保后的保險金額與居民消費價格指數的變化相一致，使被保險人能獲得充分的保障。

5.3 保險核保

核保是保險業務風險的重要環節，做好核保工作對保險公司的穩定經營和業務的有序發展起到關鍵作用。

5.3.1 核保的概念和意義

5.3.1.1 核保的概念

核保又叫危險選擇（選擇可接受的風險，選擇該風險的接收條件）。在保險經營中，保險人必須對每一被保險人或投保團體的風險進行審核、篩選和分類，以決定是否承保、承保的條件如何、採用何種費率，以使同風險類別的個體危險達到一致（同質化），從而維持保費的公平合理，這一危險選擇的過程即核保。核保是承保業務中的核心業務，而承保部分又是保險公司控製風險、提高保險資產質量最為關鍵的一個步驟。

5.3.1.2 核保的意義

核保是保險承保的關鍵環節，對保險經營具有重要的意義。

（1）核保有利於減少和防止逆選擇和道德風險，穩定保險經營。通過核保，一方面，可以防止接受不具有可保性的風險，排除不合格的或風險過高的被保險人和保險標的，提高保險業務質量，減少和防止逆選擇和道德風險給保險經營帶來的不利影響；另一方面，可以辨別投保標的的風險程度，使可接受承保的風險品質趨於一致，從而保證保險經營的順利進行。

（2）核保有利於提高承保利潤。承保利潤和投資利潤是保險公司經營利潤的兩個主要來源。通過核保，可以對承保風險進行有效選擇和控製，使總體業務的實際損失率等於或低於預定損失率，從而使保險人獲得更為穩定的承保利潤。

（3）核保有利於實現保險費率的公平性。核保不僅對保險人有極其重要的意義，而且對保險客戶而言也是良好的風險選擇機制。通過對風險程度的評估和風險分類，並在此基礎上分別核定承保條件，每一個投保人都能夠根據保險人對其承擔風險的大小支付相應的保險費，從而可以真正實現保費負擔的公平合理，保證善意投保人的利益。可見，正確的核保有利於實現保險業務的良性發展。

5.3.2 核保的內容及流程

保險核保的內容主要包括核保選擇和核保控製兩個方面。

5.3.2.1 核保選擇

核保選擇是指保險公司通過分析、審核、確定保險標的的風險狀況，決定承保條件的過程。核保選擇包括事前選擇和事後選擇。

（1）事前選擇。事前選擇可使保險公司處於主動地位，如果對投保人、保險標的或承保風險發現問題，保險公司可以視其風險情況，採取拒保或條件承保等措施加以限制，使保險公司能夠在有利條件下承擔風險責任。

核保選擇包括：對「人」的選擇，即對投保人或被保險人的選擇；對「物」的選擇，即對保險標的及其利益的選擇。

①對投保人或被保險人的選擇。在財產和責任保險中，保險標的是有形的財產和無形的利益、責任，雖然保險標的本身的性質與保險風險的大小關係最為密切，但投保人作為保險標的和保險利益的所有人、代理人、受託人，保險標的始終處在投保人和被保險人的控制之下，他們對保險標的的管理、保存、處置是否得當，直接影響到風險的頻率和強度，所以也就存在對投保人的選擇問題。因此，保險公司在承保前有必要瞭解投保人的品格、資信、作風等。在船舶保險核保時，保險公司要審核船長、船員的技術水平，船東的資信和經營作風。在汽車保險核保時，保險公司對駕駛員的駕駛技術、政治素質、以往的肇事記錄等都要進行嚴格的審核。人身保險的保險標的是被保險人的壽命和身體，保險公司往往通過風險評估來防止逆選擇的發生。風險評估包括以被保險人身體的風險因素為中心的醫務審查和以被保險人道德、職業方面的風險因素為中心的事務審查兩方面。例如，在個人壽險中，保險公司核保的要素有年齡、性別、體質、個人病史、家庭病史、職業、生活習慣和嗜好、經濟狀況等。在團體保險中，保險公司核保的要素有團體的性質、投保人數、保險金額、職業風險等。

②對保險標的及其利益的選擇。保險標的是保險公司承保風險責任的對象，其自身性質和狀態與風險大小以及風險發生所造成的損失程度直接相關。因此，保險公司在承保業務時必須對不同性質的保險標的加以分類，承保時依據分類標準對具體的保險標的做出合理選擇，剔除影響保險經營不穩定的保險標的。對保險標的選擇的重點應集中在保險標的本身所發生損失的可能性大小上。例如，在火災保險中，如果保險標的是建築物，保險人就會對保險標的的坐落地點、建築結構、防護、占用性質等進行選擇。木結構的建築物比鋼筋水泥結構的建築物火災風險大，坐落在油庫邊上的建築物比坐落在居民區內的建築物火災風險大；船舶保險對保險標的的選擇是船舶本身是否適航、船齡、船舶的航行區域等；汽車保險對保險標的的選擇是汽車本身的性能、使用年限等；人身保險對保險標的的選擇是被保險人的年齡、身體健康狀況、職業等，年齡已超過65歲或患嚴重疾病的被保險人會被列入拒保範圍。總之，保險人在承保時通過對保險標的的風險評估，盡量選擇能使保險業務保持平衡的保險標的予以承保，以保證保險業務經營的穩定。

（2）事後選擇。事後核保選擇是保險人對保險標的的風險超出核保標準的保險合同做出淘汰的選擇，具體表現為以下三個方面：

①保險合同保險期滿後，保險人不再續保。

②保險人如發現被保險人有明顯誤告或詐欺行為，則會中途中止承保或解除保險合同。例如，《中華人民共和國保險法》第十六條第二款規定：「投保人故意或者因重大過失未履行前款規定的如實告知義務，足以影響保險人決定是否同意承保或者提高保險費率的，保險人有權解除合同。」《中華人民共和國保險法》第二十七條第一款規

定：「未發生保險事故，被保險人或者受益人謊稱發生了保險事故，向保險人提出賠償或者給付保險金請求的，保險人有權解除合同，並不退還保險費。」

③按照保險合同規定的事項註銷保險合同。例如中國遠洋船舶戰爭險條款規定，保險人有權在任何時候向被保險人發出註銷戰爭險責任的通知，通知在發出後 7 天期滿時生效。①

5.3.2.2 核保控製

核保控製就是保險人在承保時，依據自身的承保能力進行承保控製，並盡量防止與避免道德風險和心理風險。保險人通常從以下幾方面控製保險責任：

（1）控製逆選擇。所謂逆選擇，就是指那些有較大風險的投保人試圖以平均的保險費率購買保險。逆選擇意味著投保人沒有按照應支付的公平費率去轉移自己的風險損失。如患有高血壓病的人員按平均費率選擇投保人壽保險，居住在低窪地區的居民按照平均費率選擇投保洪水保險。這樣一來，由於某些更容易遭受損失的投保人購買保險而無須支付超過平均費率的保險費，保險人就成了逆選擇的犧牲品。因此，保險人承保的任務就是控製逆選擇的發生。

保險人控製逆選擇的方法是對不符合保險條件者不予承保，或者有條件地承保。事實上，保險人並不願意對所有不符合可保風險條件的投保人和投保標的一概拒保。例如，投保人就自己易遭受火災的房屋投保火災保險，保險人就會提高保險費率承保；投保人患有超出正常危險的疾病時，保險人就會不同意他投保定期死亡保險的要求，而勸他改為投保兩全保險。這樣一來，保險人既接受了投保，又在一定程度上抑制了投保人的逆選擇。

（2）控製保險責任。只有通過風險分析與評價，保險人才能確定承保責任範圍，才能明確對所承擔的風險應負的賠償責任。一般來說，對於常規風險，保險人通常按照基本條款予以承保；對於一些具有特殊風險的保險標的，保險人需要與投保人充分協商保險條件、免賠金額、責任免除和附加條款等內容后特約承保。特約保險是在保險合同中增加一些特別約定，其主要有兩個作用：一是為了滿足被保險人的特殊需要，以加收保險費為條件適當擴展保險責任；二是在基本條款上附加限制條件，限制保險責任。通過保險責任的控製，保險人所支付的保險賠償額與其預期損失額將十分接近。

（3）控製人為風險。避免和防止逆選擇和控製保險責任是保險人控製承保風險的常用手段。但是有些風險，如道德風險、心理風險和法律風險，往往是保險人在承保時難以防範的。因此，有必要對這些風險的控製做出具體的分析。

①道德風險。道德風險是指人們以不誠實或故意詐欺的行為促使保險事故發生，以便從保險活動中獲取額外利益的風險因素。保險人控製道德風險發生的有效方法就是將保險金額控製在適當的額度內，因為只有保險金額低於或等於保險標的的實際價值，道德風險才不可能發生。但是由於技術上的困難，保險人很少能夠在投保時先行估計保險標的的實際價值，所以為了防範道德風險，保險人在條款中規定保險賠償只

---

① 魏巧琴. 保險公司經營管理［M］. 5 版. 上海：上海財經大學出版社，2010：98-102.

能以實際損失為限。

　　同樣，在人壽保險的核保中，如果投保人為他人購買保險而指定自己為受益人時，也應注意保險金額的多少是否與投保人的收支狀況一致。例如，一個月收入為5,000元的投保人，為他人購買了保險金額為200萬元的人壽保險，除了要查清投保人與被保險人之間是否具有保險利益外，其保險金額還應徵得被保險人的書面同意，並且還要對投保人的收入來源和以往的保險記錄進行調查，保險人才能確定是否承保。

　　②心理風險。心理風險是指由於人們的粗心大意和漠不關心，以致增加了風險事故發生機會並擴大損失程度的風險因素。從某種意義上說，心理風險是比道德風險更為嚴重的問題。任何國家的法律對道德風險都有懲罰的方法，而且保險人對道德風險尚可在保險條款中規定，凡被保險人故意造成的損失不予賠償。但心理風險既非法律上的犯罪行為，而保險條款又難制定適當的規定限制它。因此，保險人為了刺激被保險人克服心理風險因素，主動防範損失的發生，在核保時常採用的控製手段有實行限額承保和規定免賠額（率）。

　　③法律風險。法律風險主要表現有：主管當局強制保險人使用一種過低的保險費標準；要求保險人提供責任範圍廣的保險；限制保險人使用可撤銷保險單和不予續保的權利；在保險合同雙方當事人對保險合同條款存在疑義時，法院往往會做出有利於被保險人的判決，等等。這種風險對於保險人的影響是，保險人通常迫於法律的要求和社會輿論的壓力接受承保。例如，中國機動車第三者責任險就是一種強制性保險，其費率不高，而賠償責任卻不小，保險人不能以此為由不承保該項保險業務。①

5.3.3 核保要素分析

　　由於人壽保險和財產保險的標的特徵、業務性質不同，各自核保的要求各異，本節分別介紹其核保要素。

5.3.3.1 人壽保險

　　（1）核保要素。人壽保險的核保要素一般分為影響死亡率的要素和非影響死亡率的要素。非影響死亡率的要素包括保額、險種、交費方式、投保人財務狀況、投保人與被保險人及受益人人身保險合同中由被保險人或者投保人指定的享有保險金請求權的人之間的關係；影響死亡率的要素包括年齡、性別、職業、健康狀況、體格、習慣、嗜好、居住環境、種族、家族和病史等。在壽險核保中重點考慮影響死亡率的要素。

　　①年齡和性別。年齡是人壽保險核保所要考慮的最重要的因素之一。因為死亡概率一般隨著年齡的增加而增加，各種死亡原因在不同年齡段的分佈是不一樣的，而且不同年齡組各種疾病的發病率也不相同。因此，保險金給付的頻數與程度有很大的差異。另外，性別對死亡率和疾病種類也有很大影響。有關統計資料表明，女性平均壽命要長於男性4~6年，各國生命表中的死亡概率的計算也充分反映了這一點。因此，性別因素也關係著保險人承擔給付義務的不同。

---

① 申建英，王亞芬．保險理論與實務［M］．北京：經濟科學出版社，2007：125-126．

②體格及身體情況。體格是遺傳所致的先天性體質與后天各種因素的綜合表現。體格包括身高、體重等。經驗表明，超重會引起生理失調，導致各種疾病的發生。所以，超重會使所有年齡的人的死亡率增加，尤其是中年人和老年人。為此，保險公司可編制一張按照身高、年齡、性別計算的平均體重分佈表。體重偏輕一般關係不大，但核保人員應注意對近期體重驟減者進行調查，以確定是否由疾病引起。除體格以外的身體情況也是核保的重要因素，如神經、消化、心血管、呼吸、泌尿、內分泌系統失常會引起較高的死亡概率。保險人應搜集各種疾病引發死亡的統計資料，在不同時期引起死亡的疾病的排列順序是不同的，目前癌症和心血管疾病是引起死亡的最主要原因。

③個人病史和家族病史。如果被保險人曾患有某種急性或慢性疾病，往往會影響其壽命，所以，在核保中除了要求提供自述的病史外，有時還需要醫師或醫院出具的病情報告。瞭解家族病史主要是瞭解家庭成員中有無可能影響后代的遺傳性或傳染性疾病，如糖尿病、高血壓病、精神病、血液病、結核、癌症等。

④職業、習慣嗜好及生存環境。首先，疾病、意外傷害和喪失工作能力的概率在很大程度上受所從事的職業的影響。一些職業具有特殊風險，雖然不會引起被保險人死亡概率的變化，但會嚴重損害被保險人的健康而導致大量醫療費用的支出，如某些職業病。另外，有些職業會增加死亡概率或意外傷害概率，如高空作業工人、井下作業的礦工及接觸有毒物質的工作人員等。其次，如果被保險人有吸菸、酗酒等不良嗜好或賽車、跳傘、登山、衝浪等業餘愛好，核保人可以提高費率承保或列為除外責任，甚至拒絕承保。最後，被保險人的生活環境和工作環境的好壞，對其身體健康和壽命長短也有重要影響。如果被保險人居住在某種傳染性疾病高發的地區，他感染這種傳染病的可能性就比其他人大得多；如果被保險人的工作地點與居住地點距離很遠，其遭受交通事故傷害的可能性也就大許多。

（2）風險類別劃分。核保人員在審核了投保方所有有關的資料並進行體檢以後，要根據被保險人的身體狀況進行分類。在人壽保險中，由專門人員或指定的醫療機構對被保險人進行體檢，實際測定被保險人的身體健康狀況。體檢後由醫生提供的體檢報告就是一種核保查勘結果。被保險人是否需要體檢，一般是由其年齡和投保金額決定的，投保年齡越大、投保金額越高，體檢的必要性就越大。根據體檢結果，保險人決定是否承保以及按照什麼條件或採用不同費率承保。

①標準風險。屬於標準風險類別的人有正常的預期壽命，對他們可以使用標準費率承保。大多數被保險人面臨的風險屬於這類風險。

②優質風險。屬於這一風險類別的人，不僅身體健康，且有良好的家族健康史，無吸菸、酗酒等不良嗜好。對該類被保險人，在基本條件與標準相同的情況下，保險人在承保時可適當給予費率的優惠，即按照低於標準的費率予以承保。

③弱體風險。屬於弱體風險類別的人在健康和其他方面存在缺陷，致使他們的預期壽命低於正常的人。對他們應按照高於標準的費率予以承保。

④不可保風險。屬於該類風險的人有極高的死亡概率，以致承保人無法按照正常的大數法則分散風險，只能拒保。

5.3.3.2 財產保險

（1）核保要素。保險人在財產保險核保過程中，需要對有些因素進行重點風險分析和評估，並實地查勘。其中，主要的核保要素有：

①保險標的物所處的環境。保險標的物所處的環境不同，直接影響其出險概率的高低以及損失的程度。例如，對所投保的房屋，要檢驗其所處的環境是工業區、商業區還是居民區，附近有無諸如易燃、易爆的危險源，救火水源如何以及與消防隊的距離遠近，房屋是否屬於高層建築，周圍是否通暢，消防車能否靠近等。

②保險財產的占用性質。查明保險財產的占用性質，可以瞭解其可能存在的風險；同時要查明建築物的主體結構及所使用的材料，以確定其危險等級。

③投保標的物的主要風險隱患和關鍵防護部位及防護措施狀況。這是對投保財產自身風險的檢驗。一是要認真檢查投保財產可能發生風險損失的風險因素。例如，投保的財產是否屬於易燃、易爆品或易受損物品；對溫度和濕度的靈敏度如何；機器設備是否超負荷運轉；使用的電壓是否穩定；建築物結構狀況等。二是對投保財產的關鍵部位重點檢查。例如，建築物的承重牆體是否牢固；船舶、車輛的發動機的保養是否良好。三是嚴格檢查投保財產的風險防範情況。例如，有無防火設施、報警系統、排水排風設施；機器有無超載保護、降溫保護措施；運輸貨物的包裝是否符合標準；運載方式是否合乎標準等。

④是否有處於危險狀態中的財產。正處在危險狀態中的財產意味著該項財產必然或即將發生風險損失，這樣的財產保險人不予承保。這是因為保險承保的風險應具有損失發生的不確定性。必然發生的損失，屬於不可保風險。如果保險人予以承保，就會造成不合理的損失分佈，這對於其他被保險人是不公平的。

⑤檢查各種安全管理制度的制定和實施情況。健全的安全管理制度是預防、降低風險發生的保證，可減少承保標的損失，提高承保質量。因此，核保人員應核查投保方的各項安全管理制度，核查其是否有專人負責該制度的執行和管理。如果發現問題，核保人員可建議投保人及時解決，並復核其整改效果。倘若保險人多次建議投保方實施安全計劃方案，但投保方仍不執行，保險人可調高費率，增加特別條款，甚至拒保。

⑥查驗被保險人以往的事故記錄。這一核保要素主要包括被保險人發生事故的次數、時間、原因、損失及賠償情況。一般從被保險人過去3~5年的事故記錄中可以看出被保險人對保險財產的管理情況，通過分析以往損失原因找出風險所在，督促被保險人改善管理，採取有效措施，避免損失。

⑦調查被保險人的道德情況。特別是對經營狀況較差的企業，保險人應弄清是否存在道德風險。一般可以通過政府有關部門或金融單位瞭解客戶的資信情況，必要時可以建立客戶資信檔案，以備承保時使用。

（2）劃分風險單位。風險單位是指一次風險事故可能造成保險標的損失的範圍。一般地說，風險單位有四項構成條件：一是面臨損失的價值；二是引發損失的風險事故；三是財務損失的影響程度；四是遭受損失的法律權益主體。在保險經營中，合理劃分風險單位，不僅是必要的，而且對於保險公司評估風險、做出承保決策具有重要

的意義。在保險實踐中，風險單位的劃分一般有三種形式：

①按地段劃分風險單位。由於保險標的之間在地理位置上相毗連，具有不可分割性，當風險事故發生時，承受損失的機會是相同的，那麼這一整片地段就被算成一個風險單位。

②按標的劃分風險單位。與其他標的無相毗連關係，風險集中於一體的保險標的為一個風險單位，如一架飛機。

③按投保單位劃分風險單位。為了簡化手續，對於一個投保單位，不需區分險別，只要投保單位將其全部財產足額投保，該單位就為一個風險單位。

5.3.3.3 團體保險業務

團體保險主要是指團體人身保險。團體人身保險業務的核保要素與個人人身保險有明顯不同，主要包括團體的資格、團體的規模、團體成員的投保資格、團體的業務性質、參保率、團體成員的流動率、保險金額等。

（1）團體的資格。投保團體人身保險的團體必須是具有法人資格的單位或是有特定活動、業務範圍的社團組織，而不能是以投保為目的而臨時組建的團體，否則逆選擇的可能性就會很大。適合參加保險的團體主要包括機關團體、企事業單位、工（公）會團體、協會團體和信用團體等。值得注意的是，除機關團體和企事業單位外，其他團體通常沒有退休年齡的限制，因此投保時必須嚴格限制承保年齡。

（2）團體的規模。團體的規模主要是限制團體投保的最低人數，目的是降低投保團體的逆選擇，攤低經營費用。這是因為投保的團體規模越大，其風險分散越廣，理賠成本越低，並可避免個人享受團體險的費率。而且團體的規模和參保率的高低還將影響到是否採用某些特殊的承保條件，如是否需要提供可保性證明等。

（3）團體成員的投保資格。團體成員的投保資格直接影響到團體保險的理賠經驗和費率，一般要求團體保險中的成員必須是正常在職工作的員工並且身體健康，還要考查團體成員的年齡、性別和薪資等的構成。

（4）團體的業務性質。不同行業、性質的團體，其職業風險因素並不相同，因而應適用不同的差別費率。

（5）參保率。團體具有較高比例的投保人數才能減少逆選擇。因此一般規定，若保險費是由投保單位全額負擔，則要求所有符合投保條件的員工都必須參加；若保險費須由員工負擔一部分，則規定一個最低參保比率，如要求投保人數至少占團體員工總數的75%以上。

（6）團體成員的流動率。如果一個團體的成員流動率過高，行政費用就會增加；流動率太低，則因平均年齡增大和平均健康狀況惡化，團體的風險程度會加大。因此，保險人對流動率要有一個合理的評估。

（7）保險金額。團體保險不論被保險人的年齡大小，都規定統一的保險金額，或依據雇員的年薪、職位等預先確定相應的保險金額，團體成員沒有選擇保障水平的自由，則會加大逆選擇的風險。

5.4 保險承保與核保管理

5.4.1 明確承保管理目標

　　承保管理的根本目的是在保證保險財務穩定的前提下使保險公司獲得最大的盈利。保險盈利來源於保險費，在一般情況下，保險費越多，盈利也會越多。在費率一定的情況下，保險費的多少取決於承保總額的大小，承保總額越大，保險費就越多，盈利也就越多。由此可見，保險人的盈利與承保金額呈正相關關係。但是，如果承保總額超過了保險人承保能力的限度，又會導致財務的不穩定。承保金額與盈利具有既統一又矛盾的關係。因此，要想實現最大盈利就要尋找承保金額與盈利的最佳結合點。

　　若想找到最佳結合點，保險人首先要合理選擇投保標的。在財產保險中根據保險標的風險的不同性質和程度來收取保險費。在人身保險中對被保險人進行適當的分類，分類的標準主要是年齡、性別、職業、生活習慣、收入水平等，針對不同的被保險人確定相應的費率。其次，保險人所制定的費率，並不是以保險標的今後發生損失的資料為基礎，而是以過去的損失統計資料與費用記錄為基礎，即以過去的損失資料作為計算今後成本的依據，而且需要依據大數定律的原理來加以平衡，同時要求在計算保險費率時，將特大事故發生的因素也考慮進去。由於風險因素是在不斷變化的，保險費率也必須不斷得到修正以反映這些變化。雖然費率是由精算師確定的，但核保人員的工作也是定價過程中一個非常重要的組成部分。事實上，對一些罕見的保險標的而言，其費率往往是由核保人員根據以往的經驗來決定的。最后，要科學、合理地確定每個危險單位的自留額，以保證保險經營的穩定性。

5.4.2 建立完備的核保制度

5.4.2.1 制定核保方針的原則

　　（1）對被保險人公平的原則。要確保對被保險人的公正，風險評估與風險分級必須盡量客觀，每個被保險人所支付的保險費率應該正確反映風險等級的大小。企業管理層在制定核保原則時，既要使核保人員能快速出單，又要使接受的業務保持較低的死亡率和疾病發生率，同時還要使核保費用成本越低越好。

　　（2）對保險人公平的原則。保險公司在營銷運作過程中，不能為了爭取業務而放棄對承保風險質量的必要要求；否則，缺少合理的風險評估會導致保險人巨大的經營風險，最終也使被保險人的利益無法得到保障。

　　（3）拒保理由必須充分的原則。對投保申請一旦需要拒保，核保人員必須使拒保的理由具有足夠的說服力，首先要說服保險展業人員，才能說服投保的客戶，否則一方面會影響業務的正常開展，另一方面會使投保方產生誤解，甚至給保險人的市場聲譽造成負面影響。

　　總之，承保方針既要反映保險經營的戰略目標，又要隨著時間的推移和經驗的豐

富不斷加以修正。

5.4.2.2 規範核保標準，編制核保手冊

承保部門制定核保標準，除了應與各業務部門共同協商外，還要充分考慮以往的經驗，主要是業務營運記錄、理賠經驗、產品發展的歷史趨勢等，將這些標準整理匯總后編制成核保手冊。核保手冊是保險公司從具有不同風險和損失經驗的投保對象中，經統計和數量風險評估，從技術上制定的對風險分類及匹配費率的標準，包括核保操作的具體內容、項目、標準、方法。核保手冊一方面向核保人員傳達保險公司的承保方針，另一方面也是核保人員的行為規範和行動指南，是其進行核保決策的依據和基礎。核保人員依據核保手冊中列出的對每一險種應當考慮的因素以及與這些因素相關的投保人的各種特徵、保險人對這些投保人的態度等，來決定怎樣處理各類投保申請，以及是否給予承保。

5.4.3 優化承保組織系統

保險公司一般有專門的承保部門或機構，承保部門作為一個非常重要的保險職能部門，除了制定承保方針和編制承保手冊、進行核保選擇並做出承保決策之外，往往還要分析損失和保險費的經驗數據，研究保險責任範圍和保單格式，提供修訂保險費率、開發新險種的意見和建議，負責承保人員的教育和培訓等。保險公司要結合自身的實際情況，不斷優化和完善承保組織系統和管理模式，以促進承保管理水平的進一步提高。

為了更有效地控制承保風險，保險公司在承保管理中，必須強化核保與承保權限管理，實施分級授權的管理制度，對不同級別的承保部門與專業核保人員明確授予不同的核保與承保權限。不管是對新契約的風險選擇與評估，還是對已承保契約的變更申請進行審核與簽批，都要嚴格遵循核保與承保權限的要求。保險公司往往在核保手冊中具體規定核保和承保的權限範圍。每一位專業核保人員因其自身對業務的熟悉程度和經驗不同而被分成若干等級，每一等級對應有不同風險保額的核保權限。核保人員在各自的權限範圍內對投保單和投保標的通過細緻、周密、審慎的考核，最終決定是否予以承保和以何種條件承保。如果一筆投保的業務超出了某級核保人的權限，則須轉交上一級核保人，直至最終確定該業務是否承保。同時還要堅持對專業核保人員定期進行業務培訓，以不斷提高其業務水平和風險識別、分析與評估能力。積極運用先進的科學技術手段，提高承保業務處理和管理的電子化和自動化水平，實現承保信息管理的規範化和核保核賠的網路化，這樣既有利於對人員核保質量的驗證，又可相對防止出現人情核保問題。

5.4.4 規範核保選擇和核保控製管理

核保本身就是保險人對投保標的進行風險選擇的過程，選擇的目的在於確定合理的承保條件，增強投保人或被保險人對保險標的的責任感，控制保險承保風險，提高保險經營的穩定性。核保選擇表現在兩個方面：一是盡量選擇具有同質風險的投保標

的承保，從而使風險在量上得以測定，以期分散風險；二是淘汰那些超出可保風險條件的投保標的。

保險人進行核保控制時還要考慮自身的因素。一要考慮保險人的承保能力、市場份額等。不同保險公司由於在保險市場中的競爭地位不同，對同類業務的核保方針會有較大的差異。在市場中居於領導者地位的保險人因其承保能力和市場佔有率高、業務量大，多傾向於進行比較冒險的嘗試，而處於追隨者地位的保險人在核保過程中往往採取較為保守的原則。二要注意展業部門與核保部門之間的平衡協調。展業部門的任務是力求保費收入的增加，因此為了擴大業務規模往往會放寬接受業務的風險尺度，並對某些業務要求變通處理；而核保部門的任務是提高保險合同的品質。各自目標不同，衝突是在所難免的。三要考慮再保險條件的優劣。再保險公司的分保條件決定了自留額的多少和危險分擔的比例，進而影響到承保決策。四要受到核保人員自身素質和經驗的制約。如果核保人員經驗不足、素質較低，核保決策自然較為保守；如果核保人員經驗豐富、素質良好，核保決策就會相對靈活。

此外，保險作為經濟行業的一個部門，核保管理還會受到社會其他方面的制約。政府主管部門可能會對保險人的承保決策施加影響，例如強制規定保險人必須承保的業務範圍，強制其使用統一的保費標準，限制保險人解除保險單和不予續保等方面的權利等。還有，整體經濟運行的狀況、某些重要經濟指標的變化也會影響保險人的核保決策，如銀行基礎利率的高低，會直接影響壽險公司對可承保業務範圍的選擇。

5.4.5 規範保險單證管理

從理論上定義，保險單證是指保險公司的業務和財務單證，是雙方訂立和執行保險合同的基礎，是保險業務不可或缺的重要組成部分。它包括業務單證，如保險單、保險證、批單、格式承保合同等；還包括財務單證，如保費發票、收款和賠款收據等。

從現實上定義，單證作為保險公司的立業之本和經營產品的根本表現形式，其本身不僅表現的是客戶購買公司保險產品的標誌，更深一層體現的則是在經營過程中的公司內在價值和社會認知度與美譽度。保險單證是保險公司經營管理的重要手段和憑據，是保險合同雙方履行義務和享受權利的基本依據。

保險單證的管理不僅包括正式的保險單和保險憑證，還包括各類據以核保、承保以至理賠的客戶投保單及其他原始投保資料和其他有效保險單據的管理。單證管理的疏漏往往會給日后的保險合同糾紛埋下伏筆，甚至給保險公司造成不可避免的巨額損失。為了防患於未然，有效規避風險，提高保險公司經營管理質量，必須規範和嚴格保險單證管理，明確制定保險單證從領取、使用到保管、核銷的具體流程和詳細辦法，建立周密有效的單證使用、管理和監控製度。借助於現代科學技術，中國一些保險機構建立了保險單證電子縮微管理庫和全方位的電子查詢網路，這也標誌著保險單證管理工作進一步走向現代化、高效化。

5.4.6 加強分保管理

保險業是經營風險的特殊行業，風險的不確定性決定了保險公司在經營過程中面

臨著極高的風險。保險公司要加強對承保風險的控製，實現穩健經營，不僅要嚴格和規範承保管理，還必須加強分保管理，合理運用再保險，對超出自身承保能力的業務必須通過分保進一步控製和轉移風險。我們將在第十章保險公司的再保險管理中具體介紹。

6 保險理賠管理

保險理賠是指在保險標的作為保險對象的財產及其有關利益或者人的壽命和身體發生風險事故後,保險人對被保險人或受益人提出的索賠要求進行處理的行為。從法律角度看,保險人無論是否支付賠款,保險理賠是履行保險合同的過程,是法律行為。也就是說,被保險人或受益人提出索賠要求,保險人就應按照法律或合同約定進行處理。從經營角度看,保險理賠充分體現了保險的經濟補償職能作用,是保險經營的重要環節。

6.1 保險理賠的意義和任務

6.1.1 保險理賠的意義

保險理賠並不等於支付賠款,但是保險理賠對於保險人來說具有重要的意義。關於保險理賠的意義,主要有以下兩個方面:

6.1.1.1 分散風險

理賠使保險經營活動得以完成,使保險的基本職能——分散風險、實行經濟補償得以實現。被保險人通過與保險人簽訂保險合同來轉移自己所面臨的危險,獲得了一旦發生危險事故、造成經濟損失即可獲得經濟補償的權利。保險理賠是保險補償功能的具體體現,是保險人依約履行保險責任和被保險人或受益人享受保險權益的實現形式。理賠工作做得好,被保險人的損失才可得到應有的補償,保險的職能作用才可能有效發揮,社會再生產的順暢運行和人民生活的正常安定才可能得到保障。

6.1.1.2 提高保險經營管理水平

保險經營實務過程實際上是一個連續不斷、周而復始的過程。從循環運動的角度來考查保險經營活動時,保險理賠是上一個保險經營活動的終點,又是下一個保險經營活動的起點。良好的理賠工作,對於刺激和推動下一輪保險經營活動的開展具有極其重要的意義。同時,保險理賠也是對承保業務和風險管理質量的檢驗,通過保險理賠可以發現保險條款、保險費率的制定和防災防損工作中存在的漏洞和問題,為提高承保業務質量、改進保險條件、完善風險管理提供依據;保險理賠還可以提高保險公司的信譽,擴大保險在社會上的影響,促進保險業務的開展。

6.1.2 保險理賠的任務

6.1.2.1 確定造成保險標的損失的真正原因

確定造成保險標的損失的真正原因是判定損失是否屬於保險責任的前提條件，保險公司必須通過實地調查，全面掌握出險情況後加以客觀地分析。如果保險公司對出險情況瞭解不深入，掌握的材料不全面，就會給賠案的處理帶來困難。

6.1.2.2 確定標的的損失是否屬於保險責任

保險公司要根據出險原因並對照保險條款判斷保險標的損失是否屬於保險責任，判斷時要實事求是，切忌草率行事和主觀臆斷。

6.1.2.3 確定保險標的的損失程度和損失金額

保險公司在現場勘查的基礎上，根據被保險人的投保範圍，經過必要的施救和整理工作後，確定保險標的的損失程度和損失金額。在財產保險中，確定保險標的的損失以實際損失為限，間接損失和非物質性損失除外。

6.1.2.4 確定被保險人應得的賠償金額

保險公司在完成以上三項任務後，按照保險合同的規定，根據保險金額、實際損失和損失程度確定賠償金額。對通融賠付的案例，要根據實際情況研究決定。

6.2 保險理賠的原則

6.2.1 保險理賠的基本原則

對被保險人來說，參加保險的目的是在保險事故發生時能夠及時獲得保險補償，解除自己的后顧之憂。對保險人來說，理賠功能的切實發揮足以體現保險制度存在的價值。因此作為保險經營過程中的關鍵環節，保險理賠須堅持以下三項原則：

6.2.1.1 重合同、守信用

保險人和被保險人之間的權利和義務關係是通過保險合同建立起來的，處理賠案是保險人履行合同中所約定的賠償或給付義務的過程。保險合同對保險責任、賠償處理及被保險人的義務等做了原則性的規定，保險人應遵守條款，恪守信用。

6.2.1.2 主動、迅速、準確、合理

所謂「主動、迅速」，是指保險公司在處理賠案時積極主動，及時深入現場進行查勘，對屬於保險責任範圍內的災害損失，要迅速估算損失金額，及時賠付。所謂「準確、合理」，是指保險人應正確找出致損原因，合理估計損失，科學地確定是否賠付以及賠付額度。任何拖延賠案處理的行為都會影響保險公司在被保險方心目中的聲譽，從而影響、抑制其今后的投保行為，甚至造成不良的社會影響和后果。因此，保險人

在理賠時，應主動瞭解受災受損情況，及時趕赴現場查勘，分清責任，準確定損，迅速而合情合理地賠償損失。

為了保護被保險人的利益，《中華人民共和國保險法》第二十三條規定：「保險人收到被保險人或者受益人的賠償或者給付保險金的請求後，應當及時做出核定；情形複雜的，應當在三十日內做出核定，但合同另有約定的除外。保險人應當將核定結果通知被保險人或者受益人；對屬於保險責任的，在與被保險人或者受益人達成賠償或者給付保險金的協議後十日內，履行賠償或者給付保險金義務。保險合同對賠償或者給付保險金的期限有約定的，保險人應當按照約定履行賠償或者給付保險金義務。」第二十四條規定：「保險人依本法第二十三條的規定做出核定後，對不屬於保險責任的，應當自做出核定之日起三日內向被保險人或者受益人發出拒絕賠償或者拒絕給付保險金通知書，並說明理由。」第二十五條規定：「保險人自收到賠償或者給付保險金的請求和有關證明、資料之日起六十日內，對其賠償或者給付保險金的數額不能確定的，應當根據已有證明和資料可以確定的數額先予支付；保險人最終確定賠償或者給付保險金的數額後，應當支付相應的差額。」上述《中華人民共和國保險法》的規定，也體現了貫徹「主動、迅速、準確、合理」的原則。

6.2.1.3 實事求是

被保險人或受益人提出的索賠案千差萬別，案發原因也錯綜複雜。對於某些損失發生的原因交織在一起的賠案，有時根據合同條款很難做出是否屬於保險責任的明確判斷，加之合同雙方對條款的認識和解釋上的差異，會出現賠與不賠、賠多與賠少的糾紛。在這種情況下，保險人應既要嚴格按照合同條款辦事，又不違背條款規定，還應合情合理、實事求是地對不同案情的具體情況進行具體分析，靈活處理賠案。

這三大原則是辯證統一的，既不能單純追求速度而使工作簡單粗糙，又不能因講求準確、合理而拖延理賠工作，產生「投保容易、理賠難」的現象，影響保戶利益。所以處理賠案一方面要求主動、迅速，另一方面又要做到準確、合理。

6.2.2 保險理賠的特殊原則

6.2.2.1 損失補償原則

這是財產保險和醫療費用保險特有的原則，是指保險事故發生後，保險人在其責任範圍內，對被保險人遭受的實際損失進行賠償的原則。

賠償必須在保險人的責任範圍內進行，即保險人只在保險合同規定的期限內，以約定的保險金額為限，對合同中約定的危險事故所致損失進行賠償。保險期限、保險金額和保險責任是構成保險人賠償的不可或缺的要件。

賠償額應當等於實際損失額。按照民事行為的準則，賠償應當和損失等量，被保險人不能從保險上獲得額外利益。因此，保險人賠償的金額，只能是保險標的實際損失的金額。換言之，保險人的賠償應當恰好使保險標的恢復到保險事故發生前的狀態。

損失賠償是保險人的義務。據此，被保險人提出索賠請求後，保險人應當按主動、迅速、準確、合理的原則，盡快核定損失，與索賠人達成協議並履行賠償義務；保險

人未及時履行賠償義務時，除支付保險金外，應當賠償被保險人因此受到的損失。

6.2.2.2 保險利益原則

《中華人民共和國保險法》第十二條規定：「人身保險的投保人在保險合同訂立時，對被保險人應當具有保險利益。財產保險的被保險人在保險事故發生時，對保險標的應當具有保險利益。人身保險是以人的壽命和身體為保險標的的保險。財產保險是以財產及其有關利益為保險標的的保險。被保險人是指其財產或者人身受保險合同保障，享有保險金請求權的人。投保人可以為被保險人。保險利益是指投保人或者被保險人對保險標的具有的法律上承認的利益。」

人身保險利益的存在時間，在合同訂立時必須存在，至於在保險事故發生時是否存在保險利益，則無關緊要。財產保險的保險利益在保險合同訂立時可以不存在，但事故發生時，則必須存在，只有保險事故發生時有保險利益存在，投保人或被保險人才有實際損失發生，保險人才可確定補償的程度；如果保險利益在訂立合同時存在但事故發生時就不存在了，則投保人和被保險人對於保險標的已無利害關係，就沒有補償可言，保險合同就失效了。

6.2.2.3 近因原則

在處理賠案時，賠償與給付保險金的條件是造成保險標的損失的近因必須屬於保險責任，若造成保險標的損失的近因屬於保險責任範圍內的事故，則保險人承擔賠付責任；反之，若造成保險標的損失的近因屬於責任免除，則保險人不負賠付責任。只有當保險事故的發生與損失的形成有直接因果關係時，才構成保險人賠付的條件。

《中華人民共和國保險法》《中華人民共和國海商法》只是在相關條文中體現了近因原則的精神而無明文規定，中國司法實務界也注意到這一問題，最高人民法院《關於審理保險糾紛案件若干問題的解釋（徵求意見稿）》第十九條規定：「人民法院對保險人提出的其賠償責任限於以承保風險為近因造成的損失的主張應當支持。近因是指造成承保損失起決定性、有效性的原因。」

6.2.2.4 代位原則

代位原則是財產保險合同特有的重要原則，乃損失補償原則的派生原則。廣義的保險代位分為物上代位和權利代位，是指保險人對被保險人因保險事故發生造成的損失進行賠償後，依法或按保險合同約定取得對財產損失負有責任的第三者進行追償的權利或取得對受損標的的所有權。其中，權利代位又稱代位求償權或代位追償權，是指保險事故由第三者責任方所致，被保險人因保險標的受損而從保險人處獲得賠償後，其向第三者責任方享有的賠償請求權依法轉讓給保險人，由保險人在賠償金額範圍內代位行使被保險人對第三者請求賠償的權利。

6.2.2.5 重複保險的分攤原則

重複保險分攤原則也是由補償原則派生出來的，它不適用於人身保險，而與財產保險業務中發生的重複保險密切相關。重複保險分攤原則是指投保人向多個保險人重複保險時，投保人的索賠只能在保險人之間分攤，賠償金額不得超過損失金額。

在重複保險的情況下，當發生保險事故時，保險標的所受損失，由各保險人分攤。如果保險金額總和超過保險價值，各保險人承擔的賠償金額總和不得超過保險價值。這是補償原則在重複保險中的運用，以防止被保險人因重複保險而獲得額外利益。

6.2.2.6 通融賠付原則

通融賠付是指保險公司根據保險合同約定本不應完全承擔賠付責任，但仍賠付全部或部分保險金的行為，且通融賠付有一定的原則，並不是隨便進行賠付。通融賠付對於保險業發展的正面作用是居於主要地位的，尤其是在許多突發事件和重大災害中，更是充分體現了保險「社會穩定器」和「經濟助推器」的作用，為保險業贏得了很多贊譽和發展機遇。對於承擔社會責任、維護社會穩定的案件和銷售誤導、違規承諾導致的理賠糾紛應積極給予通融賠付；對於大客戶、重點客戶的通融賠付應極為謹慎，僅對某些不符合保險合同，但賠付也有合情合理之處的特殊案件予以通融；對於保險詐欺行為則應堅決抵制，堅決拒賠。無原則地讓步，不僅不能取得客戶的認同，反而可能損害保險行業誠信、標準、規範的行業形象。

6.3 保險理賠的基本程序

6.3.1 壽險理賠的流程

從保險事故的發生到保險人做出賠款決定以及被保險人或受益人領到保險金的整個過程，需要經過一系列工作環節和處理流程。在通常情況下，一個索賠案件的處理要經過接案、立案、初審、調查、核定、復核、審批、結案、歸檔七個環節。每個環節都有不同的處理要求和規定，以保證理賠有序和高效地進行。

6.3.1.1 接案

接案是指發生保險事故後，保險人接受客戶的報案和索賠申請的過程。這一過程包括報案和索賠申請兩個環節。

（1）報案。報案是指保險事故發生后，投保人或被保險人、受益人通知保險人發生保險事故的行為。《中華人民共和國保險法》第二十一條規定：「投保人、被保險人或者受益人知道保險事故發生後，應當及時通知保險人。故意或者因重大過失未及時通知，致使保險事故的性質、原因、損失程度等難以確定的，保險人對無法確定的部分，不承擔賠償或者給付保險金的責任，但保險人通過其他途徑已經及時知道或者應當及時知道保險事故發生的除外。」

①報案的方式。報案人可以採用多種方式將保險事故通知保險人，可以親自到保險公司當面口頭通知，也可以用電話、電報、傳真、信函等方式通知保險公司，當然也可以填寫保險公司事先印制的事故通知書。其目的是將保險事故信息及時傳遞到保險公司，以便保險公司採取相應措施及時處理。

②報案的內容。報案人應在保險條款規定的時間內，及時將有關的重要信息通知

保險公司的接案人。報案時需要提供的信息包括：投保人的姓名、被保險人或受益人的姓名及身分證件號碼、被保險人的保單號、險種名稱、出險時間、地點、簡要經過和結果、就診醫院、病案號、聯繫地址及電話等。

③接案的要求。接案人員對報案人提供的信息應做好報案登記，準確記錄報案時間，引導和詢問報案人，盡可能掌握必要的信息。接案人員應根據所掌握的案情，依據相關的理賠規定，判斷案件性質以及是否需要採取適當的應急措施，並在「報案登記表」中註明。對於應立即展開調查的案件，如預計賠付金額較大、社會影響較大的案件，接案人員應盡快通知理賠主管及調查人員展開調查；對於應保留現場的案件，還應通知報案人採取相應的保護措施。

（2）索賠申請。索賠是指保險事故發生后，被保險人或受益人依據保險合同向保險人請求賠償損失或給付保險金的行為。客戶報案只是履行將保險事故及時通知保險公司的一項義務，但並不等同於保險索賠。報案是投保人、被保險或受益人的義務，索賠是保險事故發生后被保險人或受益人的權利。

①對索賠申請人資格的要求。索賠申請人是對保險金具有請求權的人，如被保險人、受益人。例如，人身保險身故保險金給付應由保險合同約定的身故受益人提出申請。沒有指定受益人時，則由被保險人的法定繼承人作為申請人提出申請；如果受益人或繼承人系無民事行為能力者，則由其法定監護人提出申請。人身保險中被保險人在生存狀態下的保險金給付申請，如傷殘保險金給付、醫療保險（津貼）給付、重疾保險金案件，受益人均為被保險人本人，應由被保險人本人提出申請。如被保險人系無民事行為能力者，則由其法定監護人提出申請。

②索賠時效。保險事故發生后，被保險人或受益人，必須在規定的時間內向保險人請求賠償或給付保險金，這一期間稱為索賠時效期間。在索賠時效期間內，被保險人或受益人享有向保險人索賠的權利。超過索賠時效期間以後，被保險人或受益人向保險人索賠的權利喪失，保險人對索賠不再受理。《中華人民共和國保險法》第二十六條對索賠時效做了規定：「人壽保險的被保險人或者受益人向保險人請求給付保險金的訴訟時效期間為五年，自其知道或者應當知道保險事故發生之日起計算。」

③索賠的舉證責任。索賠的舉證責任指索賠權利人向保險人索賠時應履行的提供證據的義務，證明保險事故已經發生，保險人應當承擔賠償或給付保險金的責任。《中華人民共和國保險法》第二十二條規定：「保險事故發生后，依照保險合同請求保險人賠償或者給付保險金時，投保人、被保險人或者受益人應當向保險人提供其所能提供的與確認保險事故的性質、原因、損失程度等有關的證明和資料。保險人依照保險合同的約定，認為有關的證明和資料不完整的，應當及時一次性通知投保人、被保險人或者受益人補充提供。」

6.3.1.2　立案

立案是指保險公司核賠部門受理客戶索賠申請，進行登記和編號，使案件進入正式的處理階段的過程。

（1）索賠資料的提交。申請人按一定的格式要求填寫「索賠申請書」，並提交相應

的證明和資料給保險公司；如果申請人不能親自到保險公司辦理，而是委託他人代為辦理，受託人還應提交申請人簽署的「理賠授權委託書」。

（2）索賠資料受理。保險公司的受理人員在審核材料後，在一式兩聯的「理賠資料受理憑證」上註明已接收的證明和資料，註明受理時間並簽名，一聯留存公司，一聯交申請人存執，以作為日後受理索賠申請的憑據；受理人如發現證明材料不齊，應向申請人說明原因，並通知其盡快補齊證明材料。

（3）立案條件。要進行立案處理的索賠申請，必須符合如下條件：①保險合同責任範圍內的保險事故已經發生；②保險事故在保險合同有效期內發生；③在保險法規定時效內提出索賠申請；④提供的索賠資料齊備。

（4）立案處理。管理人員對經審核符合立案條件的索賠申請，進行立案登記，並生成賠案編號，記錄立案時間、經辦人等情況，然後將所有資料按一定順序存放在案卷內，移交到下一步工作環節。

6.3.1.3 初審

初審是指核賠人員對索賠申請案件的性質、合同的有效性初步審查的過程。初審的要點如下：

（1）審核出險時保險合同是否有效。初審人員根據保險合同、最近一次交費憑證或交費記錄等材料，判斷申請索賠的保險合同在出險時是否有效，特別注意出險日期前後，保險合同是否有復效或其他變動的處理。

（2）審核出險事故的性質。初審人員還應該審核出險事故是否在保險責任條款約定的事故範圍之內，或者出險事故是否屬於保險合同責任免除條款或是否符合約定的免責規定。

（3）審核申請人所提供的證明材料是否完整、有效。首先，根據客戶的索賠申請和事故材料，判斷出險事故索賠申請的類型，例如，醫療給付、殘疾給付等；其次，檢查證明材料是否為相應事故類型所需的各種證明材料；最后，檢查證明材料的效力是否合法、真實、有效，材料是否完整，是否為相應的機關或部門如公安、醫院等所出具。

（4）審核出險事故是否需要理賠調查。初審人員根據索賠提供的證明材料以及案件的性質、案情的狀況等信息判斷該案件是否需要進一步理賠調查，並依據判斷結果分別做出相應處理。對需要調查的案件，初審人員提出調查重點、調查要求，交由調查人員進行調查，待調查人員提交調查報告後，再提出初審意見；對不需要調查的案件，提出初審意見后，將案件移交理算人員做理賠計算的處理。

6.3.1.4 調查

核賠調查在核賠處理中佔有重要的位置，對核賠處理結果有決定性的影響。調查就是對客觀事實進行核實和查證的過程，核賠調查時需要注意以下幾個方面：調查必須本著實事求是的原則；調查應力求迅速、準確、及時、全面；調查人員在查勘過程中禁止就理賠事項做出任何形式的承諾；調查應遵循迴避原則；調查完畢應及時撰寫調查報告，真實、客觀地反映調查情況。

6.3.1.5 核定

這裡的核定是指對索賠案件做出給付、拒付、豁免處理和對給付保險金額進行計算的過程。理賠人員對案卷進行理算前，應審核案卷所附資料是否足以做出正確的給付、拒付處理。如資料不完整，理賠人員應及時通知補齊相關資料；對資料尚有疑義的案件，需通知調查人員進一步調查核實。理賠人員根據保險合同以及類別的劃分進行理賠計算，繕制「理賠計算書」和「理賠案件處理呈批表」。具體地說，核定的內容包括：

（1）給付理賠計算。對於正常給付的索賠案件的處理，應根據保險合同的內容、險種、給付責任、保額和出險情況等計算出給付的保險金額。例如，身故保險金根據合同中的身故責任進行計算；傷殘保險金則根據傷殘程度及鑒定結果，按規定比例計算；醫療保險金則根據客戶支付的醫療費用進行計算。

（2）拒付。對應拒付的案件，理賠人員做拒付確認，並記錄拒付處理意見及原因。對於由此終止的保險合同，應在處理意見中註明，並按條款約定計算應退還保費或現金價值以及補扣款項目及金額；對於繼續有效的保險合同，應在處理意見中註明，將合同置為繼續有效狀態。

（3）豁免保費計算。對於應豁免保費的案件，理賠人員應做豁免的確認，同時將合同置於豁免保險費狀態。

（4）理賠計算的注意事項。理賠計算的結果直接涉及客戶的經濟利益，因此必須保證給付保險金額計算的準確無誤；同時理賠計算中涉及補扣款的項目，需一併計算。在理賠計算時應扣款的項目包括：在寬限期內出險，應扣除欠交保險費；客戶有借款及應收利息，應扣除借款及利息；有預付賠款應將預付賠款金額扣除；其他應扣除的項目。應補款項目包括預交保險費，未領取滿期保險金，未領取紅利、利差等其他應補款項目。

6.3.1.6 復核、審批

復核是核賠業務處理中一個具有把關作用的關鍵環節。通過復核，能夠發現業務處理過程中的疏忽和錯誤並及時予以糾正；同時，復核對核賠人員也具有監督和約束的作用，防止核賠人員個人因素對核賠結果的影響，保證核賠處理的客觀性和公正性，從而也是核賠部門內部風險防範的一個重要環節。復核的內容及要點包括：①出險人的確認；②保險期間的確認；③出險事故原因及性質的確認；④保險責任的確認；⑤證明材料完整性與有效性的確認；⑥理賠計算準確性與完整性的確認。

審批是根據案件的性質、給付金額、核賠權限以及審批制度對已復核的案件逐級呈報，由有相應審批權限的主管進行審批的環節。對於一些重大、特殊、疑難案件，需成立賠案審查委員會集體對案件進行審理。根據審批的結果，對案件進行相應的處理：批覆需重新理賠計算的案件，應退回由理賠計算人員重新理算；批覆需進一步調查的案件，應通知調查人員繼續調查；批覆同意的案件，則移交下一個結案處理環節。

6.3.1.7 結案、歸檔

首先，結案人員根據理賠案件呈批的結果，繕制「給（拒）付通知書」或「豁免

保險通知書」，並寄送申請人。拒付案件應註明拒付原因及保險合同效力終止的原因。如有退費款項，應同時在通知書中予以反映，並註明金額及領款人，提示前來領款。給付案件應註明給付金額、受益人姓名，提示受益人憑相關證件前來辦理領款手續。領款人憑「給（拒）付通知書」和相關證件辦理領款手續，保險公司應對領款人的身分進行確認，以保證保險金正確支付給合同規定的受益人。領款人可以通過現金、現金支票、銀行轉帳或其他允許的方式領取應得款項，並由保險公司的財務部門按規定支付相應金額的款項。其次，結案人員根據保險合同效力是否終止，修改保險合同的狀態，並做結案標示。最後，結案人員將已結案的理賠案件的所有材料按規定的順序排放，並按業務檔案管理的要求進行歸檔管理，以便將來查閱和使用。

6.3.2 非壽險理賠的流程

非壽險理賠的程序主要包括接受損失通知、審核保險責任、進行損失調查、賠償保險金、損餘處理及代位求償等步驟。

6.3.2.1 接受損失通知

損失通知是指保險事故發生后，被保險人或受益人應將事故發生的時間、地點、原因及其他有關情況，以最快的方式通知保險人，並提出索賠請求的環節。發出損失通知同樣是非壽險被保險人必須履行的義務。

（1）損失通知的時間要求。根據險種不同，發出損失通知書有時會有時間要求，例如，被保險人在保險財產遭受保險責任範圍內的盜竊損失后，應當在24小時內通知保險人，否則保險人有權不予賠償。此外，有的險種沒有明確的時限規定，只要求被保險人在其可能做到的情況下，盡快將事故損失通知保險人，如果被保險人在法律規定或合同約定的索賠時效內未通知保險人，可視為其放棄索賠權利。《中華人民共和國保險法》第二十六條規定：「人壽保險以外的其他保險的被保險人或者受益人，向保險人請求賠償或者給付保險金的訴訟時效期間為二年，自其知道或者應當知道保險事故發生之日起計算。」

（2）損失通知的方式。被保險人發出損失通知的方式可以是口頭的，也可用函電等其他形式，但隨后應及時補發正式書面通知，並提供各種必需的索賠單證，如保險單、帳冊、發票、出險證明書、損失鑒定書、損失清單、檢驗報告等。如果損失涉及第三者責任時，被保險人還須出具權益轉讓書給保險人，由保險人代為行使向第三者責任方追償的權益。

（3）保險人受理。接受損失通知書意味著保險人受理案件，保險人應立即將保險單與索賠內容詳細核對，並及時向主管部門報告，安排現場查勘等事項，然后將受理案件登記編號，正式立案。

6.3.2.2 審核保險責任

保險人收到損失通知書後，應立即審核該索賠案件是否屬於保險人的責任，審核的內容可包括以下幾個方面：

（1）保險單是否仍有效力。例如，中國財產保險保險人按保險合同的約定對所承

保的財產及其有關利益因自然災害或意外事故造成的損失承擔賠償責任的保險。基本險條款規定，被保險人應當履行如實告知義務，否則，保險人有權拒絕賠償，或從解約通知書送達一定天數后終止保險合同。

（2）損失是否由所承保的風險所引起。被保險人提出的損失索賠，不一定都是保險風險所引起的。因此，保險人在收到損失通知書后，應查明損失是否由保險風險所引起。

（3）損失的財產是否為保險財產。保險合同所承保的財產並非被保險人的一切財產，即使是綜合險種，也會有某些財產列為不予承保之列。例如，中國財產保險綜合險條款規定，土地、礦藏、水產資源、貨幣、有價證券等就不屬於保險標的範圍；金銀、珠寶、堤堰、鐵路等要通過特別約定，並在保險單上載明，否則也不屬於保險標的範圍。可見，保險人對於被保險人的索賠財產，必須依據保險單仔細審核。

（4）損失是否發生在保單所載明的地點。保險人承保的損失通常有地點的限制。例如，中國的家庭財產保險條款規定，只對在保單載明地點以內保險財產所遭受的損失，保險人才予以負責賠償。

（5）損失是否發生在保險單的有效期內。保險單上均載明了保險有效的起訖時間，損失必須在保險有效期內發生，保險人才能予以賠償。例如，中國海洋運輸貨物保險的保險期限通常是以「倉至倉條款」來限制的，即保險人承擔責任的起訖期，是從保險單載明的起運地發貨人的倉庫運輸時開始，直到保險單載明的目的地收貨人倉庫為止，並以貨物卸離海輪后滿60天為最后期限。又如責任保險中常規定期內發生式或期內索賠式的承保方式。前者是指只要保險事故發生在保險期內，而不論索賠何時提出，保險人均負責賠償；后者是指不管保險事故發生在何時，只要被保險人在保險期內提出索賠，保險人即負責賠償。

（6）請求賠償的人是否有權提出索賠。要求賠償的人一般都應是保險單載明的被保險人。因此，保險人在賠償時，要查明被保險人的身分，以確定其有無領取保險金的資格。例如，在財產保險合同下，要查明被保險人在損失發生時，是否對於保險標的具有保險利益；對保險標的無保險利益的人，其索賠無效。

（7）索賠是否有詐欺。保險索賠的詐欺行為往往較難察覺，保險人在理賠時應注意的問題有：索賠單證真實與否；投保人是否有重複保險的行為；受益人是否故意謀害被保險人；投保日期是否先於保險事故發生的日期等。

6.3.2.3 進行損失調查

保險人審核保險責任后，應派人到出險現場實際勘查事故情況，以便分析損失原因，確定損失程度。

（1）分析損失原因。在保險事故中，形成損失的原因通常是錯綜複雜的。例如，船舶發生損失的原因有船舶本身不具備適航能力、船舶機件的自然磨損、自然災害或意外事故的影響等。只有對損失的原因進行具體分析，才能確定其是否屬於保險人承保的責任範圍。可見，分析損失原因的目的在於保障被保險人的利益，明確保險人的賠償範圍。

（2）確定損失程度。保險人要根據被保險人提出的損失清單逐項加以查證，合理確定損失程度。例如，對於貨物短少的情況，要根據原始單據、到貨數量，確定短少的數額；對於不能確定貨物損失數量的，或受損貨物仍有部分完好或經加工后仍有價值的，要估算出一個合理的貶值率來確定損失程度。

（3）認定求償權利。保險合同中規定的被保險人的義務是保險人承擔賠償責任的前提條件。如果被保險人違背了這些事項，保險人可以此為由不予賠償。例如，當保險標的的危險增加時，被保險人是否履行了通知義務；保險事故發生后，被保險人是否採取了必要的合理的搶救措施，以防止損失擴大等。這些問題直接影響到被保險人索賠的權利。

6.3.2.4 賠償保險金

保險人對被保險人請求賠償保險金的要求應按照保險合同的約定辦理，如保險合同沒有約定時，就應按照有關法律的規定辦理。若損失屬於保險責任範圍內，經調查屬實並估算賠償金額后，保險人應立即履行賠償給付的責任。保險人可根據保險單類別、損失程度、標的價值、保險利益、保險金額、補償原則等理算賠償金額。財產保險合同賠償的方式通常是貨幣補償。不過，在財產保險中，保險人也可與被保險人約定其他方式，如恢復原狀、修理、重置或以相同實物進行更換等方式。

6.3.2.5 損餘處理

一般來說，在財產保險中，受損的財產會有一定的殘值。如果保險人按全部損失賠償，其殘值應歸保險人所有，或是從賠償金額中扣除殘值部分；如果按部分損失賠償，保險人可將損餘財產折價給被保險人以充抵賠償金額。

6.3.2.6 代位求償

如果保險事故是由第三者的過失或非法行為引起的，第三者對被保險人的損失須負賠償責任。保險人可按保險合同的約定或法律的規定，先行賠付被保險人，然後被保險人應當將追償權轉讓給保險人，並協助保險人向第三者責任方追償。

6.4 保險理賠管理

保險理賠管理是指對履行賠付義務過程的各項程序進行管理，其目的是貫徹落實理賠原則，確保合同雙方當事人的經濟利益，維護保險公司的社會形象。

6.4.1 保險賠償責任

檢查保險賠償責任的確定是否正確，首先，應審核現場查勘是否及時、準確、全面，查勘記錄資料是否齊全、可靠，因為賠償責任的劃分，其重要依據就是案情查勘的結果。其次，要根據保險合同所載承保責任及有關項目，針對案情逐項復核，以準確確定保險人應承擔的賠償責任和賠償範圍。最后，認真檢查與案情有關的各種單證，

如檢驗報告、保險單證、事故證明、適航材料、品質證明、修理單據、受損標的相關票據等，如果發現問題應及時查清，做到單證真實、清楚、有效，嚴防騙賠行為，還要注意各保險公司之間的信息互聯。

6.4.2 損失計算和賠付管理

在確定了賠償責任和賠償範圍之后，對保險標的實際損失進行核實、理算和計賠。賠款計算和賠付管理包括按照不同的承保條件，確定對各類受損標的和各種費用損失採用的賠償方式，同時，對核賠權限、通融賠付和拒賠案件等實行嚴格管理。

核賠權限管理，就是按照集權與分權相統一的管理原則，根據不同業務險種和賠付金額，以及各級保險企業業務管理的職責和範圍，從賠償金額和保險責任兩個方面賦予各級保險企業一定的賠付權限，這是保險企業內部分層次實行理賠、監督管理的重要手段。各級保險企業的核賠權限，主要是根據承保風險和不同級別、層次的管理職能，理賠人員的政治思想與業務素質和保險企業的經營管理水平確定的。

通融賠付案件管理，是指對案情複雜、損失責任與保險條款的規定不盡吻合、保險合同規定的被保險人的義務不周全、保險人責任不明確，以及投保人辦理續保不及時而影響了保險合同的時效等賠案，本著實事求是的精神，把原則性和靈活性結合起來，全面考慮，權衡處理。其目的是增強被保險人的保險意識，擴大保險的社會影響，促進保險業務發展。但對下列情況絕不能通融：一是明顯違背國家法律、政策行為的后果；二是被保險人的故意行為；三是賠付后對保險人聲譽產生消極影響的案件；四是由於被保險人疏忽造成保險人承擔可以免責任的大額賠款。

拒賠案件管理，是指保險人對案情進行詳細調查研究，掌握拒賠的事實、依據和必要的證明，經核定出險事故所造成的直接損失和費用的確不屬於承保責任範圍后，做出拒賠決定的過程。拒賠案件直接關係到被保險人的經濟利益，且因被保險人對保險缺乏認識等原因，極易產生誤解和糾紛，給保險人帶來不利影響。因此，拒賠前必須廣泛調查取證，審慎研究，並嚴格履行審批手續。同時，要耐心向被保險人、受益人做必要的解釋，盡量避免或減輕拒賠造成的消極影響。

6.4.3 追償案件管理

6.4.3.1 追償案件的概念

追償案件是指損失涉及第三者責任方或錯賠的案件。保險標的損失屬於第三者責任時，根據法律規定和合同約定，保險人取得被保險人授權並先行賠付后，在被保險人協助下向第三責任者追償經濟損失，以確保保險企業的經濟利益，促進有關部門改善和加強風險管理。如果責任比較明確，第三者也同意負責賠償，可讓被保險人先向第三者索賠，不足金額再由保險人賠付。一般來說，人身保險較少存在追償問題，因為其保險標的——人的生命和身體是不能用金錢來衡量其價值的，且民法中一般都規定不得轉讓傷害所造成的民事賠償責任。

6.4.3.2　追償案件管理的要求

追償案件管理的要求的如下：

（1）應取得被保險人將已得賠付的權益轉讓給保險人的轉讓書。

（2）建立責任制度。應指派專人負責案件全過程管理，同時嚴格審批手續，重大案件要報上級公司備案、審批。

（3）科學選擇追償途徑。常用的途徑有：直接向責任方追償；委托代理人，並實行「無結果、無報酬」原則向責任方追償；通過法律程序或行政手段追償。

（4）廣泛取證，掌握足夠依據。追償取證應包括各種人證、物證和旁證材料，同時要查找相關的法律、政策依據，使追償工作取得實效。

（5）掌握追償時效。追償應盡可能迅速進行，以免取證困難和失去法律效力。若因故在某時效內未獲得賠償，應提前辦理展延時效的手續。

（6）靈活掌握追償策略，適時結案。由於法制方面的缺陷或有關審判實踐缺少類似的判例可循，加之法院訴訟程序複雜，從開庭審判到最終判決，少則半年，多則兩三年，甚至更長，當事人還需投入大量人力、物力，所以保險人要審時度勢，在不違背法律原則的前提下盡快結案，早日收回賠款。

6.4.4　賠案管理

6.4.4.1　賠案管理的概念

賠案管理是指通過損失計算，填制賠款計算書，發出賠款通知，支付賠款予以結案。賠案管理反映了保險企業的社會效益及其經營管理水平。因此，加強賠案管理，保證賠案質量，對內於提高業務人員素質和專業技能，對外於保障被保險人的利益、維護保險企業聲譽都是十分重要的。

6.4.4.2　賠案管理環節

賠案管理的環節如下：

（1）賠案程序管理。在賠款計算、給付賠款、損餘處理、代位求償等各環節中，做到準確、合理、手續完備、單證齊全，符合公司各有關規章的要求。

（2）賠付統計分析，即根據不同險種，分別就賠付額、賠付率等各項指標進行統計分析，考核業務經營成果，並分析賠案損失原因，探索損失發生的規律，協助展業、承保、防災等部門提高業務質量。

（3）檔案管理。賠付結案后，應將所有單證和材料按險種、分年限裝訂保存，以備參考和查證。重要案件的檔案應長期保存。

6.4.5　客戶服務管理

6.4.5.1　保險客戶服務

保險客戶是指那些現實和潛在的保險產品的消費者，例如，潛在客戶、保單持有人、被保險人和受益人等。

保險客戶服務是指保險人在與現有客戶及潛在客戶接觸的階段，通過暢通有效的服務渠道，為客戶提供產品信息、品質保證、合同義務履行、客戶保全、糾紛處理等項目的服務以及基於客戶的特殊需求和對客戶的特別關注而提供的附加服務內容。

6.4.5.2 保險客戶服務的內容

客戶服務是保險公司業務經營最重要的內容之一。保險公司提供優質客戶服務的能力對建立和保持積極、持久和緊密有力的保險客戶關係是十分重要的。保險客戶服務以實現客戶滿意最大化，維繫並培養忠誠保險客戶，實現客戶價值與保險公司價值的共同增長為目標。

保險客戶服務包括保險產品的售前、售中和售後三個環節的服務，在每一個環節上又都包含著具體詳細的內容。售前服務是指保險人在銷售保險產品之前為消費者提供各種有關保險行業、保險產品的信息、資訊、諮詢、免費講座、風險規劃與管理等服務。售中服務是指在保險產品買賣過程中保險人為客戶提供的各種服務。如壽險客戶服務，包括協助投保人填寫投保單、保險條款的準確解釋、免費體檢、保單包裝與送達、為客戶辦理自動交費手續等。售後服務是指在客戶簽單后保險人為客戶提供的一系列服務。在壽險客戶服務中，售後服務的方式主要有提供免費查詢熱線、定期拜訪、契約保全、保險賠付等。

6.4.5.3 客戶服務質量管理

理賠是保險人承擔合同約定責任的最主要內容。將理賠納入客戶服務體系，其管理主要有以下方面：

（1）賠付金額及爭議處理方式、過程的管理。

（2）理賠時效的評價及管理。

（3）理賠的便捷性的評價及改進。

（4）產品評價反饋及需求信息管理。

7 保險投資管理

自 2012 年上半年開始，監管機構頻出新政，對保險公司、券商、基金和期貨公司的投資業務紛紛放鬆管制。銀行、保險、信託、證券、基金等各類機構全面進入資產管理行業，資產管理變成泛資產管理，「大資管時代」正式來臨。

黨的十八屆三中全會進一步強化了市場在資源配置中的決定性作用，奠定了利率市場化和金融業對內對外開放的基調。多層次資本市場體系的完善，尤其是債券市場的規範與發展為保險資產投資提供了更為廣闊的天地。在中國，保險公司是最早進行市場化改革的金融企業，這些政策的推出，為保險公司未來發展帶來了新的機遇。作為保險公司盈利的重要支柱，投資管理業務也必將迎來更大的發展空間。

7.1 保險投資的資金來源與性質

保險投資是保險資金運用的一種形式，是指保險公司在組織經濟補償和給付過程中，將積聚的閒散資金合理運用，使資金增值的活動。在這裡，保險的投資主體是保險公司，客體是保險資金。保險公司投資的目的是通過保險資金的有償營運，創造最大的投資價值。

7.1.1 保險投資資金的來源

保險企業可運用的保險資金是由資本金、各項準備金和其他可積聚的資金組成。運用暫時閒置的大量準備金是保險資金運動的重要一環。投資能增加收入、增強賠付能力，使保險資金進入良性循環。

7.1.1.1 資本金

資本金是保險公司在開業時必須具備的註冊資本。中國設立保險公司的註冊資本的最低限額為 2 億元。保險公司註冊資本必須為實繳貨幣資本。保險公司的資本金除按法律規定繳存保證金（中國目前按照註冊資本總額的 20% 提取）外，均可用於投資，以獲得較高的收益率。

7.1.1.2 各種責任準備金

責任準備金是保險公司為保障被保險人的利益，從收取的保費中提留的資金。它包括：未到期責任準備金、未決賠款準備金、總準備金和壽險責任準備金。

（1）未到期責任準備金。未到期責任準備金是指在會計年度決算時，對未滿期保

險單提存的準備金。《中華人民共和國保險法》規定未到期責任準備金除人壽保險業務外，應當從當年自留保險費中提取。提取和結轉的數額，應當相當於當年自留保費的 50%，人壽保險業務的未到期責任準備金應當按照有效的人壽保險單的全部淨值提取。

（2）未決賠款準備金。未決賠款準備金是指保險公司在會計年度決算以前發生保險責任而未賠償或未給付保險金，在當年收入的保險費中提取的資金。其目的在於保證保險公司承擔將來的賠償責任或給付責任，切實保護被保險人及其受益人的權益。未決賠款準備金不是保險公司的營業收入而是保險公司的負債。

（3）總準備金。總準備金是用來滿足風險損失超過損失期望以上部分的責任準備金，它是保險人從決算后的利潤中按一定比例提取並逐年累積，用以應付巨大賠款時彌補虧損的資金。它是保險公司支付賠款的最根本保證。保險公司的資本越大，承受虧損的能力就越強，其償付能力也越強。

（4）壽險責任準備金。人壽保險責任準備金也稱人身保險責任準備金，是指保險公司為履行今后保險給付的資金準備，保險人從應收的淨保險費中逐年提存的一種準備金。人壽保險責任準備金適用於長期性人壽保險業務，它來源於當年收入純保險費及利息與當年給付保險金的差數。

7.1.1.3 其他投資資金

在保險經營過程中，還存在其他可用於投資的資金來源，主要包括結算中形成的短期負債、應付稅款、未分配利潤、公積金、企業債券等。這些資金可根據其期限的不同做相應的投資。

7.1.1.4 保險保障基金

保險保障基金是由保險公司繳納形成，按照集中管理、統籌使用的原則，在保險公司被撤銷、被宣告破產以及在保險業面臨重大危機，可能嚴重危及社會公共利益和金融穩定的情形下，用於向保單持有人或者保單受讓公司等提供救濟的法定基金。

7.1.2 保險投資資金的性質

從保險投資資金的來源，可以看出保險投資資金具有以下幾個性質：

7.1.2.1 負債性

由於保險公司業務經營中保費收入與保險金賠付之間存在時間差和數量差，保險公司有大量的資金處於閒置狀態。這些資金除了資本金和總準備金外，其他屬於保險公司的負債，通常列於資產負債表的負債方，如未到期責任準備金、未決賠款準備金等，這些資金未來有可能返還給被保險人。隨著保險公司規模的不斷擴大，這些資金也不斷累積，成為保險投資的主要資金來源。保險公司對這部分資金進行投資運用，使其不斷增值，以保障未來賠付責任的履行。

7.1.2.2 社會性

保險是通過收取保費的方式集中社會上的分散資金建立保險基金，當保險責任範

圍內的自然災害和意外事故造成損失時，給予被保險人經濟補償的一種經濟保障制度。風險通過這種經濟保障制度在全社會範圍內分散。因此，保險責任準備金主要來源於社會上不同保戶繳納的保險費，以此成為全社會共同的應變後備資金，屬於全社會共同利益的一部分。一方面，責任準備金會隨著社會生產的發展和人們對保險認識的提高而不斷增加；另一方面，對這部分資金的運用也要體現社會性原則，做到取之於民，用之於民。

7.1.2.3 長期穩定性

投資資金中的資本金、公積金屬於所有者權益，除非企業破產清算，一般是不會要求支付償還的，因此具有長期穩定的特點。而壽險公司15年以上的長期保單所形成的責任準備金，也是十分穩定的。這意味著相對其他金融機構保險公司的投資期限可以更長，資金量也更為穩定。

7.1.2.4 增值性

保險投資資金是一種商業經營性的資金。這種商業性決定了其自身的增值性。首先，這是因為有些險種或險種本身就具有投資性質如投資聯結型保險，客戶投保的目的就是獲得投資收益，所以保險資金必須增值，滿足這種要求。其次，人壽保險、養老保險是在當年投保，幾年、幾十年后本利並還的。這裡的利，就是保險資金增值的部分。最后，在市場經濟條件下，通貨膨脹是普遍的現象，保險資金一部分是要在若干年后償付給投保人的準備金，保險資金只有通過自我增值才能保本生息，才能按期如數實現其賠付責任。

7.1.3 保險投資的意義

投資是保險行業的核心業務，沒有投資就沒有保險業。保險業的主要存在目標是風險轉移，保費是風險轉移的價格，但由於市場競爭，整個價格往往不夠支付轉移的成本。所以，沒有保險投資，整個保險行業經營是不能維持下去的。

中國經濟處於轉型期，宏觀經濟政策的調整對保險業發展影響較大。2011年7月至2015年12月，人民幣連續8次降息，一年期存款利率已由3.5%降至目前的1.75%，中國壽險公司利差倒掛現象嚴重。單靠銀行利率已無法維持保險資金的保值增值，必須積極尋求新的投資領域。保險投資對保險業的長期、健康、穩定發展，以及保險公司的經營管理和社會經濟運行均有重大意義。保險資金存在運用的可能性和運用空間，對其進行合理利用有著很強的必要性和緊迫性。

首先，保險資金投資可以促進資本市場的健康發展。保險資金投資增加了資本市場的資金來源。保險資金是發達資本市場的重要資金來源。相比於財險公司而言，壽險公司因為其經營業務的長期性和穩定性的特點，更是為資本市場提供了長期穩定的資金來源。

其次，保險資金投資能夠促進中國保險業的長期發展。保險資金投資增強了保險公司的償付能力，償付能力充足是對保險公司的最基本要求。隨著中國保險公司的增加，特別是外資保險公司的進入，保險行業的競爭日益激烈，保費降低，經營成本大

幅度上升，使承保利潤明顯下降。

最後，保險投資收益為公司降低保費提供了可能性。保費的降低有助於增加保險的深度，激發市場的潛在需求，增加保費收入，改善保險業的經營環境，增強保險公司競爭力，使保險行業進入一個良性發展的狀態。

7.2 保險投資的形式

7.2.1 保險投資的形式的含義及保險資金投資的具體項目

保險投資的形式是指保險公司將保險資金投放在哪些具體項目上。合理的投資形式，一方面可以保持保險企業財務穩定性和賠付的可靠性、及時性，另一方面可以避免資金的過分集中從而影響產業結構的合理性。

事實上，目前保險資金運用渠道已相當寬泛。2014 年發布的保險「新國十條」明確指出，「促進保險市場與貨幣市場、資本市場協調發展」，擴大了險資在貨幣市場和資本市場的發展空間。從具體規定來看，投資渠道可以說無所不包，不僅允許專業保險資產管理機構設立夾層基金、併購基金、不動產基金等私募基金，還將穩步推進保險公司設立基金管理公司、探索保險機構投資、發起資產證券化產品、積極培育另類投資市場等。到 2016 年年末，保險資金運用餘額 13.39 萬億元，其中，通過基礎設施投資計劃、未上市股權、信託等方式服務實體經濟和國家戰略超過 4 萬億元，債券4.3 萬億元，證券投資基金和股票 1.78 萬億元，為資本市場的穩定發展提供了有力支持。

中國保險監督管理委員會於 2016 年 3 月 8 日發布的《關於修改《保險資金運用管理暫行辦法》的決定（徵求意見稿）》對《保險資金運用管理暫行辦法》第六條做了修改。「保險資金運用限於下列形式：（一）銀行存款；（二）買賣債券、股票、證券投資基金份額等有價證券；（三）投資不動產；（四）國務院規定的其他資金運用形式。保險資金從事境外投資的，應當符合中國保監會、中國人民銀行和國家外匯管理局的有關規定。」

7.2.1.1 銀行存款

存款分為銀行存款和信託存款。保險公司將資金存入銀行並獲取利息收入。這種資金運用形式將銀行作為保險資金投資的仲介，其特點是安全性最高，但收益最低，不可能帶來保險資金運用真正意義上的投資利潤和擴大保險基金的累積。銀行存款一般不是保險資金運用的主要形式，各保險公司的銀行存款只是留作必要的、臨時性的機動資金，不會保留太多的數量。信託存款的收益率需視存款資金運用的效果而定，但一般高於銀行存款利率，風險也相對較大。

《保險資金運用管理暫行辦法（徵求意見稿）》中第七條規定：「保險資金辦理銀行存款的，應當選擇符合下列條件的商業銀行作為存款銀行：（一）資本充足率、淨資產和撥備覆蓋率等符合監管要求；（二）治理結構規範、內控體系健全、經營業績良好；（三）最近三年未發現重大違法違規行為；（四）最近一年長期信用等級達到中國

保監會規定的標準。」

7.2.1.2 有價證券

有價證券是指具有一定價格和代表某種所有權或債權的憑證，它是代表資產所有權或債權的法律證書，代表一種經濟權利。有價證券的持有者承擔相應的權利和義務。有價證券同時也是金融工具、投資工具，是一種投資憑證。公眾可以通過對有價證券的買賣、轉讓、抵押、繼承來參與投資，可獲得的收益較高。有價證券投資具有流動性、安全性和盈利性，是比較理想的投資方式。但不同形式的證券投資及不同保險公司對投資方式的要求不同。有價證券主要有三種：

（1）債券。債券是政府、金融機構、工商企業等機構直接向社會借債籌措資金時，向投資者發行，承諾按一定利率支付利息並按約定條件償還本金的債權債務憑證。債券的本質是債的證明書，具有法律效力。債券購買者與發行者之間是一種債權債務關係，債券發行人即債務人，投資者（或債券持有人）即債權人。按照發行主體可將保險資金可投資債券分為政府債券、金融債券、企業（公司）債券及有關部門批准發行的其他債券四大類。從國際經驗上看，債券市場一直是保險機構投資的最主要領域。美國壽險資金主要投資方向為債券、股票、抵押貸款、房地產和保單貸款等，其中債券類投資比例最高，2014年投資占比達到48.5%。一般來說，投資債券風險較小，尤其是政府債券。投資公司債券時，要特別注重該公司的資信和收益的可靠性。

《保險資金運用管理暫行辦法（徵求意見稿）》中第八條規定：「保險資金投資的債券，應當達到中國保監會認可的信用評級機構評定的，且符合規定要求的信用級別，主要包括政府債券、金融債券、企業（公司）債券、非金融企業債務融資工具以及符合規定的其他債券。」

（2）股票。股票是股份公司為籌集資金而發行給股東作為持股憑證並借以取得股息和紅利的一種有價證券。每股股票都代表股東對企業擁有一個基本單位的所有權。這種所有權是一種綜合權利，如參加股東大會、投票表決、參與公司的重大決策、收取股息或分享紅利等。同一類別的每一份股票所代表的公司所有權是相等的。每個股東所擁有的公司所有權份額的大小，取決於其持有的股票數量占公司總股本的比重。股票是股份公司資本的構成部分，可以轉讓、買賣或作價抵押，是資本市場的主要長期信用工具，但不能要求公司返還其出資。股東與公司之間的關係不是債權債務關係。股東是公司的所有者，以其出資份額為限對公司負有限責任，承擔風險，分享收益。

債券只是一般的投資對象，其交易轉讓的週轉率比股票低。股票不僅是投資對象。更是金融市場上的主要投資對象。投資股票是有風險的，其交易轉讓的週轉率高，市場價格變動幅度大，可能暴漲暴跌，安全性低，風險大，但可能獲得很高的預期收入。美國壽險資金的股權投資比例在1917—2014年也不斷增長，從1.4%增至32.3%；2000—2014年，股權投資比例多保持在31%~32%；2008年金融危機期間一度下降至24.4%，但伴隨美國經濟逐漸企穩，2014年壽險資金股權投資比例已恢復至32.3%，金額達到2萬億美元，約為2008年股權投資金額的1.8倍。

保險公司投資股票存在嚴格的比例限制。中國保險監督管理委員會於2004年10月

24 日發布的《保險機構投資者股票投資管理暫行辦法》第十三條規定：「保險機構投資者持有一家上市公司的股票不得達到該上市公司人民幣普通股票的 30%。保險機構投資者投資股票的具體比例，由中國保監會另行規定。保險資產管理公司不得運用自有資金進行股票投資。」

（3）證券投資基金。證券投資基金是一種由基金管理公司通過發行基金單位，集中投資者的資金，由基金託管人（即具有資格的銀行）託管，由基金管理人管理和運用資金，從事股票、債券等金融工具投資，然后共擔投資風險、分享收益的投資方式。

與股票、債券不同，證券投資基金是一種間接的證券投資方式，基金的投資者不再直接參與有價證券的買賣活動，而是由基金管理人具體負責投資方向的確定、投資對象的選擇。基金份額的持有人是基金的受益人，與基金管理人和託管人之間體現的是信託關係。基金的基本原則是組合投資，分散風險，把資金按不同的比例分別投於不同期限、不同種類的有價證券，把風險降至最低程度，所以一般情況下，股票的風險大於基金。

中國保險監督管理委員會於 2005 年 12 月 18 日發布的經重新修訂的《保險公司投資證券投資基金管理暫行辦法》第八條規定：「保險公司投資基金的比例應符合如下要求：（一）投資證券投資基金的帳面餘額，不超過該保險公司上季末總資產的 15%；（二）投資單一證券投資基金的帳面餘額，不超過該保險公司上季末總資產的 3%；（三）投資單一封閉式基金的份額，不超過該基金發行份額的 10%。」第九條規定：「保險公司不得以任何理由超過規定的比例投資基金。」可見，保監會對於保險公司投資基金的限制也是比較嚴格的。

7.2.1.3 不動產投資

保險資金可以投資基礎設施類不動產、非基礎設施類不動產及不動產相關金融產品。保險資金投資的不動產，是指土地、建築物及其他附著於土地上的定著物。中國保險資金投資的不動產僅限於商業不動產，辦公不動產，與保險業務相關的養老、醫療、汽車服務等不動產及自用性不動產；同時不得投資或銷售商業住宅，不能直接從事房地產開發建設（含一級土地開發），不得投資設立房地產開發公司或投資未上市房地產企業股權（項目公司除外）。這也是從保險資金投資的安全性出發，實現保險資金的穩健投資。

此項投資的變現性較差，故只能限制在一定的比例之內。按照 2014 年發布的《中國保監會關於加強和改進保險資金運用比例監管的通知》，保險資金投資不動產類資產的帳面餘額占保險公司上季末總資產的監管比例不高於 30%。截至 2016 年 8 月末，保險行業總資產已經達到了 14 萬億元，這也就意味著最多可有約 4.2 萬億的保險資金投資到不動產類資產中。

國內保險公司逐步加大對於不動產的投資力度。具體而言，不動產投資分為直接投資和間接投資兩種方式：

（1）直接投資。直接投資不動產，是保險公司投資不動產採取的主要方式。

①投資辦公物業，即通過購買成熟物業或者購置土地進行建設。購置成熟物業通

常將自用和投資相結合，從而降低投資風險。例如2011年，北京中央商務區多塊商業土地進行超標出讓，其中多家保險公司均通過聯合體的方式取得地塊，進行總部建設，用於自用及租賃。

②投資養老地產。國內壽險公司開展養老地產投資，基本上都以購置土地建造養老社區的方式進行。例如泰康人壽在北京、四川等地投資建設養老社區，中國人壽在蘇州投資建設養老社區。

③投資海外辦公物業。受美國次貸危機及歐洲債務危機影響，2008年以來境外不動產價格出現了一定程度的下跌，不動產的投資機會開始顯現。國內資本開始關注並投資於海外不動產投資市場。例如，2013年中國平安購入英國倫敦金融城勞合社大樓。

(2) 間接投資。間接投資是指投資於不動產金融產品。目前，國內保險公司仍以直接投資為主，隨著市場上不動產金融產品數量的增多，保險公司也正在逐步加大對其的投資力度。

①投資不動產債權計劃。自2013年起，以保險資產管理公司作為發起人設立的不動產債權計劃逐漸增多。保險公司更注重風險，對收益率的要求要低於市場上其他投資主體，而從融資者角度講，針對保險公司的不動產債權計劃能夠降低融資成本。因此，不動產債權計劃較容易受到保險公司及融資方的青睞，呈現較快增加的態勢。根據中國保險資產管理業協會統計的數據，僅2016年1月至9月，21家保險資產管理機構共註冊各類資產管理產品104個，合計註冊規模2,145.51億元。其中，僅不動產債權投資計劃就達到了56個，註冊規模達790.78億元。

②投資不動產集合資金信託計劃。按照保監會投資金融產品的相關規定，保險資金也可以投資於集合資金信託計劃。目前信託公司發行的集合信託計劃，有相當數量是以不動產作為基礎資產的，保險公司可以通過投資於類似不動產集合資金信託計劃，間接投資不動產，獲取固定收益。據2014年10月發布的《中國保監會關於保險公司投資信託產品風險有關情況的通報》的統計顯示，截至2014年二季度末，78家保險公司（集團）共投資信託計劃累計投資餘額2,805億元，占當季度末保險行業總資產的2.99%，較2013年年末幾乎翻了一番，其中僅房地產投資就達到929億元，占比33.1%。

③投資券商資產管理計劃。2014年，中信證券承做的中信啓航資產管理計劃被監管機關批准發行，這款被公認為是一種類REITs（房地產信託投資基金）的產品，據傳主要由保險資金認購。雖然現在此類案例仍然較少，但也不失為保險資金投資不動產的一條途徑。

④投資上市地產公司股票。2013年以來，A股上市房地產公司金地集團和金融街受到保險公司多次舉牌。保險公司投資上市地產公司股票，既可以看中上市地產公司股票估值較低具備投資價值，也可通過影響公司經營決策進而投資養老或商業地產。

⑤投資REITs（房地產信託投資基金）產品。目前國內發行REITs的條件尚不具備。但國內優質物業仍可通過外部證券市場（如香港證券市場）進行發行和交易，保險公司也可以通過投資於境外REITs，進行不動產金融產品投資。

7.2.1.4 其他常見資金運用形式

（1）抵押貸款。抵押貸款是指期限較長又較穩定的業務，特別適合壽險資金的長期運用。世界各國保險企業對住宅樓實行長期抵押貸款，大都採用分期償還、本金遞減的方式，收益較好。貸款的收益率比存款高，風險相對較高，流動性相對較低。

壽險保單具有現金價值。保險合同規定，保單持有人可以本人以保單抵押的方式向保險企業申請貸款，但需負擔利息，這種貸款屬於保險投資性質。保單貸款金額限於保單當時的價值，貸款人不償還貸款，保單會失效，保險企業無須給付保險金。實際上，在這種貸款中，保險人不擔任何風險，因此在壽險發達國家，此項業務十分普遍。

（2）向為保險配套服務的企業投資，比如為保險汽車提供修理服務的汽車修理廠，為保險事故賠償服務的公證行或查勘公司等。這些企業與保險事業相關，把保險資金投向這些企業，有利於保險事業的發展。

（3）PPP 項目。PPP 是 Public-Private Partnership 的英文首字母縮寫，即政府和社會資本合作，是公共基礎設施中的一種項目運作模式。在該模式下，鼓勵私營企業、民營資本與政府進行合作，參與公共基礎設施的建設。

保險資金與 PPP 項目具有天然的匹配性。一方面，PPP 項目建設營運週期長，對資金的需求量大，與保險資金投資期限長、資金量大且穩定的特徵天然匹配。一個 PPP 項目往往需要經過 15~30 年長期合同方能完成，銀行中長期資金可釋放的空間有限，而其他金融機構亦面臨期限錯配的問題，在投資期上保險資金明顯具有其他金融機構無法比擬的優勢。另一方面，PPP 項目屬於以政府信用背書的帶有公益性質的政企合作項目，既不允許暴利又要求相對適中穩健的資本回報率，這又與保險資金風險偏好低但要求長期穩定投資回報率的特徵相吻合。

2016 年 7 月 3 日，保監會發布了《保險資金間接投資基礎設施項目管理辦法》。從 PPP 投資角度看，《保險資金間接投資基礎設施項目管理辦法》不僅明確了保險資金通過投資計劃形式參與 PPP 項目的要求，而且在可投資項目標的、項目增信等方面進一步放寬了投資 PPP 的條件。PPP 模式的發展和監管政策的鼓勵，無疑為保險資金更有效地服務「一帶一路」建設，更深入、更廣泛地融入實體經濟打開了一扇新的窗口。此外，通過 PPP 投資，保險公司還可以創造出其他的附加利益，例如可銷售建築工程保險、優化政企關係，在大病保險、農業保險等領域與政府建立合作關係等。

7.2.2 保險投資形式的管理

7.2.2.1 國家

保險資金運用必須穩健，遵循安全性原則，符合償付能力監管要求，根據保險資金性質實行資產負債管理和全面風險管理，實現集約化、專業化、規範化和市場化。國家主要從以下幾個方面對保險資金運用進行管理：

（1）通過保險法及其實施細則對保險資金運用加以規範。各國保險法對保險公司的資金運用均有明確的規定，主要內容包括：①資金運用的範圍；②資金運用的模式；

③不允許的投資方式；④資金運用的種類及其比例限制；⑤資金運用流程；⑥風險管控；⑦監管措施。

（2）通過財務會計法規對保險資金運用加以規範。國家規定資金運用的專用會計科目，明確資金運用的種類和核算原則，確定資金運用的損益核算方法等。國家監管機構可以通過保險公司定期呈送的財務報表來瞭解和監督其資金運用情況。

（3）加強日常管理。國家監管機構可以不定期地對保險公司的資金運用進行檢查，還可以借助信譽評估機構和新聞媒體加強對保險公司資金運用的監督，對於違規、違法者嚴格按照保險法規進行處罰，直至吊銷其營業執照。

7.2.2.2 保險公司

保險公司對保險資金運用的管理，就是在遵循一定原則的基礎上，對資金的運用進行正確的決策，即選擇合理的投資方向、確定合適的投資結構、實施有效的投資監督、進行嚴格的效果考核等。

（1）存款管理。存款是任何保險公司必需的資金運用方式，但其收益較低無法實現真正意義上的投資。存款管理的關鍵在於根據保險公司的業務情況確定存款的合理數額、種類和存取的時間。應做到：①存款的數額在資金運用總額中所占的份額要適中，不可偏高或偏低，以滿足實際需要為限；②存款的種類既要有活期的，又要有定期的，兩者比例要適當，一般以定期存款為主；③定期存款到期時間要盡量分批錯開，以保障其變現能力。此外，要及時做好存款的對帳和利息轉結工作。

（2）有價證券投資管理。證券投資是保險投資的主要內容，是投資管理的重點。一般來說，投資於企業債券和股票要比投資於政府債券的管理難度大，因為企業債券和股票投資風險大，而政府債券風險較小，利率固定，信譽度高。

①債券。為加強債券投資管理、豐富投資品種、優化資產結構、有效分散風險、提高資產質量，保監會根據保險資金投資和債券市場需要，制定了《保險資金投資債券暫行辦法》，對保險機構債券投資提出了以下要求：一是要堅持資產負債匹配管理的原則，按照公司的資產戰略配置計劃、投資策略和保監會制定的監管標準，自主配置債券資產，取得長期穩定的投資收益。二是要加強信用風險研究，建立債券信用風險評估系統，及時對債券信用狀況進行持續跟踪分析評估，並以此為依據，科學決策，審慎投資，切實防範信用風險。三是要完善債券投資的風險控製制度，制定科學嚴謹的業務操作流程，確保債券投資的安全高效。四是要高度重視債券投資管理，認真執行有關規定，保監會將對各保險機構的執行情況進行檢查。保險機構應按中國保監會有關規定，委託第三方獨立託管債券資產。保險公司可以投資的債券品種很多，有政府債券、金融債券（含中央銀行票據、政策性銀行金融債券和次級債券、商業銀行金融債券和次級債券、商業銀行次級定期債券、保險公司次級定期債券、國際開發機構人民幣債券）、企業債券等，對於各種債券的投資比例應符合《保險資金投資債券暫行辦法》中的規定。

②股票。為了加強對保險機構投資者股票投資業務的管理、規範投資行為、防範投資風險、保障被保險人利益，保監會發布了《關於規範保險機構股票投資業務的通

知》，對保險資金投資股票做出以下規範：一是改進股票資產配置管理。保險公司應當根據保險資金特性和償付能力狀況，統一配置境內境外股票資產，合理確定股票投資規模和比例。二是強化股票池制度管理。保險公司和保險資產管理公司應當建立禁選池、備選池和核心池等不同層級的股票池，加強股票池的日常維護和管理，增強研究支持能力，跟踪分析市場狀況，密切關注上市公司變化。三是建立公平交易制度。保險公司和保險資產管理公司應當規範股票投資公平交易行為，確保各類帳戶或者投資組合享有研究信息、投資建議和交易執行等公平機會。加強職業道德教育，建立股票投資相關人員及直系親屬的股票帳戶申報制度，防範操作和道德風險。四是加強市場風險動態監測。保險公司和保險資產管理公司應當加強基礎建設，運用在險價值（VaR）等量化分析手段，按季進行股市風險壓力測試，分析風險暴露程度，評估潛在風險因素及對整體風險承受能力，股票市場發生大幅波動等非正常情況，必須加大測試頻率和測試範圍，及時採取化解措施，向監管機構提交《股票投資風險控製報告》。五是依規運作控製總體風險。保險公司應當根據新會計準則及有關規定計算總資產基數，嚴格控製短期融資，規範投資運作行為，防止過度利用槓桿融入資金投資股票。六是落實崗位風險責任。保險公司和保險資產管理公司應當進一步落實崗位責任制度，做好有關分析備查工作，加強股票投資制度執行情況的內部稽核，建立異常交易行為日常監控機制，加強交易的獨立性、公平性和分配過程的管理控製。

③證券投資基金。為適應新的監管需要，防範風險，保監會重新修訂發布了《保險公司投資證券投資基金管理暫行辦法》，要求保險公司投資基金應當遵循安全、增值的原則，謹慎投資，自主經營，自擔風險。證券投資基金的管理內容相當複雜，保險公司必須具有靈活的應變能力，才能實現良好的投資收益。關於保險機構投資於證券投資基金和商業銀行股權的管理均可參見保監會發布的相應管理暫行規定。

（3）不動產。為規範保險資金投資不動產行為，防範投資風險，保障資產安全，維護保險人和被保險人合法權益，中國保監會制定了《保險資金投資不動產暫行辦法》，要求保險機構恪盡職守，勤勉盡責，履行誠實、信用、謹慎、守法的義務。首先，保險公司應秉持不動產「長期投資、穩定回報」的投資理念，嚴格控製投資比例。其次，選擇合理投資方式及方向。保險公司的不動產投資也可以和主營業務相結合，通過不同不動產投資類型的配置，降低投資風險，在賺取投資收益的同時，也能促進主營業務的發展。最後，加強創新不動產投資方式和品種。未來待條件成熟或監管政策進一步放寬后，也可將自身物業資產證券化或者投資於不動產 PE 基金。

（4）貸款。貸款也是一種資金投放，無論何種形式的貸款都存在借款人不能按時還本付息的風險。為了加強對貸款的管理，保險公司應注意：一是建立貸款的「三查」制度，即貸前調查、貸時審查和貸後檢查，並嚴格按照保險借款合同條例辦事。二是堅持抵押與擔保的原則。在發放貸款時，借款人必須提供資產抵押或由銀行等單位提供的擔保。無論是信用擔保、物權擔保還是保證擔保，一定要切實可靠，這樣即使借款人破產或因其他原因不能還貸時，保險公司可以依法從擔保人處或抵押品的拍賣中獲得損失補償。三是建立貸款責任制。要提高貸款經濟效益，減少貸款風險，一定要確立貸款的審批權限，明確責任人，建立科學的貸款考核制度，規定貸款獎懲辦法，

從而明確貸款管理中責、權、利的關係。

（5）PPP 項目。PPP 項目水平參差不齊，在可行的項目中選擇時應優先選擇經營性項目，例如電力、水務、管廊、高速公路，以及綜合開發模式運作的軌道交通等項目往往具有較為穩定的現金流回報，安全性比較高，應該優先考慮。對於政府付費的「非經營性項目」和政府補貼的「準經營性項目」則應優先選擇地方政府財政實力強、信譽好的項目。此外，還應該注意 PPP 項目參與主體是否合格，項目的適用領域、運作方式、合作期限、實施程序是否合規，以及法規變更、政府信用、市場收益等一系列細節問題，從中選優。另外應根據 PPP 模式的風險特徵針對性地建立風險控製制度，例如，有必要將傳統的單一主體信用評價模式和單一項目增信體系，轉變為採用項目信用和主體信用相結合的混合信用評價模式，要根據經營性、非經營性和準經營性項目來區分不同的增信方式。再如，為了更好地從源頭控製風險，保險公司應爭取及早介入 PPP 項目的磋商和談判，參與 PPP 項目的重大決策，充分瞭解項目經營和財務可行性，以便能夠充分利用合同條款的設計和具體規定將項目涉及的政府信用風險、法律政策及其變化風險、營運風險、價格風險、金融風險和退出風險等進行有效的分擔和規避，同時建立精細化的投後管理系統，對現金流進行緊密監控。

7.3　保險投資的原則

保險投資的原則是保險投資的依據，分別為安全性、收益性、流動性和公共性原則。

7.3.1　安全性原則

保險企業可運用的資金，除資本金外，主要是各種保險準備金，它們是資產負債表上的負債項目，是保險信用的承擔者。因此，保險投資應以安全為首要條件。安全性，意味著資金能如期收回，利潤或利息能如數收回。為保證資金運用的安全，必須選擇安全性較高的項目。為減少風險，要分散投資。

7.3.2　收益性原則

保險投資是為了提高自身的經濟效益，使投資收入成為保險企業收入的重要來源，增強賠付能力，降低費率和擴大業務。但在投資中，收益與風險是同增的，收益率高，風險也大，這就要求保險投資把風險限制在一定程度內，實現收益最大化。

7.3.3　流動性原則

保險資金用於賠償給付，受偶然規律支配。因此，要求保險投資在不損失價值的前提下，能把資產立即變為現金，支付賠款或給付保險金。保險投資要設計多種方式，尋求多種渠道，按適當比例投資，從量的方面加以限制。要按不同險種特點，選擇方向。如人壽保險一般是長期合同，保險金額給付也較固定，流動性要求可低一些。國

外人壽保險資金投資的相當部分是長期的不動產抵押貸款。財產險和責任險一般是短期的，理賠迅速，賠付率變動大，應特別強調流動性原則。國外財產和責任保險資金投資的相當部分是商業票據、短期債券等。

7.3.4 公共性原則

保險投資資金主要是責任準備金，來源於眾多保戶，具有廣泛的社會性，這就要求保險投資還要注意公共性原則。公共性原則要求保險投資在注意經濟利益的同時，還要注意社會效益，增加公眾福利，擴大保險的社會影響和提高保險業的聲譽。

總體說來，保險投資的原則是相互聯繫、相互制約的，如安全性與收益性是從保險企業本身的角度出發，而公共性是從社會的或公共利益的角度考慮的。它們在一定的場合會有矛盾，但其根本目的是一致的，都是為了提供更多更好的保險服務。因此，它們經過協調是可以達到整體最優化、全局最優化的。同時，保險投資的安全性、收益性、流動性之間也存在矛盾。從總體上看，安全性和流動性是成正比的，流動性強的資產通常安全性也較好，風險較小。流動性、安全性與收益性成反比，通常情況下，流動性強、安全性高的資產，收益性較低；反之，則收益性較高。

保險投資應在保證安全性和流動性的前提下，追求最大限度的利潤。流動性是安全性的必要手段，安全性則是收益性的基礎，獲取盡可能高的收益則是安全性和流動性的最終目標。這就是三者的一致性，可通過協調三者之間的矛盾達到最優組合。在中國，保險公司的資金運用必須始終堅持穩健審慎的原則，並保證資產的保值增值。

7.4 保險投資的風險管理

7.4.1 風險管理的基本原則

7.4.1.1 獨立制衡原則

保險資金運用各相關機構、部門和崗位的設置應權責分明、相對獨立、相互制衡，確保資金運用的合法合規、內部規章制度的有效執行及執行情況的監督檢查。

7.4.1.2 全面控製原則

保險資金運用風險控製的過程應涵蓋資金運用的各項業務、各個部門、各級人員以及與保險資金運用相關的各個環節。集中管理資金運用，專業化運作，建立標準化風險控製流程和科學民主的決策機制，確保保險公司管理資產的安全、完整，確保業務記錄、財務記錄和其他信息的安全、可靠和完整。

7.4.1.3 適時適用原則

保險資金運用風險控製體系應同所處的環境相適應，以合理的成本實現內控目標，並根據保險公司、保險資產管理公司內外部環境的變化，適時進行相應的更新、補充、調整和完善，推行科學有效的資產負債管理，在保證安全性和流動性的前提下，追求

長期穩定的投資收益。

7.4.1.4 責任追究原則

保險資金運用風險控製的每一個環節都要有明確的責任人，並按規定對違反制度的直接責任人以及對負有領導責任的高級管理人員進行問責，確保支持各級保險資金運用管理人員具備足夠的風險控製意識和職業道德操守。

7.4.2 保險公司對保險投資風險的管控

2012年以來，保監會連續出抬資金運用監管政策，大幅地放寬了保險資金投資範圍，保險公司對基礎設施債權計劃、股權及不動產計劃以及信託等非標類金融產品的投資規模明顯擴大。上述非標類金融資產缺乏統一的風險衡量標準及減值準備計提措施，對該類資產的風險監測帶來了一定的影響。

我們還應該看到在保險資金運用中存在各種各樣的風險，這些風險不僅包括一般性資金運用的風險，還包括基於保險資金自身特殊屬性而產生的區別於其他資金運用的風險。因此，國內保險公司在不斷擴大資金運用範圍、提高投資收益率的同時，如何有效地降低投資風險，提高風險管理的效率，採取何種內部和外部風險控製方法就尤為重要。增強保險公司的風險管理能力，完善保險公司資金運用風險管理體系，提高資金收益率並有效地防範風險，是中國保險公司面臨的緊迫任務。

7.4.2.1 保險投資中存在的風險類型

（1）資產負債不匹配風險。保險負債的特性要求資金運用在期限、成本、規模上與其較好地匹配，以滿足償付要求。一般而言，壽險資金應投資於與其長期性、安全性特點相匹配的資產，而財險資金則應投資於與其短期性、流動性相匹配的資產。由於市場中缺乏可投資的具有穩定回報率的中長期投資項目，在利率下行的過程中，久期缺口將進一步擴大，最終使中國保險業特別是壽險業面臨很高的資產負債匹配風險。

（2）流動性風險。保險公司持有資產的流動性較差，在面臨賠付時不得不以低價變賣一部分資產，如未到期債券，或到市場上臨時籌集高成本的資金以應付給付之需，那將會給保險公司的穩定經營帶來嚴重影響。這就是流動性風險。

（3）利率風險。利率風險是指因市場利率的波動給保險公司的資產和負債價值造成影響的可能性風險。利率風險是壽險公司資產管理中存在的主要風險。利率的高低直接影響到保險資金運用的收益率。

（4）信用風險。信用風險也稱違約風險，是指因交易對手不能或不願履行合約而給保險公司造成損失的可能性。由於保險公司持有的大量資金是通過銀行存款方式投資於貨幣市場，因此，存款銀行的資信狀況會對保險公司的資金運作產生很大影響。此外，隨著保險公司可投資企業債券品種的增多，在企業債券投資、回購業務以及結算過程中同樣會存在信用風險。

（5）委托—代理風險。在保險資產管理公司的資金運用模式下，保險公司將部分或全部資金委託給保險資產管理公司運作，由於雙方信息不對稱，也會產生受託人不以委託人的利益最大化為行事目標的風險。如果由保險公司內部的投資管理部門負責

保險資金的投資運作，在目前保險公司投資機制不完善、信息不對稱的情況下，同樣存在暗箱操作的可能。

（6）操作風險。操作風險是保險公司在資金運用過程中由於信息系統或內控機制失靈而造成意外損失的風險。近年來，操作風險越來越受到關注，許多金融機構開始將這種傳統上歸后臺管理的工作放到與信用風險管理和市場風險管理同等重要的地位。

（7）法律風險。現在保險資金進行國際的配置，鼓勵保險資金走出去。有許多保險公司進行海外投資，在另類投資方面法律風險非常嚴重，非常複雜，需要大量當地法律的知識和法律諮詢，不然的話很容易遭受損失，特別是一些不動產的投資跟市場的關聯性特別大。

（8）政治和政策風險。國內的政策變動相對容易分析和應對，而國外市場的政策風險涉及範圍廣泛、不確定性大，預判和應對相對困難，很多時候只能被動接受。這些風險主要來自有關政策或政府行為的預期外變化而導致的投資收益率的不確定性甚至損失，如戰爭、騷亂等政治環境的動盪，投資所在國權力階層的更迭，恐怖主義襲擊及大規模的罷工等。這些不確定性較大的危險事件可能導致金融政策的變化、對外資鼓勵條件消失、優惠措施調整等，都可能給保險公司境外投資帶來較大的不確定性。

（9）匯率風險。境外投資還需考慮匯率風險，境外投資收益率需要減去（或加上）該外幣貶值（或升值）幅度后，才能算是真正的投資收益。

以上九種風險是保險公司在資金運用過程中所面臨的主要風險，除此之外，保險公司還會面臨通貨膨脹風險、境外投資能力不足風險、再投資風險等。

7.4.2.2　保險公司對投資風險的管控

（1）資產負債匹配的管理。壽險公司的資產負債管理有兩種模式：一種是資產導向型的資產負債管理模式，另一種是負債導向型的資產負債管理模式。

從理論上來說，負債導向型的管理模式要優於資產導向型的管理模式。在前一種模式下，壽險公司的經濟效益目標與保險客戶的利益是不矛盾的。發達資本市場大多採用負債導向型的管理模式。

但是，在中國目前的投資環境下，壽險公司的資產負債管理既不應單純地採取資產導向型模式，又不應純粹採用負債導向型模式。首先，中國證券市場發展的歷史還不夠長，證券市場品種結構不合理，且投資種類不多，期限結構不合理，金融衍生產品市場規模有限。其次，中國的壽險公司也不宜採取資產導向型的資產負債管理模式。這種模式要求在可投資資產已經限定的情況下，負債現金流與資產現金流相適應，在中國壽險業極其不成熟的投資環境下，實行這種資產管理模式顯然會造成市場規模的萎縮，進而會影響壽險業的可持續發展。

根據中國壽險業現階段的情況，壽險公司的資產負債管理模式應當是資產導向型與負債導向型相結合的方式。壽險公司一方面要加強投資管理，以盡可能匹配相關的負債要求，另一方面要在產品開發過程中，除了考慮市場的要求外，兼顧公司的投資能力，盡可能減少資產負債不匹配的可能性，即負債管理應當以資產為基礎，而不應當純粹以市場為導向，盲目擴大壽險業務。這樣做的目的是在保證經營安全性的前提

下獲得盈利，實現中國壽險業可持續發展的目標。當然，隨著中國證券市場的逐步成熟和金融產品的日趨完善，在壽險公司具備較強的投資管理能力的情況下，中國壽險業的資產負債管理模式可以更多地採用負債導向型的管理模式。

（2）流動性風險的控製。保險公司資產池中有相當一部分資產是固定收益類資產，而固定收益類資產會面臨較大的流動性風險。流動性風險可以分為兩種類型：一是資產的流動性風險，即因資產頭寸過大或交易機制不完善，投資者無法及時進行正常交易而造成損失的可能性；二是因資金週轉問題所導致的不能及時償還到期債務而造成損失的可能性。

針對流動性風險，保險業必須建立有效的流動性風險管理體制，建立現金流匹配管理制度，做現金流匹配分析和現金流壓力測試工作。控製流動性風險的最基本手段是資產負債匹配管理，在對資產負債流動性進行度量的基礎上，根據負債流動性要求，制訂相應的資產配置方案，盡可能使資產的現金流入與負債的現金流出匹配。此外，規避資產流動性風險的另外一個手段是流動性額度管理，即限制流動性較差的資產的比例，將具有不同流動性水平的資產額度控製在一定的範圍之內。

（3）利率風險控製。利率風險的管理分為基於資產方的管理、基於負債方的管理，以及資產負債的匹配管理。

基於資產方的管理主要是通過資產的重新配置以及金融衍生工具來對沖利率風險。另外，具有觸發器的期權、平均利率互換期權等都可以防範因利率的不利變化而導致的退保風險。基於負債方的管理方式主要有審慎的準備金管理、保險證券化以及再保險等。保險證券化已成為美國等西方發達國家保險業規避利率波動風險的主要工具之一。由於壽險公司受利率風險的影響較大，因此，保險證券化主要應用於壽險業。

資產負債管理技術較早應用於利率風險管理問題當中。具體來說，有效的資產負債管理就是以資產負債相互匹配為目標來確定具體的投資策略和保險產品的設計策略，以「資產負債匹配監管委員會」為平臺，充分研究行業內壽險公司和產險公司資產和負債的各種特點，堅持審慎監管原則，將市場行為監管的重心放在培育公平競爭和平穩運行的市場化環境，防範和化解保險企業的整體風險上。同時，建立資產配置能力與投資渠道、投資方式及分類監管等政策的聯動機制，強化資產負債管理硬約束，相對弱化比例監管，強調資產負債的長期安排與動態協調，處理好流動性、安全性和收益性的關係。

（4）信用風險控製。在保險公司的投資組合中，部分固定收益產品如企業債券、銀行存款和國債回購業務還面臨較大的信用風險。概括來講，保險公司信用風險管理的主要內容就是管理上述交易對手的信用風險，提供信用評級建議，建立信用評級系統，出具信用分析報告等。在信用風險度量的基礎上，根據信用評級結果制訂符合公司風險回報要求的信用風險限額分配計劃，實施風險控製。因此，保險公司信用風險管理的核心內容就是信用風險的度量。

在中國，企業債已經在投資範圍和投資比例兩方面逐步對保險公司放開，保險公司投資於企業債的資金規模將進一步擴大。在企業債券的投資過程中，保險公司除了要考慮收益因素外，還應當對發債企業的信用狀況進行分析，目的是通過對發債企業

的財務狀況、管理水平以及發展潛力等的分析來判斷企業違約的可能性，為企業債券的投資決策提供依據。目前，中國有幾家信用評級機構定期對企業債券進行信用評級，仲介機構的這些評級結果無疑可以作為保險公司的決策參考。但同時也應看到，與美國等發達國家的情形不同，中國的仲介信用評級機制還很不成熟，也很難保證信用評級機構能夠站在客觀公正的立場上對企業債進行信用評級。因此，保險公司在信用風險控制的過程中，還可以根據實際情況和自身需要，對發債企業自行做出信用評級，並建立自己的評級系統，同時參考內部評級和外部評級，並且秉承謹慎性原則。

（5）建立以保險資產管理公司為主的資金運用管理模式，並且建立完善的法人治理結構。從國際上看，保險公司的資金運用模式主要有三種，即投資部模式、第三方投資管理公司模式、保險資產管理公司模式。統計資料顯示，在當今「世界500強」中獲得排名的保險跨國公司中，有80%以上的公司採取保險資產管理公司的模式對保險資金進行運作。

保險資產管理公司作為受託管理保險資金的股份制公司存在代理鏈條，有關各方的利益存在明顯的不一致性，因信息不對稱而導致的逆向選擇和道德風險問題非常突出。因而，保險資產管理公司應建立完善的法人治理結構，以從機制上解決委託—代理風險問題。有效的保險資產管理公司治理結構包括以下幾個方面：

①制度安排與制衡機制。保險資產管理公司有關當事人關係的制度安排包括法律上的規定以及在法律基礎上訂立的合約等正式契約安排，這是規範當事人尤其是保險資產管理公司行為的原則性文件。

②市場的競爭壓力。一方面，保險資產委託管理市場的競爭使保險資產管理公司不得不盡力提高自己的資產管理水平，以便在競爭中占據有利地位。另一方面，由於目前中國的保險資產管理公司還處在初級發展階段，保險資產委託管理市場的充分競爭格局還遠未形成，但隨著今后國內保險資產委託管理市場的進一步發展，保險資產管理公司將面臨越來越大的競爭壓力。

③建立一套合理有效的組織激勵機制與平衡的法人治理結構。對此，可以借鑑國外的公司治理經驗。國外保險資產管理公司中多半實行有限合夥人下的明星基金經理制，借助於資本市場上較為完善的信用體系（如違規者的市場與行業禁入制、近乎殘酷的業績評估制）與足額的期權等金融激勵措施，盡可能減少委託人與代理人之間因信息不對稱及目標函數不同所帶來的不利影響。相比之下，國內保險公司在傳統保險投資業務管理方面一直深受保險業務經營的影響，無論在風險決策程序、決策機制、投資營運反應速度等方面都無法真正適應國際化的投資特點。而國內保險公司投資營運人才經過多年的市場鍛煉，業務素質與技能並不比市場上現存的專業基金公司等其他機構投資者差。如果能借助於獨立的保險資產管理公司的設立，設計一個最優的激勵機制，包括實行與國際同行接軌的業績明星制度、公司投資團隊有限合夥等措施，以使代理人選擇委託人所希望的行動，將進一步釋放保險投資營運潛能，促進保險資金運用效益，最大限度地減少信息不對稱程度，從而降低委託—代理風險。

（6）制定嚴密的資金運用內控製度。資金運用的決策、管理、監督和操作的程序複雜，環節多，涉及面廣，人員眾多。無論哪個環節或人員出了問題都有釀成巨大風

險的可能。所以，有必要沿著控製風險這條主線，制定嚴密的內部控製制度。一方面，這些制度必須涵蓋所有的投資領域、投資品種、投資工具及運作的每個環節和崗位；另一方面，要使每個人能清楚自己的職責權限和工作流程，做到令行禁止，確保所有的投資活動都得到有效的監督、符合既定的程序，保證公司董事會制定的投資策略和目標能夠順利實現，從而降低保險公司資金運用的操作風險。

(7) 海外投資風險控製。

首先，保險資金應避開高風險的國家和地區。保監會於2012年出抬了《保險資金境外投資管理暫行辦法實施細則》，將保險資金海外投資限定於25個發達國家或地區市場和20個新興國家或地區市場範圍內，如果投資不動產則只能在上述25個發達市場內。上述45個國家或地區市場範圍在過去的幾年內缺乏動態調整，保險資金應注意每年各國家的國別風險變化情況。從實踐來看，目前中國保險資金投向所涉及的國家或地區市場主要集中在歐美發達國家，然而，即使在這些發達市場，諸多風險因素也不容忽視。2008年日本大和生命保險株式會社的破產案例就是其由於過度投資美國市場，尤其是次級房地產債券以及美國的其他債券市場，最終未能幸免於源自美國的金融危機而被金融風暴所吞噬，這應當為中國保險資金引為前車之鑒。

其次，保險公司須辨識海外投資所選項目風險。從海外投資的項目選擇上，受監管法規的限制，對於直接投資的海外未上市企業股權，中國保險資金只能投資於金融、養老、醫療、能源、資源、汽車服務和現代農業等企業股權；對於直接投資的不動產，則限於保監會允許的25個發達國家或地區市場的主要城市的核心地段，且必須是具有穩定收益的成熟商業不動產和辦公不動產。對於上述海外未上市企業股權或不動產，保險資金應聘用專業的律師團隊和財務團隊對擬投資項目做詳細的盡職調查，包括目的公司的基本信息、財產部分、負債部分、營運情況、勞動用工部分、稅務方面、環境方面、重大訴訟和行政調查部分等，並在詳盡的盡職調查報告的基礎上梳理出項目風險點，綜合考慮決策。

最後，保險公司應辨識海外投資合規風險。保險行業在很多國家都屬於監管要求比較嚴格的金融行業領域，合規要求比較高。在中國，保險資金欲從事境外投資，需向保監會提出申請並獲得開展海外投資業務的資格；投資境外股權和不動產投資，還需要就具體交易履行核准或者報告義務。從境外投資涉及保險資金運用比例方面，根據2014年發布的《中國保監會關於加強和改進保險資金運用比例監管的通知》，保監會要求保險公司的境外投資餘額合計不高於該公司上季末總資產的15%，並且投資權益類資產或不動產類資產的，境內投資和境外投資還要合併計算，投資權益類資產合計不超過該公司上季末總資產的30%，不動產也合計不超過30%。投資單一法人主體和一類資產的，也分別設有資金運用比例限制。保監會還提高了關於境外投資風險控製的要求，根據2015年發布的《中國保監會關於調整保險資金境外投資有關政策的通知》，保險集團（控股）公司和保險公司開展境外投資的，至少應當配備2名境外投資風險責任人。另外，還有一些禁止性投資行為，例如不得投資實物商品、貴重金屬或者代表貴重金屬的憑證和商品類衍生工具，不得利用證券經營機構融資購買證券及參與未持有基礎資產的賣空交易，不得以其他任何形式借入資金（除為交易清算目的拆

入資金外）等，保險公司需要警惕這些「紅線」。中國保險資金併購境外金融保險機構的，還要注意遵守東道國合規方面的風險，例如應關注東道國的外資准入政策、「償二代」標準對於目標公司財務狀況的影響、東道國關於保險方面的重大法規變化等，做到有備無患。

　　總體說來，保險行業要正確把握保險資金運用內在規律，始終堅持保險資金運用的基本原則，從根本上實現行業持續健康發展。一要堅持穩健審慎。這是保險資金運用的文化、傳統和基因。投資標的應當以固定收益類產品為主、股權等非固定收益類產品為輔；股權投資應當以財務投資為主、戰略投資為輔；即使進行戰略投資，也應當以參股為主。二要堅持服務主業。「保險業姓保」，保險資金運用也姓保，要正確處理保險的保障功能和投資功能的關係，保障是根本功能，投資是輔助功能，投資是為了更好的保障，不能捨本逐末、本末倒置。三要堅持長期投資、價值投資、多元化投資。要做長期資金的提供者，不做短期資金的炒作者；要做市場價值的發現者，不做市場價格的操控者；要做善意的投資者，不做敵意的收購者；要做多元化、多層次資產配置的風險管理者，不做集中投資、單一投資、激進投資的風險製造者。四要堅持資產負債匹配管理。資產負債匹配管理是保險公司穩健經營的重要基礎，是風險管理的核心內容。保險公司要從認識上、機制上、技術上把資產負債管理放在更加突出的位置。五要堅持依法合規。整個保險行業要嚴格遵守保險資金運用監管規則，決不觸碰監管「紅線」。要持續加強機構自身制度、規則建設，確保制度有效運行、職責落實到人、責任追究到位。

8 保險公司財務管理

財務管理是在一定的整體目標下，關於資產的購置（投資）、資本的融通（籌資）、經營中現金流量（營運資金），以及利潤分配的管理。保險公司作為自主經營、獨立核算、自負盈虧的市場競爭主體，財務管理是保險公司經營管理過程中的重要環節。保險公司財務狀況和經營成果的分析，可以反映保險公司經營過程的全貌，為保險公司的經營決策提供重要的財務信息。保險公司的財務管理包括保險公司的資產管理、負債管理、成本費用和利潤分配（損益）管理。

8.1 保險公司財務管理的意義與目標

8.1.1 保險公司財務管理的意義

保險財務管理的重要意義在於處理好企業營運過程的經濟利益關係，在於通過合理的財務制度安排、財務戰略設計和財務策略運作，有效培育和配置財務資源，以求利益最大化和協調化。因此，加強基層保險財務管理工作，是有計劃而合理地組織資金運動、提高資金使用效率和效果的戰略舉措，是科學歸集並梳理綜合經營成本、嚴細發展管控的重要手段，是助推企業提升創利水準、保持健康經營的有效路徑。具體說來，保險公司財務管理體現在以下兩個方面：

8.1.1.1 正確處理企業營運過程的經濟關係

①保險公司與國家財政的關係。在市場經濟中，保險公司與國家財政的關係集中表現在資金佔用與上交稅款以及利潤分配等方面，即企業依法定期、按時、按量向財政交納稅金，同時，享受國家政策性優惠和接受財政部門的檢查、監督和指導。

②保險公司與其他企事業單位的關係。這種關係主要表現為保險經營活動中與其他企事業單位的結算關係以及由保險合同所規定的被保險人繳納保險費和保險人支付賠款等資金結算關係。

③保險公司內部各單位之間的關係。它表現為保險總公司與所屬各核算單位之間的資金結算關係。

④保險公司與職工之間的關係。該關係具體表現在企業向職工支付工資、獎金、職工福利費以及社會保險待遇而發生的分配與結算關係等方面。

8.1.1.2 反映經營狀況，促使保險公司加強財務管理

①有利於管好、用活保險資金。保險公司通常集中有大量的資金，企業財務管理

的首要任務就是通過建立保險資金營運和管理制度，盡可能提高資金的使用效益，滿足保險公司經營活動中的資金需要。

②有利於綜合反映保險公司的經營狀況。通過對保險公司各項業績的財務考核，可以發現企業經營管理中的優勢和存在的不足之處，這對於保險公司及時總結經驗教訓，正確選擇各自的發展方向具有重要意義。

③有利於監督和控製保險公司的財務活動，促使企業財務活動合法化、規範化，維護國家、保險公司及其他債權人的利益。

④有利於健全經濟核算體制。經濟核算與財務管理之間的關係極為密切，經濟核算所確定的經濟關係，即財務關係，都必須借助於貨幣的形式來反映和度量。

因此，保險公司加強財務管理，有利於健全獨立核算、自負盈虧的體制，使責、權、利三者統一起來。

8.1.2 保險公司財務管理的目標

公司的經營目標不僅是公司財務管理努力的方向，而且是衡量和評價各項財務決策是否行之有效的標準。保險公司財務管理目標可分為以下三個層次：

8.1.2.1 基本目標——保證償付能力

償付能力就是保險公司在準備金之上附加的對客戶利益的保證。如果償付能力不足，保險公司會受到各種處罰，嚴重的甚至被接管。按照保監會發布的《保險公司償付能力額度及監管指標管理規定》，保險公司償付能力嚴重不足，並可能或已經危及被保險人和社會公眾利益的，保監會可以對該保險公司實行接管。由此可見，滿足最低的償付能力監管目標要求，是關係保險公司能否正常生存、發展、盈利，最終實現公司目標的前提和基礎。保險公司財務管理的最基本目標和要求就是保證償付能力。

8.1.2.2 盈利目標——股東財富最大化

盈利能力是保證保險公司有較強財務實力的主要因素。財務實力較強的保險公司才有提取足夠準備金的能力。盈利能力還影響資本增長、公司吸引外部資本的能力、對外擴張的能力、償付能力，最終決定公司能否抵禦不利環境的影響並生存下來。股東創辦企業的目的是增長財富。他們是企業的所有者，是企業資本的提供者，其投資的價值在於它能給所有者帶來未來報酬，包括獲得股利和出售股權獲得現金。因此，企業的發展應該追求股東財富最大化。實踐中，很多公司將利潤最大化作為財務管理盈利目標。股東財富最大化與利潤最大化目標相比，有著積極的方面，主要在於：一是利用股票市價來計量，具有可計量性，利於期末對管理者的業績考核；二是考慮了資金的時間價值和風險因素；三是在一定程度上能夠克服企業在追求利潤上的短期行為，因為股票價格在某種程度上反映了企業未來現金流量的現值。

8.1.2.3 根本目標——保險公司價值最大化

股東財富最大化側重從公司所有者或投資者的角度來分析，而償付能力更多是從監管要求和保單持有人的利益來考慮，那麼綜合所有有關方面的要求，保險公司財務

管理的根本目標是保險公司價值最大化。

對於保險業監管機構而言，中國保險市場正處於蓬勃發展的階段，監管者出於維護消費者權益、保證保險市場持續有效運行的目的，需要對保險公司的價值進行管控與監督。保險公司的價值恰好可作為監管機構進行分類監管的參考信息，有助於保監會更深入地瞭解行業中除了保費收入、淨利潤等基本經營指標之外的公司狀況，尤其是能有效反映保險公司的綜合競爭力和綜合影響力的市場價值信息。

對於消費者或投保人而言，公司價值可為他們在保險市場選擇承保人提供參考，高市場價值的保險公司為投保人提供的保險服務能力可能更強。但市場價值只是選擇承保人的參考標準之一，一些經營有特色、服務有保障的中小保險公司，雖然市場價值未必很大，但也值得保險消費者信賴。

對於保險公司而言，使用公司價值有助於各家保險公司對其自身綜合實力進行自我評估與定位，各公司不僅可以在與其經營模式類似的公司之間進行價值比較，還可以在經營模式差異較大的保險公司之間進行比較。而且在價值評估過程中，保險公司可以獲得很多中間信息，有助於其檢查自身各項細分業務營運狀況，認清企業價值來源。另外，隨著保險行業的快速發展，保險公司數量日漸增加，行業併購監管放鬆，保險公司定價不僅可為股權交易提供價格參考標準，也可為保險公司併購、重組、股份回購、引戰、上市等重大交易活動初步估值提供參考。

中國的保險行業是典型的規模經濟行業，因此，在控製綜合成本率適中水平下，全力做大保費規模是保險公司價值化經營的主要方向。市場價值是保險公司綜合實力的集中體現，保險公司的經營目標應該是價值最大化。

8.2 保險公司資產負債管理

隨著市場主體增多，投資渠道不斷拓寬，各類風險正在逐步顯現。2016年，「償二代」實施，新的監管指標更加體現風險導向，部分公司將面臨償付能力降低的風險。在低利率市場環境下，債務信用風險、資產負債錯配、資本市場波動、利率下行等風險因素將給保險投資收益帶來更大的不確定性。滿期給付和退保高位運行，將對一些公司的流動性造成不利影響。隨著保險對實體經濟滲透度的提高，來自宏觀經濟運行、其他金融市場的風險因素，可能通過多種形式和渠道對保險行業產生交叉傳染和風險，因此保險公司必須加強資產負債管理，全面控製風險，達到企業經營目標。

8.2.1 保險公司的資產管理

8.2.1.1 保險公司資產的界定

保險資產是指過去的交易、事項形成並由保險企業擁有或者控製的資源，該資源預期會給保險企業帶來經濟效益。保險企業從外界（主要是被保險人與股東）取得各種經濟資源（如保費與股本）之後形成保險資產，保險資產及其收益是被保險人獲得

償付、股東獲取股利的基礎與來源。

保險公司資產按其使用性質、週轉情況和表現形式劃分，可分為固定資產、流動資產、無形資產和遞延資產等。為使以少量的資產占用獲得較多的經濟效益，保險公司對上述資產都必須加強管理。

固定資產通常是指企業為提供勞務、生產商品、出租或者經營管理而持有的、使用年限超過一年的，其具有的價值（單位價值）達到一定標準的非貨幣性資產，包括房屋、建築物等相關設施，生產機器、機械、運輸工具以及其他與生產經營活動有關的設備、工具等。不屬於經營主要設備的物品，單位價值在2,000元以上，並且使用期限超過2年的，也可作為固定資產。不具備上述規定條件的物品，視作低值易耗品。

流動資產是指可以在一年內或者超過一年的一個營業週期內變現或運用的資產，具體包括現金、銀行存款、應收保費、應收利息、應收分保帳款（減壞帳準備）、預付賠款、其他應收款、物料用品、低值易耗品、拆出資金、保戶借款、短期貸款和投資、存出分保準備金、存出保證金、待處理流動資產淨損失、一年內到期的債券投資以及其他流動資產。

無形資產包括專利權、著作權、租賃權、土地使用權、商譽和非專利技術等項目。

保險公司的遞延資產是指公司發生的不能全部計入當年損益而應當在以後年度內分期攤銷的各項費用，主要包括開辦費、固定資產修理支出、租入固定資產的改良支出以及攤銷期限在一年以上的其他待攤費用。

8.2.1.2　保險資產的評估

企業資產一般按歷史成本原則計量，一旦入帳，一般不再調整帳面價值。而保險資產主要為貨幣性資產，受一般物價水平變動的直接影響較大。物價變動頻繁，多表現為物價上漲。在此條件下，保存實物升值，保存貨幣貶值，保險企業實物升值小於貨幣貶值，最終形成資產損失。因此，按照國際慣例，保險會計制度應規定凡物價變動超過10%，應在會計年度終了按現行購買力重新編制基本財務報表，貶值部分計入當年損益。另外，保險企業資金運作的發展使保險資產呈現多元化趨勢。如利用衍生金融工具套期保值，而衍生金融工具大多數是待執行的合約，具有或有性和金額上的不確定性，其標的價格隨市場行情的變化而變化。因此，在歷史成本屬性之外，應允許多種計量屬性並存，特別是應注意「公允價值」「成本與市價就低法」等計量屬性的運用。

8.2.1.3　保險公司資產的管理

（1）固定資產管理。保險公司的固定資產一般包括：家具設備類（如椅子、辦公桌等）、電子產品類（如電腦、投影儀）、交通工具類（如汽車等）、房屋類（如辦公室）。保險公司固定資產管理需注意以下幾個方面：

①固定資產計價原則。一是自建固定資產，按實際支出計價。二是購入的固定資產，以買入價加上支付的運費、途中保險費、包裝費、安裝費和交納的稅金等計價。用借款或發行債券購建固定資產時，在購建期間發生的利息支出和外幣折合差額，計入固定資產價值。三是以融資租賃方式租入的固定資產，按租賃合同或協議確定的價

款加上運費、包裝費、途中保險費、安裝費等計價。四是投資者投入的固定資產，按評估確認或契約協定的價值計價。五是在原有固定資產基礎上改建、擴建的，按原固定資產價值加上改建、擴建實際支出，扣除改建、擴建過程中產生的變價收入后的金額計價。六是他人捐贈的固定資產，按所附票據或資產驗收清單所列金額加上由保險公司支付的運費、保險費和安裝費用計價。無票據的根據同類固定資產的市場價格計價。七是盤盈的固定資產，按照同類固定資產的重置全價計價。此外，購建固定資產交納的固定資產投資方向調節稅和耕地占用稅，計入固定資產價值。在建工程包括施工前期準備、正在施工中和雖已完工但尚未交付使用的建築工程和安裝工程，按實際成本計價。

②加強固定資產日常管理。保險公司財務部門要定期或不定期地對固定資產進行盤點、清查，年度終了前必須進行一次全面的盤點清查，對盤盈、盤虧、報廢、損毀的固定資產，應查明原因，及時做出財務上的處理。在企業以固定資產對外投資，或發生產權轉移、兼併、清算事宜時，應及時重估資產價值。在建工程發生報廢或毀損時，扣除殘料價值和過失人或保險公司等的賠款后的淨損失，計入施工的工程成本。單項工程報廢以及由於非常原因造成的報廢或毀損的淨損失，在籌建期間發生的，計入開辦費；在投入使用以后發生的，計入營業外支出。

③科學計提折舊費用。一是已交付使用但尚未辦理竣工決算的工程，自交付使用之日起按照工程預算、造價或者工程成本等資料，估價轉入固定資產后，按規定計提折舊。竣工決算辦理完畢后，按照決算數調整原估價和已計提的折舊。二是固定資產按國家規定採用分類折舊辦法計提折舊，並計入成本，而不得衝減資本金。三是折舊期限，從固定資產投入使用月份的次月起，按月計提。停止使用的固定資產，從停用月份的次月起，停止計提折舊。四是保險公司的房屋和建築物、在用的各類設備、季節性停用和修理停用的設備、以融資租賃方式租入和以經營租賃方式租出的固定資產應計提折舊；已估價單獨入帳的土地、房屋和建築物以外的未使用、不需用的固定資產，建設工程交付使用前的固定資產，以經營租賃方式租入的固定資產，已提足折舊繼續使用的固定資產，提前報廢和淘汰的固定資產，破產或關停公司的固定資產，國家規定的其他不計提折舊的固定資產不計提折舊。五是應按季度或月計提折舊。六是折舊率按資產原值、預計淨殘值率和分類折舊年限（或規定的總工作臺時）計算確定。其中，淨殘值率按固定資產原值的3%~5%確定。某些淨殘值比例低於3%或高於5%的，由企業自定，報主管財政機關備案。七是保險公司根據具體情況選擇平均年限法、工作量法、雙倍餘額遞減法或年數總和法進行折舊計算，並在開始執行年度前報主管財政機關備案。但是折舊方法選定后不能隨意變更，須在變更年度前向主管財政機關申請批准后方可變動。

④優化內部系統、強化管控。充分利用計算機系統對保險公司固定資產建立實施計算機動態管理，將計算機運用到固定資產管理的各個環節中，借助計算管理使得管理科學化。建立保險公司領導全面負責制、分管領導主要負責制、資產使用部門直接負責制，加強管控；建立內部審計監督機制，確保內部審核部門的獨立性和權威性，客觀地、公正地評價公司內控制度的有效性；建立定期、隨機檢查機制，檢查固定資

產購建以及后續使用中的合法性和合理性。

（2）流動資產管理。保險公司流動資產管理要根據保險經營條件和業務量及庫存現金等情況，對資產需求情況進行預測，進而制定每一種流動資產的需用量。常用方法有餘額分析法和迴歸分析法等統計方法，用來預測保險公司的資金需求，制定每一種流動資金的需用量和整體流動資金計劃，合理安排暫時閒置的資金，以提高公司經濟效益。另外，保險公司要建立健全現金的內部控製制度，合理劃分各項資金的記帳科目，並加強對現金資產的監控管理，做到庫存現金的帳面餘額與庫存金額相符。對保險公司發生的出納長短款、結算業務的差錯額，按規定計入公司營業外收支。

（3）無形資產管理。無形資產財務處理原則是按取得時的實際成本計價。投資者作為資本或合作條件投入的無形資產，按評估確認或合同約定的價值計價；他人贈與的按所附單據或市場價格計價；自己開發並取得法律承認的按實際付出成本計價。除企業合併外，商譽不能作價入帳。非專利技術和商譽的計價應當經法定評估機構評估確認。

無形資產的成本，自使用之日起至有效期終止平均分攤。其有效期按如下原則：
①法律或合同或公司申請書中分別規定有法定的有效期限和受益年限的，按法定有效期與合同或公司申請規定的受益年限中最短的為準。
②法律沒有規定有效使用年限，合同或公司申請書中規定有受益年限的，可按該受益年限確定。
③法律、合同、公司申請書中均未規定受益年限時，按預計的受益期限確定。難以預計時，按不超過 10 年的期限攤銷。

保險公司轉讓無形資產的淨收入，除國家另有規定者之外，計入公司的其他營業收入。

（4）遞延資產管理。公司發生的遞延費用，借記本科目，貸記有關科目。攤銷時，借記「營業費用」科目，貸記本科目。開辦費是指企業在籌建期間發生的費用，包括籌建期間的工資、辦公費、差旅費、培訓費、印刷費、律師費、註冊登記費以及不計入固定資產和無形資產購建成本的匯兌淨損失等支出。應由投資者負擔的費用支出，為取得固定資產、無形資產所發生的支出，籌建期間應計入工程成本的匯兌損益、利息支出等不得計入公司的開辦費。開辦費自公司營業之日起分期攤入成本，攤銷期不超過 5 年。以經營租賃方式租入的固定資產改良支出，在有效租賃期限內分期攤銷。此外，遞延資產應按照費用的種類設置明細帳。公司的其他資產包括凍結存款、凍結物資、訴訟中的財產、理賠中收回的待處理財產和保險業務中取得的抵債物品等。

8.2.2 保險公司的負債管理

8.2.2.1 保險公司負債的界定

負債是指由過去交易事項形成的現時義務，履行該義務預期會導致經濟利益流出企業。保險公司負債不僅包括保險公司開展保險業務所形成的負債，即保險負債，也包括一般工商企業常見的如預收款項、應付款項、各類借款、保戶儲金等負債。保險

公司的負債按性質可分為保險業務負債、受託資產負債和其他負債。

通常保險業務具有一定的賠款、給付或續保等義務，對這些義務引起的、必須付出的代價或經營的風險的評估結果就是責任準備金。各項準備金就是保險業務負債，是保險公司為履行其未來理賠或給付義務而從所收取的保費中提存的一項負債。從不同的角度劃分責任準備金，有不同分類結果：按責任準備金特徵劃分，可分為未到責任準備金、未決賠款責任準備金和其他責任準備金；按責任準備所對應的產品類別劃分，可分為長期非分紅壽險及年金責任準備金、健康險和意外責任準備金、長期分紅保險責任準備金、一般業務責任準備金；按業務特性劃分，可分為長期保險業務責任準備金和短期保險責任準備金；按責任準備金計量的時間劃分，可分為保單年度責任準備金和會計年度責任準備金。

受託資產負債是保險公司開展新型保險產品（如投資連接產品、萬能壽險等對應於投資部分的負債）所形成的一項負債。通常情況下，這類保單形成的負債可由兩部分構成：一部分是保險業務形成的負債，這與傳統的保單形成的負債沒有什麼區別；另一部分就是投資部分所形成的負債，對於這部分負債，保險公司沒有法律上的責任，應與保險業務形成的負債區分開來進行計量。

其他負債包括預收款項、應付款項、各類借款、保險保障基金。

8.2.2.2 保險公司負債評估

負債一般按實際發生數記帳，也有預計負債。從保險公司的負債來看，預計的各種責任準備金構成負債的主要部分，各種責任準備金的內涵是未來的責任。在保險精算時，應考慮各種評估因素，如投資回報率、死亡率、費用率、退保率等，採用毛保費方法、平均淨保費方法以及風險量測算方法等估計責任準備金。與一般企業預計負債的計量比較，其計算方法更為複雜。

保險負債應以公允價值計量，且以交換中的公允價值，即保險公司為了結算保險負債而願意支付給承擔負債的第三方的金額計量。但是，由於保險合同不存在活躍、流動性強和透明的二級市場，因此難以得到交換的公允價值。儘管再保險市場的價格以及一些保險合同的轉讓價格可以為公允價值的計量提供基礎，但這些價格往往包含許多其他因素，如商譽等無形資產，因此，其並不能作為公允價值的很好的替代。可以選擇現值作為公允價值的計量。

8.2.2.3 保險公司負債的管理

（1）責任準備金的提存。《中華人民共和國保險法》第九十八條規定：「保險公司應當根據保障被保險人利益、保證償付能力的原則，提取各項責任準備金。保險公司提取和結轉責任準備金的具體辦法，由國務院保險監督管理機構制定。」在保險業務經營中，由於壽險與非壽險在經營核算上存在差異，其準備金的提留方式也不盡一致。

財產保險責任準備金根據其用途可分為未到期責任準備金、未決賠款準備金和總準備金。

①未到期責任準備金又稱未滿期保險費準備金，或未到期風險準備金，是指當年承保業務的保險單中，在下一會計年度有效保單的保險費。之所以會產生未到期責任準備

金，其原因在於，保險合同規定的保險責任期限與企業會計年度在時間上不可能完全吻合，因為企業會計年度總是自公歷 1 月 1 日起至同年 12 月 31 日止，而保險責任期限卻可以發生在任何一個時間點上。因此，在會計年度結算時，必然有期限未屆滿或雖已收取但應屬下一個年度收取的保險費，這一部分保險費即稱為未到期責任準備金。

②未決賠款準備金是指保險公司在會計年度決算以前發生保險責任而未賠償或未給付保險金，在當年收入的保險費中提取的資金。未決賠款準備金的計算方法主要有兩種：一是計算未來賠款支付系數，即賠款極終值；二是在極終值的基礎上，根據已報告損失，測算未決賠款準備金。未決賠款準備金一般是在當年度提取，次年轉回作收入處理。

③總準備金是指保險公司為發生週期較長、后果難以預料的巨災或巨額危險而提留的資金準備。總準備金應在公司每年決算后的利潤中提取，經較長時期的累積形成一定的規模。

廣義的財產保險包括責任保險和信用保險，因此，責任保險、信用保險也需要提存以上三種保險責任準備金。

人壽保險責任準備金可分為理論責任準備金與實際責任準備金。

①理論責任準備金是指根據純保險費計算累積的用於給付保險金的資金，其計算並不考慮保險業務經營的實際條件，即附加費用及其在時間上的不平均。

②實際責任準備金是指人壽保險業務中實際提存的責任準備金，它是考慮了各年間附加費用的不同開支情況，並以理論責任準備金為基礎加以修訂而計算的，也稱為修正責任準備金。

壽險責任準備金的計算有兩種不同的方法：一是過去法，是憑過去已收的保險費計算，用過去已收取的保險費的積存值減去過去已給付的保險金及其利息的積存值的差額來計算責任準備金。二是將來法，是憑未來收取的保險費計算，用將來應付的保險金的現值減去將來可收入的保險費的現值的差額來計提責任準備金。根據收支相等原則，保險合同期滿時，保險公司所收取的純保險費本利和。應等於支出的保險金本利和，換言之，將它們換算成責任準備金時的現值也應相等。

（2）對責任準備金提存的規範。財政部 2009 年制定的《保險合同相關會計處理規定》對保險合同準備金的計量提出以下要求：一是保險人在確定保險合同準備金時，應當將單項保險合同或者具有同質保險風險的保險合同組合作為一個計量單元，且計量單元的確定標準應當在各個會計期間保持一致，不得隨意變更。二是保險合同準備金應當以保險人履行保險合同相關義務所需支出的合理估計金額為基礎進行計量。三是保險人在確定保險合同準備金時，應當考慮邊際因素和貨幣時間價值，在保險期間內，採用系統、合理的方法，將邊際計入當期損益。四是原保險合同現金流量和與其相關的再保險合同現金流量應當分別估計，並應當將從再保險分入人攤回的保險合同準備金確認為資產。五是保險人在確定保險合同準備金時，不得計提以平滑收益為目的的巨災準備金、平衡準備金、平滑準備金等。

關於負債管理，還需強調的有：一是必須做好日常會計核算工作，將財務管理的內容融入會計核算中；二是定期檢查、分析公司的負債情況；三是妥善處理各項應付

款、預收款等。

8.2.3 保險公司資產負債管理的技術

通過謹慎地協調資產和負債管理，一家金融機構的經營可更具穩健性與贏利性，這種協調就被稱為資產與負債管理（Asset and Liability Management，簡稱 ALM）。精算協會對 ALM 的定義為：ALM 是管理企業的一種實踐，用來協調企業對資產和負債做出的決策。它可以被定義為在給定的風險承受能力和約束下為實現財務目標而針對與資產和負債有關的決策進行的制定、實施、監督和修正的過程。ALM 是適用於任何利用投資平衡負債的機構的財務管理的一種重要手段。[1]

ALM 是選擇資產組合以抵消一組特定負債的利率風險的過程，常見形式有五種。

8.2.3.1 動態財務分析法（Dynamic Financial Analysis，簡稱 DFA）

DFA 可以這樣定義：它是檢查一家保險公司在一定時間內的整體財務狀況的過程，它考慮到不同部分之間的相互關係以及影響結果的所有因素的隨機特徵。[2] 這種方法使保險公司能夠估計公司在各種模擬情況下的結果，以及在不同戰略部署下的前景。

DFA 模型包括五個主要的組成部分：初始條件、設定情景模擬、財務計算、優化、結果。

（1）初始條件。初始條件總結了標的公司以往的表現（保費水平、賠付率等），以及大的經濟環境（通貨膨脹、國內生產總值的增長等）。由於這些情況在目前的市場條件和未來前景之間構築了一種聯繫，初始條件必須與近期經驗保持一致，從而得出合理的模型結果。

（2）設定情景模擬。這是 DFA 模型的核心，它構造了一套合理的情景模擬，包括一般經濟條件、公司的資產和負債。設定情景模擬可從這些方面入手：①專門針對有特殊興趣的事先確定的一套結果；②確定每一種變量的統計分佈並隨機地產生各種情景模擬；③設定與已經建立的實證和理論關係一致的情景模擬。

（3）財務計算。模擬結果通常總結為概率分佈。財務計算將各種情景模擬轉換為財務結果。計算的詳細程度取決於所討論的問題。一般來說，會以不同的會計基礎來衡量財務結果：GAAP 一般公認會計準則、法規、稅收和經濟環境。

（4）優化。許多 DFA 模型使用優化法，它利用單一的統計數字或一系列統計數字在不同的策略選擇間進行評估和選擇。單一的統計數字可能是一個效用指標、資本收益指標，如 RAROC（資本的風險調整收益），也可能是實現某一特定目標的概率或遇到嚴重危機的可能性（如破產概率）。這種雙變量方法經常涉及做出一個效率前沿的圖。效率前沿是指在給定風險水平下達到最大化財務受益的策略的組合。

（5）結果。該模型總結了從這種模擬中可以得到的其他一些結果，包括主要指標的分佈和對結果影響最大的選擇變量。

---

[1] 精算協會. 職業精算師專業指南 [EB/OL]. (2017-02-18). www.soa.org/library/aa-1-98.pdf.

[2] D'ARCY S P, GORVETT R W, HERBERS J A, et al. Building a DFA analysis model that flies [J]. Contingencies Magazine, 1997 (11~12).

8.2.3.2 現金流匹配法（Cash Flow Matching，簡稱 CFM）

從大體上來看，保險公司應該能夠通過將現金流量等同的資產和負債相匹配，來降低該公司或部分資產所面臨的利率風險。這被稱為「專用法」或「現金流量匹配」。例如，保險公司可以購買一個國庫債券的組合，使其到期日與公司債務的到期日完全一致。儘管現金流量匹配可以消除利率風險，但由於以下原因，保險公司仍然認為它不可能或不可行：一是現金流的不確定性。現金流量匹配的一個主要障礙是負債期限本身的不確定性。二是匹配會降低彈性。即使在現金流量匹配可行的情況下，它也會給公司帶來太多的限制。要使資產和負債的現金流量精確對應，保險公司所接受的債券收益就可能會低於有輕微不匹配情況下的收益。三是來自市場的看法。有些保險公司並不喜歡現金流量匹配，因為它們對未來利率有很強的看法。例如，預期利率下降的保險公司就會相應地持有債券組合。四是不勞無獲。儘管保險公司付出了努力，資產和負債仍然會有些不匹配。保險公司必須謹慎地處理這種風險，確保獲得承擔這種風險的合理的回報。但是如果僅是通過購買與負債完全匹配的資產將投資部門持有的證券風險轉移給市場，那保險公司就會被那些更低成本、更有效地發揮這種作用的機構超過。

8.2.3.3 免疫法（Immunization）

替代現金流量匹配的一種更富有彈性的方法是將資產和負債的利率敏感程度相匹配，這稱為「免疫法」。其主要目的是防止或免除利率變化帶來的損失。這可以通過構造資產組合來實現，這樣利率變化對負債價值的影響會抵消利率變化對資產價值的相應影響。

免疫策略的首要原則是將資產和負債的持續期相匹配。現金流量的持續期可以被看作是現金流量實現的平均時間。資產和負債的持續期是其價值對於利率變化的敏感度的一個很好的近似。保險公司計算出資產和負債的持續期後，必須確保兩者相等。由於持續期隨利率波動而變化，持續期匹配法僅能應付基本的利率風險。為處理這個問題，保險公司也可以控製資產和負債的凸性。凸性衡量的是持續期隨利率變化的速度。通過資產和負債的持續期和凸性的匹配，保險公司可以更精確地規避利率風險。但這種方法有其根本的局限性。許多負債的現金流量十分不確定，這使得保險公司很難計算它們的持續期。這對於一些普遍持有的資產也一樣，比如抵押有價證券和股權。持續期分析也不適用於長、短期債券收益差異變化的情況，但這種變化又很常見。

8.2.3.4 風險價值法（Value at Risk，簡稱 VaR）

風險價值的基本思想是運用概率來表達風險，採用最大可能損失來對風險做出解釋。從狹義的角度來理解，風險價值是一個度量風險的單位，它對資產組合在一定的持有期內和給定的置信水平下可能發生的最大損失做出估計，可用公式表達為：

$$\Pr(\Delta P < \text{VaR}) = 1 - \alpha$$

即投資組合在一定持有期內的損失額 ΔP 在給定置信水平 α 下的損失上限為 VaR。在風險價值方法下，我們通常假設市場是有效的，且市場波動隨機，不具備自相關性。在保險業中，風險價值法可以應用於風險資本要求的計算，通過設置上限控製公司風

險，防止過度投機。但是這一方法主要用於衡量市場風險，可能會忽視信用風險、操作風險等其他種類的風險。通常將風險價值結合情景分析和其他動態模擬技術進行資本配置、風險業績評價等。可以說，它是實現動態資產負債管理的基礎工具之一。

8.2.3.5 缺口分析法（Gap Analysis）

缺口分析方法是一種靜態的資產負債管理技術，包括到期缺口分析與持續期缺口分析。缺口 GAP 可表示為：

$$GAP = RSA - RSL$$

其中，RSA 為利率敏感性資產，RSL 為利率敏感性負債。持續期缺口較到期缺口的改進之處在於考慮到資產與負債現金流的發生時間與不同期限利率變化所引起的差異。缺口分析法計算簡單、操作方便，但將問題過於理想化，不能準確把握利率對利差收益影響的程度（彈性）。

8.2.4 保險公司資產負債管理模式

依據主導因素的不同，現階段保險公司的資產負債管理模式主要有三種：第一種是被動的負債驅動資產模式，即簡單基於負債業務來配置投資標的。該種模式的主要問題在於負債與資產缺乏互動，資產被動適應負債，往往出現資產難以匹配負債的情形。第二種是資產驅動負債模式，即先通過投資端尋找資產項目，再要求負債端不斷提供時間性較強的現金流供應。該種模式的主要問題在於不同資產收益通道下公司面臨的流動性風險和信用風險可能超出公司承受能力。第三種是主動型資產負債匹配管理模式，即通過資產端、負債端的良性互動和主動管理，實現較好匹配。這種模式充分考慮了業務發展需求和金融市場趨勢，利於保險資產負債管理實現動態平衡，但由於涉及定價、投資、財務、風控等眾多環節的協調，該模式對壽險公司整體經營管理能力有較高要求。

在行業發展的初期，中國主流大型保險公司均採取「負債驅動資產」的模式，將經營重心放在業務開拓上，資產管理全委託，負債端通過收益率要求和流動性約束驅動資產端。這種模式與當時宏觀經濟處於上升週期以及行業處於初級發展階段相適應，有利於保險業務的快速擴張，負債端「倒逼」資產端的矛盾尚未凸顯。隨著國內保險業「放開前端，管住后端」的市場化改革進程不斷深入，中國保險業真正意義上的資產負債管理開始起步。近年來，經濟步入新常態，受利率中樞下移、金融市場波動加大等外部環境變化的影響，「負債驅動資產」模式的弊端逐步暴露，行業資產配置難度加大，利差損風險加大，粗放式資產負債匹配方式轉向主動、動態的資產負債管理模式勢在必行。

（1）主動型資產負債管理機制是保障客戶資產長期安全及保值增值的必然要求。人身保險中大部分險種帶有儲蓄和遠期兌付性質，如壽險核心業務之一的商業養老保險，要保障客戶長達 20 年甚至 30 年直至退休之後的養老生活品質。隨著中國人口老齡化時代的來臨和居民財富的不斷累積，保險作為長期財富管理工具的需求日益增加。保險資金的這種長期負債特性要求保險公司必須做好久期管理和資產負債匹配，這既

是壽險企業營運的核心價值，也是壽險企業與銀行、基金等金融機構相比，在資金長期安全及保值增值上的獨特優勢。

（2）主動型資產負債管理機制是保險公司能穿越經濟週期的必要保證。對壽險公司而言，較長期的負債期限對應的是較長期的資金運用週期，其中必然穿越多個經濟週期。經濟的週期性波動帶來了市場各類資產的週期性變動，這種波動會給壽險公司的資產價值帶來較大衝擊，影響其償付能力。因此，將投資週期拉長，在10年或者更長的時間內來看，就需要主動地順週期管理資產類別和配置比重，以更好地穿越經濟週期。

對保險公司資產配置來說，利率風險是最基本的風險。而利率是順週期波動的，這就需要在不同的利率趨勢下採取不同的久期策略，通過對所處利率週期的判斷來選擇最合適的負債品種和投資品種，以更好地利用並穿越利率週期。如果採取買入並持有的簡單配置策略，一方面，目前國內市場缺乏較長期限的資產，合意資產更是難以尋找，能夠獲取的資產往往難以匹配負債；另一方面，簡單長期持有將使資產價值遭遇較大波動，同時也不能有效把握市場波動帶來的收益機會。

（3）保險新政推動主動型資產負債管理模式成為壽險公司最重要的價值管理工具。2013年以來，在「放開前端，管住後端」的監管思路下，投資新政、費率新政的次第出爐推動保險公司逐步放開了資產端和負債端，改變了以往保險公司更多圍繞銷售端做大規模賺取利潤的粗放式管理模式，大大激發了保險公司經營活力，提高了資產收益率，為保險公司改善資產負債不匹配的狀況提供了相當大的空間。但是，當前利率持續下行加劇了壽險公司資產端投資收益的壓力，而負債端費率全面市場化在早期階段可能導致負債成本不降反升，利差收窄甚至倒掛的可能都是存在的。同時，未來一個時期國內經濟轉型和全球經濟的不確定性，可能加劇投資風險尤其是高收益投資風險，這就要求壽險公司必須改變過去粗放式資產負債管理的局面。「償二代」正式實施也對保險公司的風險治理水平提出了更高的要求，其對風險進行了更細緻的分類，採用了市場導向的資產負債評估，不同保險公司個體間的輪廓差異將更加明顯，主動的資產負債匹配管理模式將助力公司價值提升。

隨著保險公司規模的增大、跨國經營和跨行業經營比例的提升，以及全球經濟不確定性的加劇，根據公司的成本承受能力，明確資產負債管理過程中需要關注的風險因素約束和要達成的管理目標，有意識地進行主動資產負債匹配管理，是壽險公司需要不斷探索的課題。主動、系統的資產負債匹配管理框架和機制將保障壽險公司更好地應對業務發展和市場環境變化的挑戰，提升行業形象，並形成價值創造的良性循環。

8.3 保險公司的成本費用和損益管理

8.3.1 保險公司的成本費用管理

8.3.1.1 保險成本的界定

保險公司的成本費用是保險公司在業務經營過程中發生的與業務經營有關的支出，

包括保險公司的業務成本和營業費用兩部分。

保險公司業務成本是指保險公司的主營業務成本，它是保險公司在日常經營中發生的與保險業務有關的支出。雖然提取保險保障基金、各項準備金提轉差、稅金及附加是財產保險公司、人壽保險公司和再保險公司共有的業務成本項目，但是不同保險公司在業務經營性質上的差異，使得其保險業務成本的具體內容也有差異。具體表現為：財產保險業務成本包括提取保險保障基金、未決賠款準備金提轉差、未到期責任準備金提轉差、長期責任準備金提轉差、稅金及附加、賠款支出、手續費支出等；人壽保險公司的業務成本包括死亡給付、殘廢給付、醫療給付、年金給付、滿期生存給付、退保金、賠款支出、手續費支出、佣金支出等；再保險業務成本包括分出保費、分保費用支出、分保賠款支出等。

保險營業費用是保險公司在業務經營和管理過程中發生的各項費用，但不包括手續費支出、佣金支出。營業費用具體包括業務宣傳費、業務招待費、防預費、電子設備運轉費、安全防衛費、壞帳損失、公司財產保險費（指向其他保險公司投保財產險支付的保險費）、郵電費、勞動保護費、外事費、印刷費、職工工資及福利、差旅費、水電費、租賃費、修理費、工會經費、稅金、會議費、訴訟費、公證費、席位費、諮詢費、社會統籌保險費、勞動保險費、審計費、技術轉讓費、研究開發費、董事會費、車船使用費、住房公積金、上交管理費、銀行結算費、同業公會會費、學會會費、貸款呆帳準備、投資風險準備等41個細項。

由於成本費用的大小直接影響保險公司的盈利水平，因此，保險公司實行成本費用管理時，應在保證保險業務經營和管理的正常費用開支的基礎上，加強對費用成本的管理，努力降低經營費用水平，增加保險公司的盈利。

8.3.1.2 保險公司成本費用管理的基本要求

（1）成本費用核算要遵循配比原則。企業經營過程中取得的收入和發生的支出（成本）是緊密相關的。收入表示公司耗費一定量的支出所取得的成果，成本則表示公司為取得營業收入而耗費的代價，兩者必須合理匹配，才能保證損益計算的真實性和合理性，避免各期損益的大幅度波動。保險公司在進行成本費用核算時，一切預支的成本費用都應到相關的收入獲得時進行攤銷，一切與本期收入相關的未來發生的支出，則應在本期預先計提。

（2）成本費用核算要遵循一致性原則。財務會計人員在不同會計期間應採用相同的方法和流程來處理相同的成本費用核算內容。並且，核算方法一經選定就不能隨意地變更，以保證各期成本費用之間的可比性，防止保險公司通過隨意改變成本核算方法人為調節各年度之間的損益。

（3）成本費用核算必須真實、準確。財務費用必須真實、準確地反映保險公司在一個會計期間內發生的與業務經營有關的各項耗費，這是保險公司財務核算的最基本的要求。只有真實、準確地核算保險公司的成本費用，才能正確地評價保險公司的經營成果，保護投資者、債權人和保戶的利益，才能為公司主管部門和決策機構提供真實、可靠的財務會計信息，真實地反映公司在經營中存在的問題。公司也只有在真實、

準確地核算成本費用的基礎上，才能準確地計算損益，體現各方面的利益。

8.3.1.3 保險公司成本費用管理的重點

保險公司在成本費用管理上應注意以下幾點：

（1）要嚴格執行財務制度規定的成本費用開支範圍。保險公司財務人員在進行財務核算時，要正確區分各類支出的性質和用途，凡屬於成本費用開支範圍的支出均應計入公司成本費用；凡不屬於成本費用開支範圍的支出，均不得計入成本費用。

（2）要嚴格區分本期成本和下期成本。成本費用和營業外支出的界限要按權責發生制的原則確定成本費用的開支。不同成本計算期的成本內容必須嚴格區分：凡是當期已經發生或應當負擔的費用，不論該款項是否支付，都應該計入本期成本；屬於同一成本核算期的支出，不得分期計入不同的成本核算期。

（3）要嚴格區分收益性支出和資本性支出的界限。所謂收益性支出，是指該項支出的發生是為了取得當期收益，即僅僅與當期收益的取得有關。所謂資本性支出，是指不僅與當期收入的取得有關，而且與其他會計期間的收入相關，或者主要是為以後會計期間的收入取得所發生的支出。成本費用屬於收益性支出，財務上將收益性支出列於利潤表，計入當期損益，以正確計算保險公司當期的經營成果；將資本性支出列於資產負債表，作為資產反映，以真實地反映公司的財務狀況。

（4）不同的制度限制、指導和監督。保險公司的可變成本指成本中與保費呈正相關關係的那部分成本，如手續費支出、賠款支出、業務宣傳費、防災費、業務招待費、提轉責任準備金差額及稅金等費用。實際操作中對這一部分費用主要是通過制定標準成本來進行管理，可根據具體情況採用定額的方法來進行管理。固定成本指成本總額中不與保費收入相關的成本項目和支出。固定成本可分為酌量固定成本和約束性固定成本。酌量固定成本指通過決策行為可改變其數額的固定成本，如會計費、諮詢費、險種研發費等費用。這種成本可按保險公司不同階段的財力負擔程度來確定，伸縮性較大，可採用固定預算作為成本控製的依據。約束性固定成本指對保險公司成本費用管理的不能改變的費用支出和費用，如企業經營過程中的修理費、職工工資及福利、車輛使用等費用。對這些成本費用的管理，可建立預算並嚴格按照預算掌握，實行嚴格的預算管理。

保險公司經營的終極目標是提高企業的經濟效益，實現利潤最大化。而成本費用管理是保險公司經營管理的重要組成部分，是評價保險公司盈利情況的重要指標。成本費用管理也是企業內部控製及管理的重要內容，全面滲透到保險公司經營的全過程。因此，保險公司管理和控製成本費用的能力，對於提高公司經營管理水平及提升盈利有著重大的意義。

8.3.2 保險公司損益管理

保險公司的損益是公司會計年度內全部收入補償全部耗費和支出後的差額，如果有剩餘即為盈利，不足則為虧損。可見，損益管理實質上是對保險公司的利潤及其分配進行管理。

8.3.2.1 保險利潤的組成

簡單說來，保險利潤是由保險營業利潤和保險投資利潤兩個部分構成的。

（1）保險營業利潤。保險營業利潤也稱承保利潤，是指保險企業從當年的保險費收入中，扣除當年的賠款、稅金、費用支出和提留各項準備金後，剩下的純收入。

保險企業不同於一般的工商企業。一般的工商企業在經營過程中，用商品的銷售收入扣除生產成本、稅金和有關的費用支出，剩下來的就是利潤。而保險企業是擔負損失賠償責任的特殊企業，不能簡單地用當年的保險費收入，扣除當年的賠款、稅金和費用支出，剩下的就認為是營業利潤，還必須扣除未到期責任準備、未決賠款準備金和總準備金。

在上述各項扣除和提存後，所得是一個負數。也就是說，保險企業的當年保險費收入小於保險賠款、稅金和各項費用支出之和，這種情況被稱為承保虧損。保險企業一旦出現承保虧損，一般要用投資收益來彌補。在實行政策性保險的情況下，要用財政補貼來彌補。

（2）保險投資利潤。保險投資利潤是指保險企業把資本投入社會再生產過程中所獲得的純收入。它一般包括兩種形式：一是把暫時閒置的貨幣資本存入銀行，通過信貸渠道投資，以利息形式獲得的間接利潤；二是把暫時閒置的貨幣資本直接投向社會再生產過程，比如購買股票、債券、從事房地產買賣以及抵押放款等，獲得直接利潤。

保險利潤可以用以下公式來表示：

利潤總額＝營業利潤＋營業外收入－營業外支出

營業外收入是指與公司業務經營無直接關係的各項收入，包括固定資產盤盈、出售固定資產淨收益、教育費附加返還款、出納長款收入、因債權人的特殊原因確實無法支付的應付款項等。營業外支出是指與公司業務經營無直接關係的各項支出，包括固定資產盤虧和毀損報廢的淨損失、出納短款、非常損失、罰款支出、公益救濟性捐贈、賠償金、違約金等。

營業利潤具體的公式如下：

營業利潤＝營業收入－成本和費用－稅金及附加＋投資收益＋利息收入－利息支出＋匯兌損益－保戶利差支出＋其他營業收入－其他營業支出

營業收入包括保費收入、分保費收入、追償款收入。

公司在業務經營過程中發生的與業務經營有關的支出，包括賠款支出、給付支出和退保金、分保業務支出、代理手續費支出及佣金支出、防預費、業務宣傳費、業務招待費、固定資產折舊費、業務管理費、保險保障基金、準備金提轉差以及其他有關支出，按規定計入成本和費用。

投資收益包括公司對外投資取得的收入、購買國債及金融債券等產生的利息收入。投資收益對保險公司來說日益重要，因為在商品經濟條件下，隨著保險業的發展，在許多國家，保險企業的投資利潤往往超過營業利潤，已成為保險企業以盈補虧、增強本身經營能力的重要手段。

利息收入包括公司資金存入銀行及同業拆借等取得的收入。

利息支出是指公司以負債形式籌集的各類資金，按國家規定的適用利率提取和支付的應付利息。

匯兌損益是指公司在經營過程中開展外幣業務時，不同外幣折算發生的價差以及由於匯率變動而發生的折合為記帳本位幣的差額，包括匯兌收益和匯兌損失。

保戶利差支出是指經營壽險業務的公司按保險條款規定派發給保戶的利差支出。

其他營業收入是指公司經營的除保險業務外的其他業務取得的收入，包括租賃收入、諮詢收入、代查勘收入、手續費收入、理賠中收回固定資產變現收入、無形資產轉讓淨收入及其他收入。

其他營業支出是指公司經營的除保險業務以外的其他業務發生的支出，包括諮詢服務、轉讓無形資產等發生的支出。

8.3.2.2 保險利潤的分配及管理

(1) 保險公司利潤分配的內容和順序。根據《中華人民共和國保險法》和《中華人民共和國公司法》的有關規定，保險公司取得的利潤應按國家有關規定做出相應調整后進行分配，可供分配的利潤包括本年實現的淨利潤加上年初未分配利潤。保險公司的稅后利潤，除國家另有規定外，應按以下順序分配：

①抵補被沒收的財務損失，支付各項稅收的滯納金和罰款，利差支出，以及保險監管部門對公司因少交或遲交保證金的加息。

②提取法定公積金。公司分配當年稅后利潤時，應當提取利潤的百分之十列入公司法定公積金。公司法定公積金累計額為公司註冊資本的百分之五十以上的，可以不再提取。

③彌補公司以前年度的虧損。公司的法定公積金不足以彌補以前年度虧損的，在依照前款規定提取法定公積金之前，應當先用當年利潤彌補虧損。

④提取任意公積金。公司從稅后利潤中提取法定公積金后，經股東會或者股東大會決議，還可以從稅后利潤中提取任意公積金。

⑤提取總準備金。保險公司按本年實現淨利潤的一定比例提取總準備金，用於巨災風險的補償，不得用於分紅、轉增資本。

⑥分配給投資者。公司彌補虧損和提取公積金后所餘稅后利潤，有限責任公司股東可以按照實繳的出資比例分取紅利；公司新增資本時，股東有權優先按照實繳的出資比例認繳出資。但是，全體股東約定不按照出資比例分取紅利或者不按照出資比例優先認繳出資的除外。股份有限公司按照股東持有的股份比例分配，但股份有限公司章程規定不按持股比例分配的除外。

(2) 保險公司股利政策的類型。支付給股東的盈餘與留在企業的保留盈餘，存在此消彼長的關係。所以，股利分配既決定了給股東分配多少紅利，也決定了有多少淨利留在企業。常見的股利形式主要有現金股利、股票股利、財產股利、負債股利等。

①剩餘股利政策。股利無關論（MM理論）認為股利分配對公司的市場價值（或股票價格）沒有影響。因為公司的價值是由其盈利能力和經營風險決定的，這與公司所在行業和資產風險有關，因此公司的價值與投資政策有關，而與企業怎樣分配股利

和保留收益無關。此理論進一步發展，就是與最佳資本結構結合而形成的剩餘股利政策理論基礎。剩餘股利政策就是公司在保持其最佳資本結構的前提下，稅後利潤首先滿足公司的資金需要，然後再考慮現金股利發放的股利政策。在這種政策下，公司每年的股利分配額是變化不定的，有時差距會很大。

②固定或持續增長的股利政策。這種股利政策是指公司每年發放的股利總是固定在某一水平上並在較長的時期內不變，只有當公司認為未來盈餘顯著地、不可逆轉地增長時，才提高年度的股利發放額。穩定的股利給股票市場和公司股東傳遞著公司正常的信息。但該股利政策的缺點在於股利的支付與盈餘相脫節，當盈餘較低時仍要支付固定的股利，這可能導致公司資金短缺、財務狀況惡化。

③固定支付率的股利政策。固定股利支付率政策是公司確定一個股利占盈餘的比率，長期按此比率支付股利的政策。在這種政策下，各年股利隨公司經營的好壞而上下波動。經營好的年份股利高，經營不好的年份股利低。採用這種股利政策可以使股利與公司盈餘緊密地配合，以體現多盈多分、少盈少分、無盈不分的原則。但是，各年度的股利變動很大，容易造成公司不穩定的感覺，對於穩定股票價格不利。

④低正常股利加額外股利政策。在這種政策下，公司一般將正常發放的股利固定在一個較低的水平上，然後視經營情況再臨時確定一筆額外的增長股利。但額外股利並不固定化，不意味著公司永久地提高了規定的股利率。這種政策為收益波動較大的公司提供了股利發放的靈活性。在盈餘較小時，可維持設定的較低但正常的股利，股東不會有股利跌落感；在盈餘較多時，支付額外股利也不會對公司財務構成壓力。

8.4 保險公司的財務報表及其分析

為了向保險公司現在和潛在的投資者、債權人、投保人、被保險人、保險公司經營管理者、保險監管機構以及保險信用評級機構提供各種有關保險公司業務經營、投資和償付能力方面的信息，幫助他們合理地做出決策，保險公司必須按規定呈報財務報表。保險公司的主要財務報表有資產負債表、損益表、現金流量表和利潤分配表。

8.4.1 保險公司的財務報表

8.4.1.1 資產負債表

資產負債表是企業在一定日期（通常為各會計期末）的財務狀況（即資產、負債和業主權益的狀況）的主要會計報表。資產負債表以特定日期的靜態企業情況為基準，濃縮成一張報表。資產負債表除了用於企業內部除錯、尋找經營方向、防止弊端外，也可讓所有使用者於最短時間瞭解企業經營狀況（如表 8.1 所示）。

在資產負債表中，企業通常按資產、負債、所有者權益分類分項反映。也就是說，資產按流動性大小進行列示，具體分為流動資產、長期投資、固定資產、無形資產及其他資產；負債也按流動性大小進行列示，具體分為流動負債、長期負債等；所有者

權益則按實收資本、資本公積、盈餘公積、未分配利潤等項目分項列示。保險業的主要資產不是表現在存貨及固定資產上，而是貨幣資金、債券、投資基金、抵押放款及不動產上；在負債方面占主要比重的是各種責任準備金。

表 8.1　　　　　　　　　　　保險公司的資產負債表

編製單位：　　　　　　　　　　年　月　日　　　　　　　　　　　單位：元

資　產	行次	期末餘額	期初餘額	負債和所有者權益（或股東權益）	行次	期末餘額	期初餘額
資產：				負債：			
貨幣資金				短期借款			
拆出資金				拆入資金			
交易性金融資產				交易性金融負債			
衍生金融資產				衍生金融負債			
買入返售金融資產				賣出回購金融資產款			
應收利息				預收保費			
應收保費				應付手續費及佣金			
應收代位追償款				應付分保帳款			
應收分保帳款				應付職工薪酬			
應收分保未到期責任準備金				應交稅費			
應收分保未決賠款準備金				應付賠付款			
應收分保壽險責任準備金				應付保單紅利			
應收分保長期健康險責任準備金				保戶儲金及投資款			
保戶質押貸款				未到期責任準備金			
定期存款				未決賠款準備金			
可供出售金融資產				壽險責任準備金			
持有至到期投資				長期健康險責任準備金			
長期股權投資				長期借款			
存出資本保證金				應付債款			
投資性房地產				獨立帳戶負債			
固定資產				遞延所得稅負債			
無形資產				其他負債			
獨立帳戶資產				負債合計			
遞延所得稅資產				所有者權益（或股東權益）：			
其他資產				實收資本（或股本）			

153

表8.1(續)

資　產	行次	期末餘額	期初餘額	負債和所有者權益（或股東權益）	行次	期末餘額	期初餘額
資產總計				資本公積			
				減：庫存股			
				盈餘公積			
				一般風險準備			
				未分配利潤			
				外幣報表折算差額			
				少數股東權益			
				所有者權益（或股東權益）合計			
				負債和所有者權益（或股東權益）總計			

8.4.1.2 損益表

損益表（或利潤表）是用來反映公司在一定期間利潤實現（或發生虧損）的財務報表。損益表是一張動態報表，可以為使用者提供做出合理的經濟決策所需要的有關資料。損益表上所反映的會計信息，可以用來評價一個企業的經營效率和經營成果，評估投資的價值和報酬，進而衡量一個企業在經營管理上的成功程度（如表8.2所示）。

保險公司利潤由營業利潤和營業外收支淨額兩部分組成，營業利潤再由承保利潤和投資利潤及利息收支等構成。保險公司與一般企業的區別表現在兩方面：一是保險公司主營業務利潤為承保利潤，即保險業務收入減保險業務支出，再減準備金提轉差。準備金提轉差是指當期提存的準備金減去上期轉回的準備金，各種責任準備金的估計影響承保利潤的形成，這就是保險利潤最大的特點。二是投資利潤作為營業利潤的組成部分，是因為保險費收入產生資金，運用資金產生孳息，孳息回饋業務，所以保險經營和資金運作是相輔相成的，投資利潤在營業利潤中佔有比較重要的地位。

表8.2　　　　　　　　　　　保險公司的損益表

編製單位：　　　　　　　　　　年　月　日　　　　　　　　　　單位：元

項　目	行次	本年金額	上年金額
一、營業收入			
已賺保費			
保險業務收入			
其中：分保費收入			
減：分出保費			

表8.2(續)

項　目	行次	本年金額	上年金額
提取未到期責任準備金			
投資收益（損失以「-」號填列）			
其中：對聯營企業和合營企業的投資收益			
公允價值變動收益（損失以「-」號填列）			
匯兌收益（損失以「-」號填列）			
其他業務收入			
二、營業支出			
退保金			
賠付支出			
減：攤回賠付支出			
提取保險責任準備金			
減：攤回保險責任準備金			
保單紅利支出			
分保費用			
稅金及附加			
手續費及佣金支出			
業務及管理費			
減：攤回分保費用			
其他業務成本			
資產減值損失			
三、營業利潤（虧損以「-」號填列）			
加：營業外收入			
減：營業外支出			
四、利潤總額（虧損總額以「-」號填列）			
減：所得稅費用			
五、淨利潤（淨虧損以「-」號填列）			
六、每股收益（元）			
（一）基本每股收益			
（二）稀釋每股收益			

8.4.1.3　現金流量表

現金流量表是指反映企業在一定會計期間現金和現金等價物流入和流出的報表。

它是財務報表的三種基本報表之一，所表達的是在一固定期間（通常是每季或每年）內，一家企業或機構的現金（包含銀行存款）增減變動的情況。現金流量表主要用於反映資產負債表中各個項目對現金流量的影響，並根據其用途劃分為經營、投資及融資三個活動分類，但因保險業務現金流量的特殊性，其經營活動的現金流量按其保險金、保險索賠、年金索賠、年金退款及其他進行分類（如表 8.3 所示）。

現金流量表可用於分析一家企業或機構在短期內有沒有足夠現金去應付開銷。現金流量表的編制有助於預測保險公司未來的現金流量，為保險公司編制現金流量計劃創造條件，為投資者、債權人和投保人做出投資、信貸和投保決策提供必要的信息。現金流量表還有助於評價保險公司的償付能力和資金週轉能力。通過分析現金流量表中所反映的現金流量信息，可以瞭解保險公司真實的財務狀況以及潛伏的財務風險，為保險監管提供依據。

表 8.3　　　　　　　　　　　保險公司的現金流量表

編製單位：　　　　　　　　　年　月　日　　　　　　　　　單位：元

項　　目	行次	本期金額	上期金額
一、經營活動產生的現金流量：			
收到原保險合同保費取得的現金			
收到再保業務現金淨額			
保戶儲金及投資款淨增加額			
收到其他與經營活動有關的現金			
經營活動現金流入小計			
支付原保險合同賠付款項的現金			
支付手續費及佣金的現金			
支付保單紅利的現金			
支付給職工以及為職工支付的現金			
支付的各項稅費			
支付其他與經營活動有關的現金			
經營活動現金流出小計			
經營活動產生的現金流量淨額			
二、投資活動產生的現金流量：			
收回投資收到的現金			
取得投資收益收到的現金			
收到其他與投資活動有關的現金			
投資活動現金流入小計			
投資支付的現金			

表8.3(續)

項　目	行次	本期金額	上期金額
質押貸款淨增加額			
購建固定資產、無形資產和其他長期資產支付的現金			
支付其他與投資活動有關的現金			
投資活動現金流出小計			
投資活動產生的現金流量淨額			
三、籌資活動產生的現金流量：			
吸收投資收到的現金			
發行債券收到的現金			
收到其他與籌資活動有關的現金			
籌資活動現金流入小計			
償還債務支付的現金			
分配股利、利潤或償付利息支付的現金			
支付其他與籌資活動有關的現金			
籌資活動現金流出小計			
籌資活動產生的現金流量淨額			
四、匯率變動對現金的影響			
五、現金及現金等價物淨增加額			
加：期初現金及現金等價物餘額			
六、期末現金及現金等價物餘額			

8.4.1.4　利潤分配表

利潤分配表是反映企業一定期間對實現淨利潤的分配或虧損彌補的會計報表，是利潤表的附表，說明利潤表上反映的淨利潤的分配去向。通過利潤分配表，可以瞭解企業實現淨利潤的分配情況或虧損的彌補情況，瞭解利潤分配的構成，以及年末未分配利潤的數據（如表8.4所示）。

表8.4　　　　　　　　　　保險公司的利潤分配表
編製單位：　　　　　　　　　　年　月　日　　　　　　　　　　單位：元

項　目	行次	本年實際	上年實際
一、淨利潤			
加：年初未分配利潤			
盈餘公積轉入			
二、可供分配利潤			

表8.4(續)

項　　目	行次	本年實際	上年實際
減：提取法定盈餘公積			
提取總準備金			
提取任意盈餘公積			
三、可供投資者分配的利潤			
減：應付利潤			
四、未分配的利潤			

資產負債表、利潤表和現金流量表作為保險公司對外提供的會計報表，從不同角度反映了保險公司的財務狀況、經營成果和現金流量。資產負債表和現金流量表是反映保險公司財務狀況的報表，利潤表和利潤分配表是反映保險公司經營成果的報表。

8.4.2　保險公司財務報表分析

保險行業具有負債經營、經營週期長、資金規模大、投資需求高等特點。保險行業的特殊性決定了保險公司財務分析與一般企業財務分析存在差別。

8.4.2.1　保險公司財務分析的含義

財務分析是以保險公司財務報告反映的財務指標為主要依據，對保險公司的財務狀況和經營成果進行評價和剖析，以反映保險公司在營運過程中的利弊得失、財務狀況及發展趨勢，為改進保險公司財務管理工作和優化經濟決策提供重要的財務信息。

8.4.2.2　保險公司財務分析的意義

（1）財務分析是評價財務狀況、衡量經營業績的重要依據。通過對保險公司財務報表等核算資料進行分析，可以瞭解保險公司償債能力、營運能力和盈利能力，便於保險公司管理當局及其他報表使用人瞭解保險公司財務狀況和經營成果，合理評價經營者的工作業績。

（2）財務分析是挖掘潛力、改進工作、實現經營目標的重要手段。開展財務分析，有利於保險公司合理利用現有資源和條件，充分挖掘經營潛力；同時，有利於正確評價保險經營各環節的方案、政策和措施的優劣，指出其經濟合理性程度，為各層次的保險經營市場決策提供科學依據。

（3）財務分析是合理實施投資決策的重要步驟。投資者通過對保險公司財務報表的分析，可以瞭解保險公司的償債能力、營運能力以及盈利能力，可以瞭解投資後的收益水平和風險程度，並據此進行正確的決策。

（4）財務分析是強化保險監管的重要基礎。償付能力是保險監管的核心內容。分析保險公司財務，有利於對保險業實施嚴格的監督管理，適時動態地考核保險公司償付能力和財務狀況，實現先進的進程式監管，促進保險業的健康發展。

8.4.2.3　保險公司財務報表分析的方法

保險公司財務報表分析方法主要有以下四種：

（1）比較分析法。比較分析法是指以報表中的數據與計劃與同行業的同類指標進行比較分析研究的一種方法。通過比較可以瞭解公司在競爭中所處的地位，尋求提高經濟效益的途徑。

（2）趨勢分析法。趨勢分析法是指將不同時期的相同項目進行比較，從而確定其發展水平、變動趨勢的一種方法。趨勢分析法是通過編制比較財務報表來實現的，最常見的做法是將最近兩年或更多年的財務報表上相同項目排列在一起編制，同時設置變動金額及變動百分比欄。

（3）結構分析法。結構分析法是將經濟現象各構成部分與整體進行對比，通過各構成部分的比重進行分析研究的一種方法。這種分析方法的目的是尋找公司財務活動的規律，分析公司資本結構與資金配置。在財務報表分析中，結構分析通常利用編制共同比財務報表的方式進行。

（4）因素分析法。因素分析法是將綜合指標分解為若干個因素，分別測定各因素變動對綜合指標影響程度的一種方法。這種分析方法在報表分析中應用較少。

8.5　保險公司財務管理的評價指標

中國保監會於2015年印發了《保險公司經營評價指標體系（試行）》，通過對保險公司和分支機構的速度規模、效益質量、社會貢獻三個方面進行綜合評價，將其分為A、B、C、D四類公司，引導保險公司提高經營管理水平，加快轉變發展方式，對推動行業持續健康發展、充分發揮保險業對國民經濟社會的服務功能具有重要意義。

8.5.1　速度規模評價指標

8.5.1.1　保費增長率和保費收入增長率

評分細則：-10%≤指標值≤60%，得1分；-30%≤指標值<-10%或60%<指標值≤100%，得0.5分；否則，得0分。

產險：保費增長率＝本期保費收入÷去年同期保費收入×100%-1

壽險：保費收入增長率＝本期保費收入÷去年同期保費收入×100%-1

其中，保費收入＝利潤表保險業務收入的金額。

8.5.1.2　自留保費增長率和規模保費增長率

評分細則：-10%≤指標值≤60%，得1分；-30%≤指標值<-10%或60%<指標值≤100%，得0.5分；否則，得0分。

產險：自留保費增長率＝本期自留保費÷去年同期自留保費×100%-1

壽險：規模保費增長率＝本期規模保費÷去年同期規模保費×100%-1

其中，規模保費是指保險公司按照保險合同約定向投保人收取的全部保費。

8.5.1.3 總資產增長率

評分細則：-10%≤指標值≤60%，得1分；-30%≤指標值<-10%或60%<指標值≤100%，得0.5分；否則，得0分。

總資產增長率＝期末總資產÷期初總資產×100%-1

其中，總資產應扣除賣出回購金融資產款。

8.5.2 效益質量評價指標

8.5.2.1 產險公司法人機構

（1）綜合成本率。評分細則：指標值≤100%，得1分；100%<指標值≤105%，得0.5分；否則，得0分。

綜合成本率＝（賠付支出+分保賠付支出+再保后未決賠款準備金提取額-攤回分保賠款+業務及管理費+佣金及手續費+稅金及附加+分保費用-攤回分保費用）÷已賺保費×100%

（2）綜合賠付率。評分細則：指標值≤行業均值，得1分；行業均值<指標值≤（行業均值+5%），得0.5分；否則，得0分。

綜合賠付率＝（賠付支出+分保賠付支出+再保后未決賠款準備金提取額-攤回分保賠款）÷已賺保費×100%

（3）綜合投資收益率。評分細則：指標值≥行業均值，得1分；（行業均值-1%）≤指標值<行業均值，得0.5分；否則，得0分。

綜合投資收益率＝（投資收益+公允價值變動損益+匯兌損益+當期可供出售金融資產的公允價值變動淨額-投資資產減值損失-利息支出）÷資金運用平均餘額×100%

其中，投資收益＝利潤表投資收益的金額（包括存款、債券等投資資產的利息收入）；資金運用平均餘額＝（期初資金運用餘額+∑本期每月月末資金運用餘額）÷（本期月份數+1）；資金運用餘額應扣除獨立帳戶的投資資產。

（4）淨資產收益率。評分細則：指標值≥行業中位數，得1分；否則，得0分。

淨資產收益率＝本期淨利潤÷淨資產×100%

其中，淨資產＝（期初淨資產+∑本期每月月末淨資產）÷（本期月份數+1）。

（5）百元保費經營活動淨現金流。評分細則：指標值≥行業中位數，得1分；否則，得0分。

百元保費經營活動淨現金流＝本期經營活動淨現金流÷（本期保費收入÷100）

其中，經營活動淨現金流＝利潤表經營活動產生的現金流量淨額。

8.5.2.2 壽險公司法人機構

（1）綜合投資收益率。評分細則：指標值≥行業均值，得1分；（行業均值-1%）≤指標值<行業均值，得0.5分；否則，得0分。

綜合投資收益率＝（投資收益+公允價值變動損益+匯兌損益+當期可供出售金融資

產的公允價值變動淨額-投資資產減值損失-利息支出）÷資金運用平均餘額×100%

其中，投資收益=利潤表投資收益的金額（包括存款、債券等投資資產的利息收入）；資金運用平均餘額=（期初資金運用餘額+Σ本期每月月末資金運用餘額）÷（本期月份數+1）；資金運用餘額應扣除獨立帳戶的投資資產。

（2）淨資產收益率。評分細則：指標值≥行業中位數，得 0.5 分；否則，得 0 分。

淨資產收益率=本期淨利潤÷淨資產×100%

其中，淨資產=（期初淨資產+Σ本期每月月末淨資產）÷（本期月份數+1）。

（3）新業務利潤率。評分細則：指標值≥行業中位數，得 1 分；行業中位數×0.6≤指標值<行業中位數，得 0.5 分；否則，得 0 分。

新業務利潤率=本期新業務的首日利得÷新業務各期保費收入之和×100%

其中，首日利得是指新業務在首次進行準備金評估時的剩餘邊際。各期保費收入之和是指在不考慮退保、貼現等條件下的首期保費收入與所有續期保費收入的總和。

（4）內含價值增長率。評分細則：指標值≥行業中位數，得 0.5 分；否則，得 0 分。

內含價值增長率=本期末的內含價值÷去年期末的內含價值×100%

（5）綜合退保率。評分細則：指標值≤行業均值，得 0.5 分；行業均值<指標值≤（行業均值+3%），得 0.3 分；否則，得 0 分。

綜合退保率=（退保金+保戶儲金及投資款的退保金+投資連接保險獨立帳戶的退保金）÷（期初長期險責任準備金+保戶儲金及投資款期初餘額+獨立帳戶負債期初餘額+本期規模保費）×100%

（6）13 個月保單繼續率。評分細則：指標值≥行業中位數，得 1 分；行業均值<指標值≤（行業均值+5%），得 0.5 分；否則，得 0 分。

13 個月保單繼續率=評價期前溯 12 個月承保的期交新單在首個保單年度寬限期內實收的規模保費÷評價期前溯 12 個月承保的期交新單實收的規模保費×100%

其中，評價期前溯 12 個月是指評價期初前推 12 個月和評價期末前推 12 個月之間的時間。期交新單指投保人為個人的期交保單，不包含躉交件，猶豫期撤單件，發生理賠終止件，免繳、註銷、遷出、效力中止及轉換終止的保單。

（7）綜合費用率。評分細則：指標值≤行業均值，得 0.5 分；行業均值<指標值≤（行業均值+5%），得 0.3 分；否則，得 0 分。

綜合費用率=（業務及管理費+佣金及手續費+稅金及附加）÷規模保費×100%

其中，佣金及手續費包含在其他業務成本中進行核算的，未通過重大風險測試的保險合同相關手續費及佣金支出。

8.5.3 社會貢獻評價指標

8.5.3.1 風險保障貢獻度

評分細則：指標值≥1%，得 0.5 分；0.5%≤指標值<1%，得 0.4 分；0.1%≤指標值<0.5%，得 0.3 分；否則，得 0 分。

產險：風險保障貢獻度＝公司經營的各險種保險金額之和÷產險行業保險金額總和×100%

壽險：風險保障貢獻度＝公司經營的各類人身保險產品本期累計新增保險金額之和÷壽險行業本期累計新增保險金額總和×100%

8.5.3.2 賠付貢獻度

評分細則：指標值≥1%，得 0.5 分；0.5%≤指標值<1%，得 0.4 分；0.1%≤指標值<0.5%，得 0.3 分；否則，得 0 分。

產險：賠付貢獻度＝公司賠付金額÷產險行業賠付金額總和×100%

其中，賠付金額＝賠付支出＋分保賠付支出＋未決賠款準備金提取額。

壽險：賠付貢獻度＝公司賠付金額÷壽險行業賠付金額總和×100%

其中，賠付金額＝利潤表中本期的賠付支出金額。

8.5.3.3 納稅增長率

評分細則：指標值≥0，得 0.5 分；-20%≤指標值<0，得 0.3 分；否則，得 0 分。

納稅增長率＝本期納稅額÷去年同期納稅額×100%－1

其中，納稅額是指保險公司扣除當期稅金返還后實際繳納（包括預繳）的企業所得稅、增值稅、印花稅等各項稅金的總和（包括代扣代繳的個人所得稅、代徵的車船稅等稅金）。

8.5.3.4 增加值增長率

評分細則：指標值≥行業中位數，得 0.5 分；行業中位數×0.8（或 1.2）≤指標值<行業中位數，得 0.3 分；否則，得 0 分。當行業中位數為負值時，第二條評分規則左側取「行業中位數×1.2」。

增加值增長率＝（本期增加值－去年同期增加值）÷去年同期增加值的絕對值×100%

其中，增加值＝勞動者報酬＋生產稅淨額＋固定資產折舊＋營業盈餘；勞動者報酬＝職工工資及福利費＋支付給個人代理人的佣金＋勞動保險費＋待業保險費＋住房公積金＋社會統籌保險＋取暖降溫費；生產稅淨額＝稅金及附加＋印花稅＋房產稅＋車船使用稅＋土地使用稅；固定資產折舊＝本年折舊；營業盈餘＝營業利潤－公允價值變動收益。

9 保險公司償付能力管理

中國保險業第一代償付能力監管標準（以下簡稱「償一代」）始建於 2003 年。隨著保險業的發展，以規模為導向的「償一代」已無法滿足監管的需要。金融危機和經濟合作推動著全球範圍內的金融監管改革和監管協調進入新的階段。順應經濟全球化和中國保險業市場化改革的需求，中國保監會積極探索保險業償付能力監管改革的道路和模式，在 2012 年 3 月正式啟動中國第二代償付能力監管制度體系（以下簡稱「償二代」）建設。經過 3 年時間的研究、測試和建設，到 2014 年年底，中國已基本建成了新的以風險為導向、符合中國保險業市場化改革需要、具有國際可比性的償付能力監管體系。2015 年 2 月開始進入「雙軌並行」試運行過渡期，2016 年「償二代」開始正式實施。

9.1 保險償付能力概述

9.1.1 償付能力的含義

所謂償付能力，是指保險公司履行賠償或給付責任的能力，具體表現為保險公司是否有足夠的資產來匹配其負債，特別是履行其給付保險金或賠款的義務，是衡量其經營的穩健性和可持續性的重要指標。

償付能力作為一個綜合的監管指標，是多種因素共同作用的結果。償付能力監管是保險業監管的核心。償付能力對保險公司健康運作來說是至關重要的，一旦發生償付能力危機，不僅保險公司無法維持正常經營，被保險人或投保人的利益遭到威脅或損害，而且可能會對國民經濟的正常運轉和社會穩定產生巨大的破壞作用。因此，保險業作為經營風險的特殊行業，其是否具有償付能力，意義十分重大。具體而言，保險公司的償付能力不僅受其產品內控、投資、再保險等多種內部因素的影響，還要受到利率、匯率、通貨膨脹、行業週期等多種外部因素的影響。所以，對保險監管機構來說，選擇合適的監管指標和監管手段對償付能力進行有效監管並不容易。

9.1.2 償付能力邊際的種類

保險公司償付能力的經濟內容表現為一定時期內企業資產負債表中的資產同未決負債之間的差額，一般由資本金、總準備金與未分配盈餘之和來代表。保費準備金和賠款準備金合稱保險準備金或技術準備金，是保險公司對被保險人的負債。資本金、

總準備金和未分配盈餘構成保險公司的償付準備金，償付準備金的增減體現著償付能力的消長。

保險準備金的基礎是保險期間的索賠期望或損失期望。如果保險期間的實際索賠或實際損失總是與索賠期望或損失期望相等，那麼，保險公司只要將總資產維持在與保險準備金相等的規模上，就足以償付全部債務。然而，實際索賠總是偏離索賠期望，因此，保險公司必須在總資產與由保險責任準備金構成的負債之間保持一個足夠大的容量，以承擔可能發生實際索賠大於索賠期望時的賠償或給付責任。這個容量稱為保險公司的償付能力邊際（Solvency Margin），通常對償付能力的管理是通過控製償付能力邊際來實現的。

從不同的管理需要角度出發，對償付能力邊際又引申出以下幾個概念：

9.1.2.1 最低償付能力邊際（Minimum Solvency Margin，簡稱 MSM）

最低償付能力邊際是指保險公司為履行償付義務在理論上應當保持的償付能力邊際。由於該償付能力邊際來自較精確的理論結果，故它對製定法定償付能力邊際具有指導意義。

9.1.2.2 法定償付能力邊際（Statutory Solvency Margin，簡稱 SSM）

法定償付能力邊際是指保險監督管理機關規定的保險公司必須具備的最低償付能力邊際，即由保險法規規定的保險公司在存續期間必須達到的保險公司認可資產與認可負債差額。它適用於保險監督管理機構管轄範圍內的所有保險公司。

9.1.2.3 實際償付能力邊際（Actual Solvency Margin，簡稱 ASM）

實際償付能力邊際是指保險公司實際具備的償付能力邊際，即根據監管法規、會計準則調整后的認可資本減去認可負債的差額。一方面，如果保險公司的實際償付能力邊際低於法定償付能力邊際，則意味著該公司處於不能償付狀態，保險監管機構就會對其進行干預，責令其追加資本或者限製業務規模或採取其他措施，直至達到標準。另一方面，保險公司的實際償付能力邊際達到或超過法定償付能力邊際，只能說明該公司處於具備償付能力狀態，但並不意味著該公司的財務狀況穩定。要弄清保險公司的財務狀況是否穩定，還需要分析該公司的最低償付能力邊際。當然，過高的實際償付能力邊際既不現實，也無必要，因為這會加大保險公司的經營成本。

對被保險人來說，保險公司的償付能力額度越大越好。保險公司償付能力越強，對他們的利益越有保障。對保險公司來說，則要考慮償付準備金與其承擔的風險責任相匹配，最大限度地發揮經濟效益。為解決這一對矛盾，保險監管機構就要對保險公司的償付能力額度進行管理，既要確保保險公司的經濟利益，又要考慮被保險人的利益，從而設定一個最低償付能力額度。如果單純地從保險公司的財務穩定性來看，可以通過總準備金累積較高的實際償付能力額度，但是實際償付能力邊際過高會造成低效率。一方面，在保險公司營業規模和盈利規模不變的情況下，資本的增加意味著投資報酬率的下降，降低了保險公司的市場競爭能力；另一方面，在投資報酬率下降的情況下，增資本身也會遇到困難。因此，保險公司的實際償付能力額度保持在什麼樣

的水平最佳，要根據保險公司自身的經營狀況、發展戰略和經驗進行選擇。

9.2 影響償付能力的因素分析

保險公司償付能力風險由固有風險和控製風險組成。

固有風險是指在現有的正常的保險行業物質技術條件和生產組織方式下，保險公司在經營和管理活動中必然存在的客觀的償付能力相關風險。固有風險由可量化為最低資本的風險（簡稱量化風險）和難以量化為最低資本的風險（簡稱難以量化風險）組成。量化風險包括保險風險、市場風險和信用風險，難以量化風險包括操作風險、戰略風險、聲譽風險和流動性風險。

控製風險是指因保險公司內部管理和控製不完善或無效，導致固有風險未被及時識別和控製的償付能力相關風險。

9.2.1 資本金

資本金是保險公司得以設立和運作的基礎，設立保險公司必須有足夠的資本金。按照《中華人民共和國保險法》的要求，保險公司開業時最少要有 2 億元的資本，主要作為保險公司開業初期的經費來源，用於營業的擴展和維持公司的償付能力。資本金也是預防失去償付能力的最后一道關卡，以備準備金提存不足、發生資產無法清償負債時的急需。

9.2.2 各項準備金與保障基金

保險公司在收取大量保費后，並不可以全部用於投資，為了將來能履行補償或給付責任，必須將保險費的大部分按照精算要求和保險監管部門的規定提取各項準備金和保障基金。如果準備金提取不足，就會影響償付能力。因此，保險業在營運過程中，應當嚴格根據法律規定的要求，提足各項準備金，保險監管部門也應嚴格進行檢查，以防提存不足而導致保險公司喪失償付能力。所以提取的準備金越多，償付能力就越強。

9.2.3 投資收益與資金運用狀況

隨著保險業競爭的加劇，承保業務所帶來的利潤越來越低，保險投資已經成為保險業重要的利潤來源，成為保險業賴以生存和發展的重要支柱。沒有良好的保險投資回報，保險公司很難實現規模擴張和良性發展，其償付能力的提高自然會受到嚴重影響。鑒於此，寬廣的投資渠道、較高的投資回報率是現代保險業發展的必然要求，也是保險公司償付能力得以提高的重要保證。如果該保險公司有著很高的經營水平，也可以在股市、債市等貨幣或資本市場上投資，其收益可以提取一部分作為公積金。公積金增多，實際資本就多，償付能力就會增強。但必須穩健地實現其保值和增值，才能長期而有效地保障保險公司的償付能力。

9.2.4 業務質量和業務增長率

保險公司的業務質量一定會影響其業務成果，而業務質量主要由賠付率和退保率體現。退保率越高，產生的退保費用和引起的資本越少，公司的償付能力越低。同理，賠付率越高，意味著保險公司的支出增加，對其償付能力也是起負面作用的。

越多的業務就要求越多的資金儲備。保險業務增加，其要求的最低資本需求也會隨之增加，所以業務增長速度與償付能力負相關。

9.2.5 費用水平

費用是控製業務流量和盈利水平的重要槓桿。保險公司的費用水平的高低直接影響保險公司的利潤高低，進而影響到保險公司償付能力的強弱和經營的穩定。保險費由純保費和附加保費構成，附加保費由費用附加和安全附加兩部分構成。其中，安全附加包含了風險附加和預期盈利部分，它們都是償付準備金的來源。因此，提高保險公司的經營管理水平，降低費用是改善保險公司經營成果的良好途徑。

9.3 償付能力分析

保險公司對財務穩定性有特殊要求，其償付能力是保險公司生存和可持續發展的前提。保險公司的資金運轉和融通能力主要是償付能力，包括賠款、給付和償還其他債務的能力。保險業是負債經營，積聚了國民生產各部門的風險，一旦保險公司財務狀況不穩定或出現危機，其影響範圍非常廣泛，所損害的不只是公司的股東和保單持有者，甚至會影響社會經濟生活安定。

保險公司償付能力主要從短期償付能力和長期償付能力兩方面來分析。

9.3.1 短期償付能力分析

保險公司的短期償付能力分析也稱流動性分析，是指保險公司的資產所具有的能隨時適應理賠要求的變現能力，即保險公司資產近期產生現金的能力或償付短期債務的能力。一般來說，期限在1年或1年之內的稱為短期，有時也將企業一個正常經營週期之內算作短期。對於保險公司的債權人而言，缺乏流動性意味著他們的利益得不到保障。在具體分析保險公司的短期償付能力時，可以採用以下指標：

（1）流動比率。流動比率是流動資產與流動負債的比率，用於反映企業短期償付能力，比值越高，資產流動性越強。不同的行業，其比值的要求也不同。對於保險業而言，由於存貨較少，其數值維持在1~1.2較為合理。該比值一般不得低於1，一旦低於1，說明保險公司的資產市值不足以償還其債務，需要介入資金用於償債。

$$流動比率 = \frac{流動資產}{流動負債} \times 100\%$$

（2）速動比率。速動比率是速動資產與流動負債的比率，用來衡量企業的短期清

算能力。作為流動比率的輔助指標，它可以更可靠地評價保險公司的流動性和隨時賠付能力。

$$速動比率 = \frac{速動資產}{流動負債} \times 100\%$$

（3）現金比率。現金比率是現金及現金等價物與流動負債的比率。現金比率只把現金及其后備來源（即可隨時轉換為現金的有價證券）與流動負債對比，能夠徹底克服流動資產的長期化和不良化所帶來的高估公司償付能力問題，因而可以更好地反映保險公司的即時償付能力。

$$現金比率 = \frac{現金及現金等價物}{流動負債} \times 100\%$$

9.3.2 長期償付能力分析

一方面，長期償付能力分析與短期償付能力分析有很大差異。短期償付能力分析考慮的時間段非常短，可以相對合理、精確地進行現金流量預測；而長期現金流量償付能力預測值缺少可靠性，更多地運用概括性的計量手段而不是精確的計量方式。另一方面，人壽保險、長期健康險等壽險業務具有保險期限長期性特點，絕大部分是期限達 10 年、20 年甚至 30 年以上的長期性負債，在收入補償與成本發生之間存在較長的時間差。因此，對於壽險業務來說，關心遠期償付能力尤為重要。

總體上說，影響保險公司長期償付能力的因素有資本結構和獲利能力。資本結構是企業的融資渠道，即資產、所有者權益及負債各組合因素間的比例關係。通過資本結構分析可以衡量保險公司對長期資金提供者的保障程度，向長期債權人和股東提供其投資安全程度的信息。獲利能力則從另一個角度反映了保險公司的長期償付能力，因為現金流量的變動最終取決於企業所能獲得的收入和必須付出的成本的數額以及兩者之間的比例關係，盈利是支付長期負債所需資金的最可靠、最理想的來源。具體可以用以下指標對長期償付能力進行分析：

（1）資產負債率。資產負債率是負債總額與資產總額的比率，該指標用來反映保險公司資產負債比例關係，說明總資產中有多大比例是通過負債來籌集的，也用來衡量保險公司在清算時保護債權人利益的程度。保險業屬於高負債經營行業，資產負債率要明顯高於一般製造業。一般來說，財險公司指標值應小於 85%；壽險公司的資產負債率要高於財險公司，但一般也應小於 90%。如果保險公司的資產負債率大於 100%，則表明保險公司資不抵債，視為達到破產的警戒線。

$$資產負債率 = \frac{負債總額}{資產總額} \times 100\%$$

（2）負債經營率。負債經營率是負債總額與所有者權益的比率，也稱產權比率，反映由債權人提供的資本與投資者或股東提供的資本的對應關係，用以衡量保險公司的基本財務結構是否穩定，表明債權人投入的資本受到股東權益保障的程度。對於保險業這種高負債經營機構，該指標一般都大於 1。負債經營率和資產負債率具有共同的經濟意義，兩個指標相互補充。

$$負債經營率 = \frac{負債總額}{所有者權益} \times 100\%$$

（3）固定資產比率。固定資產比率是固定資產淨值和在建工程餘額之和與淨資產的比率，該指標為約束性指標，主要監測保險公司固定資產佔資本金的比重，旨在控製保險公司實物資本比例。固定資產具有週轉速度慢、變現能力差、風險大等特點。如果固定資產比重過高，將影響資本的流動性。

$$固定資產比率 = \frac{固定資產淨值 + 在建工程餘額}{淨資產} \times 100\%$$

9.4 中國對保險公司償付能力的監管

中國保監會在保險領域的市場化改革方面的基本思路可以歸納為「放開前端，管住後端」。所謂「放開前端」，就是減少事前監管，改變主要依靠審批、核准等行政許可手段來進行事前管制的方式，把經營權和管控風險的首要責任交還給市場主體；所謂「管住後端」，就是通過改進和加強償付能力監管，切實守住風險底線，切實保護保險消費者的利益。

「償二代」採用風險導向的原則，全面覆蓋保險公司的七大類風險，更加科學地計量保險公司的風險狀況，並將保險公司的風險管理能力與資本要求掛鈎，體現了風險監管的科學性和公平性；鼓勵保險公司提高風險管理水平，加強了中國保險業的競爭力。「償二代」的遠期目標是減輕不良或非預期的風險敞口，並為新興市場償付能力監管樹立標杆。

9.4.1 「償二代」的制度框架

與「償一代」側重定量監管和規模導向的特徵相比，「償二代」採用國際通行的定量監管要求、定性監管要求和市場約束機制的三支柱框架，具有風險導向、行業實際和國際可比三個顯著特徵。「償二代」的 17 項主幹監管規則有機聯繫，共同作用，構建了一套風險識別和防範的安全網。

9.4.1.1 第一支柱——定量監管要求

定量監管要求主要用於防範能夠用資本量化的保險風險、市場風險、信用風險三大類可量化風險，通過科學的識別和量化上述風險，要求保險公司具備與其風險相適應的資本。具體內容包括：一是最低資本要求，即三大類量化風險的最低資本、控製風險最低資本和附加資本。二是實際資本評估標準，即保險公司資產和負債的評估標準。三是資本分級，即根據資本吸收損失能力的不同，對保險公司的實際資本進行分級，明確各類資本的標準和特點。四是動態償付能力測試，即保險公司在基本情景和各種不利情景下，對未來一段時間內的償付能力狀況進行預測和評價。五是監管措施，即監管機構對不滿足定量資本要求的保險公司，區分不同情形，採取監管干預措施。

9.4.1.2 第二支柱——定性監管要求

定性監管要求，即在第一支柱基礎上，防範難以量化的操作風險、戰略風險、聲譽風險和流動性風險。具體內容包括：一是風險綜合評級，即監管部門綜合第一支柱對量化風險的定量評價，以及第二支柱對難以量化風險的定性評價，對保險公司總體的償付能力風險水平進行全面評價。二是保險公司風險管理要求與評估，即監管部門對保險公司的風險管理提出具體要求，並對其進行監管評估，進而根據評估結果計量公司的控制風險最低資本。三是監管檢查和分析，即對保險公司償付能力狀況進行現場檢查和非現場分析。四是監管措施，即監管機構對不滿足定性監管要求的公司，區分不同情形，採取監管干預措施。

9.4.1.3 第三支柱——市場約束機制

市場約束機制，即在第一支柱和第二支柱基礎上，通過公開信息披露、提高透明度等手段，發揮市場的監督約束作用，防範依靠常規監管工具難以防範的風險。具體內容包括：一是加強保險公司償付能力信息的公開披露，充分利用市場力量，對保險公司進行監督和約束。二是監管部門與市場相關方建立持續、雙向的溝通機制，加強對保險公司的約束。三是規範和引導評級機構，使其在償付能力風險防範中發揮更大作用（見圖9.1）。

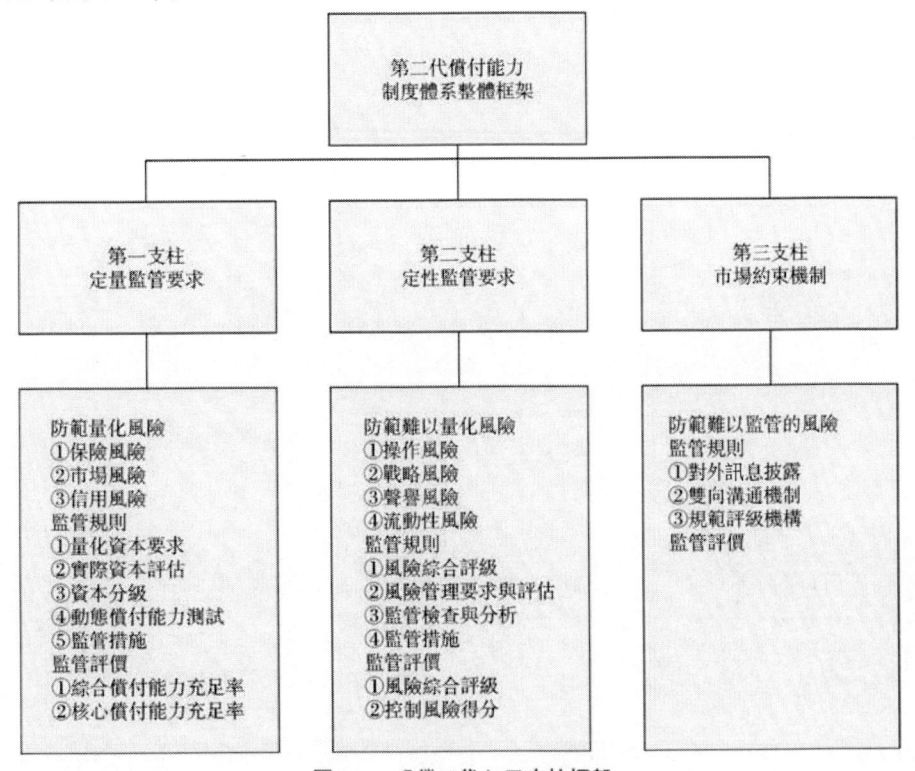

圖9.1 「償二代」三支柱框架

9.4.2 「償二代」的特徵

9.4.2.1 風險導向

「償一代」對保險公司面臨的風險沒有進行系統分類，監管標準與風險關聯度低，反映風險不全面，不利於保險公司風險防範和監管部門的有效監管。在「償二代」建設過程中，保監會深入研究了歐盟償付能力Ⅱ和美國RBC的風險分類標準，立足中國保險市場實際，在「償二代」中首次建立了中國保險業的風險分層模型。「償二代」將保險公司面臨的風險分為難以監管風險和可監管風險，可監管風險又分為固有風險、控製風險和系統風險。在此基礎上，對每類風險又做了多層細分，建立了中國保險業系統、科學的風險分層模型，這是建設以風險為導向的償付能力監管制度的基礎和前提（見圖9.2）。

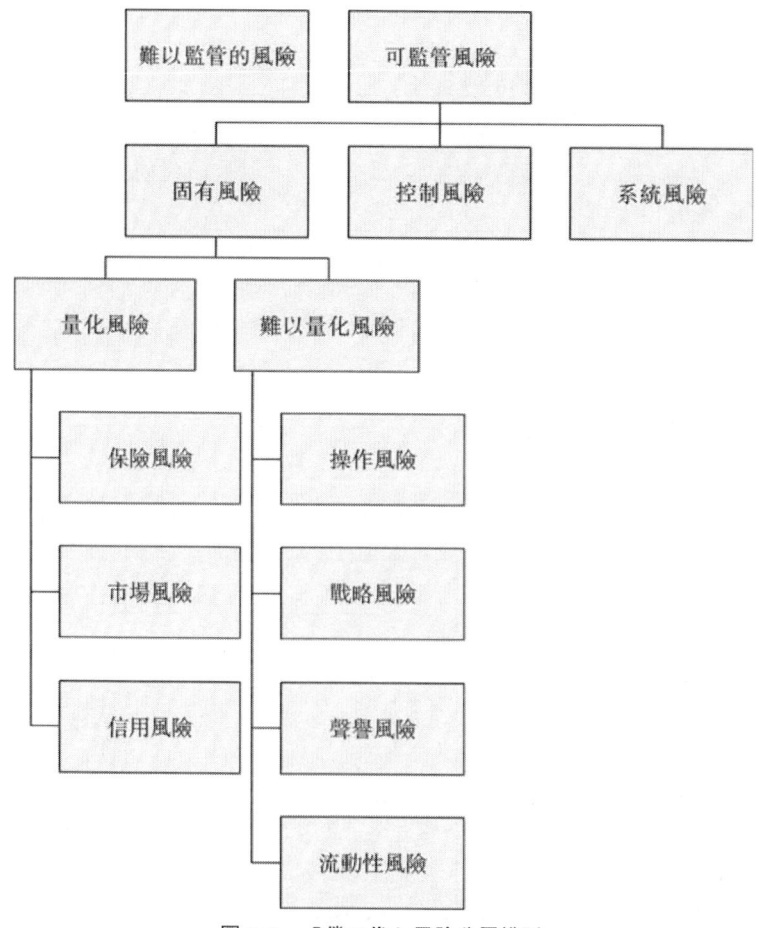

圖9.2 「償二代」風險分層模型

9.4.2.2 行業實際

一是充分體現中國新興市場的實際。針對新興市場金融體系不健全、有效性不高的實際，「償二代」下的資產負債評估，既沒有採用歐盟償付能力Ⅱ的市場一致評估原則，也沒有採用美國RBC的法定價值法，而是立足中國實際，採用了以會計報表帳面價值為基礎並適當調整的方法。針對新興市場底子薄、資本相對短缺的實際，「償二代」在守住風險底線的前提下，通過科學、準確地計量風險，釋放冗餘資本，提高了資本使用效率。針對新興市場技術水平相對較低的實際，「償二代」將大量模型計量工作前置到建設過程，量化資本標準主要採用綜合因子法，可操作性強，實施成本低。針對新興市場發展速度快、風險變化快的實際，「償二代」預留必要的接口，能根據市場變化情況，在不影響規則框架的情況下，完善監管要求，具有較強的適應性和動態性。二是充分體現中國保險業實際。「償二代」各項參數和因子，是基於中國保險業近20年的大數據實際測算得到的結果，客觀反映了中國保險業的風險狀況。在大金融、大資管背景下，「償二代」還考慮了保險業與銀行業、證券業資本監管規則的協調。

9.4.2.3 國際可比

「償二代」在監管理念、監管框架和監管標準等方面，符合國際資本監管的改革方向，與國際主流的償付能力監管模式完全可比。「償二代」以風險為導向的監管理念，與歐盟償付能力Ⅱ、美國RBC、巴塞爾資本協議完全一致；「償二代」採用國際通行的三支柱框架，符合國際資本監管的改革趨勢；「償二代」在監管標準制定中，採用先進的隨機方法對風險進行測算，並實行資本分級，打開了資本工具創新的「天花板」，豐富了保險公司資本補充渠道；這都符合國際發展潮流。

「償二代」作為來自新興市場、具有國際可比性的監管模式，是中國為國際償付能力監管模式做出的探索性貢獻，有助於促進全球保險業的共贏發展。

9.5 保險公司對償付能力的管理

9.5.1 負債端的管理

9.5.1.1 產品及業務發展策略方面

在「償二代」風險計量框架下，產品風險計量方式由過去按規模計提改為根據風險類別進行分類計量，產品及業務發展策略選擇的不同將顯著影響保險公司的資本要求。

一方面，「償二代」對產品按風險大小確認最低資本要求，一味追求規模、忽視風險的業務發展方式需增加相應資本要求，對於當前行業「重規模、輕風險」的現象將起到一定遏製作用。另外，產品的類別、條款設計也將影響公司資本要求。以壽險產品為例，產品認可負債新增了期權與保證的時間價值（TVOG）、儲蓄性強、保底收益高、資產負債匹配差的產品通常資本消耗較高。例如針對壽險公司面臨的主要保險風

險之一——退保風險，若公司在產品開發和業務發展前期關注不夠，后期退保管理不完善，將會顯著增加退保風險資本占用，增加最低資本要求。新規則通過量化資本要求，引導行業重視風險，促使公司權衡產品和業務發展策略的收益與成本，迴歸以保障為核心的價值發展道路。另一方面，由於「償二代」風險的計量還考慮不同產品、業務之間風險的負相關性，如壽險公司保險風險中損失發生風險最低資本的死亡風險和長壽風險的相關係數設定為-0.25，年金業務與壽險業務的風險可部分對冲，降低公司最低資本總要求，因此公司產品和業務發展策略不再是單個產品、業務條線的設計，而是需要從公司整體業務規劃出發，考慮各產品業務條線之間風險的天然對冲性，確定公司總體產品和業務策略，減小最低資本中量化資本要求。

9.5.1.2 融資策略方面

為加強資本對保險公司發展的支持力度，完善資本補充機制，「償二代」拓寬了保險公司的融資方式，並增加相應資本分級要求，加強對保險公司資本質量的把控。

一方面，保險公司除股東註資、發行次級債和可轉股外，還可在銀行間債券市場發行資本補充債券，資本補充渠道進一步多樣化，有效提高公司風險抵禦能力。另一方面，「償二代」根據資本吸收損失的能力，從存在性、永續性、次級性以及非強制性四方面對資本進行分級，分為核心資本和附屬資本各兩級分別監管，並對各級資本限額提出相應要求，體現了監管對保險公司資本的質量要求和資本類別傾向。

根據「償二代」要求，各個級別之間的融資工具區別並沒有嚴格的界限，同一類型的融資工具劃分為何種資本由具體融資條款確定。例如，優先股根據其條款是否包含對優先股息的強制分配責任來劃分對應資產級別，如果沒有強制分配責任則作為核心資本，否則記為附屬資本。保險公司在發行資本補充工具時，應考慮限額要求，優先補充核心資本，提高資本級別。

9.5.2 資產端的管理

「償二代」以風險為導向，「放開前端，管住后端」的監管思想對保險公司資金運用將產生更加直接的影響。根據「償二代」監管規則，資產的類別、屬性、質量、信用級別等將從以下兩個層面影響保險公司最低資本要求：

9.5.2.1 戰略資產配置層面

「償二代」對不同大類資產最低資本設計了不同的基礎因子和特徵因子，細緻刻畫了上市股票、投資性房地產、信託計劃等資產類別風險的差異。根據新規則，權益資產、不動產投資的風險資本要求有所提升，體現了更為審慎的監管要求。保險公司在大類資產進行配置時需綜合考慮各類資產的收益和風險，根據公司的風險偏好和發展戰略，確定最佳資產配置。

9.5.2.2 戰術資產配置層面

保險公司在確定具體投資資產時不僅要關注資產的收益，還應考慮固定收益類資產的久期和交易對手情況、上市普通股票所屬板塊、基金級別、資產管理產品的基礎

資產屬性、另類資產的透明情況等風險因素，不同資產配置將對公司最低資本產生顯著影響。因此，公司應具備更細緻、全面的投資決策和管理流程，綜合衡量收益率與資本要求，確定最適合的戰術資產配置。

9.5.3 保險公司償付能力經營管理

9.5.3.1 戰略管理方面

隨著車險、壽險分紅險費率改革等一系列市場化措施的實施，「償二代」「放開前端」的方式將進一步促使保險主體進行差異化經營。無論保險公司的發展戰略是產品創新型、主導細分市場型，還是成本節約型或投資驅動型，都應以滿足償付能力充足率為基礎目標，平衡公司長遠發展和短期策略、價值累積和規模發展的關係，根據自身資源、核心優勢和風險管理能力進行理性決策，選擇相適應的市場定位和發展目標，制定特色化發展戰略。

根據自身特色化發展戰略，保險公司應制定相適應的產品業務發展策略、資金運用策略和融資策略。一是在產品研發和制定業務規劃時，除考慮市場、現金流、銷售團隊等傳統因素外，還需在公司整體戰略規劃和風險偏好約束下兼顧產品的風險屬性、資本占用因素，理性對待短期保費規模，追求長遠價值發展，制定合理的業務發展目標，兼顧業務發展與資本效率；二是在制定資金運用策略時，公司應綜合考慮市場風險、信用風險因素，評估市場各資產類別的風險化收益，從而確定合理的長期大類資產配置，並在各類資產中選擇收益與風險相適應的資產，提高資金運用效率；三是在制定融資策略時，公司應建立資本管理機制和制訂應急計劃，做好資本長期規劃，隨時監測公司資本狀況，設計合理條款，及時補充各級資本，保證公司償付能力水平充足。

9.5.3.2 日常經營管理方面

（1）體系化管理要求。「償二代」通過以償付能力監管為核心，將保險公司產品策略、融資策略、資金運用策略和風險管理能力融為一體，促使保險公司通過加強對償付能力資本的量化、補充、運用和管理，由條線管理向體系化管理轉型，對保險公司的日常經營管理中各業務的統籌管理、協同合作提出了更高要求。

保險公司經營管理應強調從全局出發，分析不同業務資本占用特點，評估各項資金運用方式占用資本，從而制定合理的業務發展規劃，優化投資結構，理性衡量業務的發展與風險，實現風險資本與收益的有效匹配。由於新規則下公司各項決策都可能對公司償付能力產生影響，公司需借助償付能力資本管理工具，通過資本的預測、分析和管理，實現體系化的管理，支持公司穩健經營與發展。

（2）精細化管理要求。為適應「償二代」對風險計量等工作的細緻要求，保險公司應注重提高日常經營管理精細化程度，對照監管要求改進各項工作流程，完善如精算模型、資本管理和費用預算等環節的管理。保險公司精算模型和管理應針對壽險合同負債計量標準以及市場風險、信用風險的計量的變化進行調整。由於「償二代」認可資產、認可負債和最低資本的計量給予了保險公司一定的自由度，公司可以通過改

進精算模型和技術,如選擇合適的計量單元,提高償付能力計量模型精確性。

「償二代」對保險公司資本計量和財務管理能力要求也有所加強,例如,新規則要求公司的費用假設需與費用預算結合制定。保險公司應完善費用分析,制定嚴密預算管理制度,更好地控製費用風險。此外,由於公允價值法計量和成本法計量資產在「償二代」下的區別,固定收益類資產的會計分類將影響公司市場風險、信用風險最低資本要求。公司應根據資產特點,謹慎選擇合適的會計類別。

9.5.3.3 風險管理方面

在倡導風險導向的理念下,「償二代」結合當前行業階段性特徵,開創性地將保險公司償付能力與其自身風險管控水平緊密結合起來,強調風險管理的重要性,在全面風險管理的基礎上對保險公司的風險管理能力提出更加明確、具體的要求。

一方面,「償二代」規定監管機構可對存在重大風險的保險公司直接採取監管措施。風險管理綜合評級通過對四類難以量化的風險即操作風險、戰略風險、聲譽風險和流動性風險進行評價,結合償付能力充足率指標,以各占50%的比重綜合評價保險公司的償付能力風險。即使償付能力充足率達標的公司,如果上述四類風險較大,仍然會被評為C級或D級,將會受到更嚴格的監管或被採取相應監管措施。另一方面,「償二代」使得風險由過去的隱性成本轉為顯性成本,保險公司可以通過風險管理直接創造價值,提高管理效率。根據償付能力風險管理能力評估要求,保險公司控製資本為量化資本的一個比例,該比例與償付能力風險管理評分得分直接相關。當評估至少得分為80分時,公司風險管理水平才不會對公司最低資本產生負面影響。如果保險公司提高風險管控能力,評估為滿分100分時,就能減少10%的量化風險最低資本要求,有效節約公司資本。

在「償二代」新規則下,保險公司風險管理將向專業化、前置化、嵌入化的發展方向持續轉型。一是「償二代」鼓勵保險公司運用專業風險管理工具進行風險管理,借助風險偏好、經濟資本等工具強化對公司整體風險的管控,從而有效評估公司風險管理狀況,做到風險早發現、早應對。二是「償二代」通過明確要求保險公司風險管理部門參與戰略規劃制定,並對業務規劃、全面預算開展獨立的風險評估,使得風險管理職能在公司經營發展道路上將不再只是行使「煞車」作用,還需在前端發揮導航儀功能,引導公司在各種決策中考慮風險因素,平衡收益與風險,制定合理決策。三是「償二代」強調將風險管理要求納入具體業務流程的設計和考核中,進一步推動風險管理在各條線日常經營的融入程度。

保險公司應按照監管要求,從以下方面加強風險管理體系建設:一是完善償付能力風險管理制度體系,強化專項風險管理機制;二是提升風險管理專業水平,運用風險偏好、經濟資本等專業工具推動公司風險管理升級,加強管理的科學性;三是完善風險管理信息系統建設,提高數據監測、獲取和報送的及時性、準確性,結合風險偏好和經濟資本等管理工具監測結果,強化系統風險分析與預警功能。

9.5.3.4 專業化人才方面

「償二代」對保險公司人才提出了進一步的要求,尤其是對風險管理部門具體規定了人員數量、專業等。保險公司應逐步增加相應崗位人員配置,加強內部培養和外部

引進，建立人才成長通道，建設一批專業化的複合型人才隊伍，夯實公司長期發展的基礎。

此外，「償二代」以風險為導向的要求需要相應的考核機制配合，未與績效考核掛鉤的導向難以真正地有效推行。保險公司應設計合理的考核體系，按照監管要求對各業務部門日常風險管理責任賦予不同權重的考核比例，加強全員風險管理意識和責任，充分發揮風險管理三道防線職責，切實推行風險導向管理要求。

10 保險公司的再保險管理

再保險是指保險人將其承擔的保險業務,部分轉移給其他保險人的經營行為,視為保險人之間的責任分擔,即分保。這種風險轉嫁方式是保險人對原始風險的縱向轉嫁,即第二次風險轉嫁。再保險是保險市場的重要組成部分,一個健康的保險市場必須有再保險的支持,正是因為再保險的巨大作用——分散直保市場風險、擴大承保能力、改善償付能力等。通過分保,再保險有力地分擔了直保市場的承保風險,讓每一家保險公司單獨承受的風險控製在可控範圍內,保證了企業的穩定。並且,由於再保險人可以選擇分入業務,控製價格和承保條件,促使保險人控製保險風險,對保險人的業務選擇、經營管理、風險控製都有促進作用,引導直保市場的健康發展。不僅如此,再保險收取的保費收入能夠聚攏大量閒置資金,推動資本市場的發展。國家對再保險監管的核心是償付能力管理。

10.1 運用再保險的意義

10.1.1 增強承保能力,擴大經營範圍

對於一個保險公司來說,無論規模多大,技術力量多雄厚,保險人的承保能力受其資本金、準備金等財務狀況限制,其自身的財務相對於承保風險是十分有限的,尤其是隨著科技的發展和應用,保險標的的保額都在幾億甚至幾十億元以上,保險人因自身資金的限制無法承保巨額的保險標的。協調保險人承保能力與財務能力之間矛盾的有效途徑就是再保險。保險人通過再保險,將超過自身財力部分的業務分保出去,這樣可以在不增加資金的前提下,增強承保能力,對原本無力承保的風險也予以承保,同時又不影響保險人的償付能力。由此可見,再保險使原來在一個或幾個保險公司中不可能實現的大數法則在保險同業之間或國際大範圍內得以實現。

10.1.2 控製保險責任,穩定經營成果

保險業是集中承擔風險又有效分擔風險的經營機構,雖然它可以免除被保險人的各種風險,但本身卻內含一定的經營風險。這是因為保險公司從社會上承攬的各種危險責任有多種不確定性,即使按照大數法則、概率規則來承擔業務,也很難使承攬的業務險種在數量上都達到大量,在保險金額上都達到自然均衡,使經營的實際賠付率完全與預定的比率相符,在經營的各個年度都不致遭遇巨災損失。然而借助了再保

機制，保險公司就可依據其資本和準備金的實際情況，確定每類保險的自留限額，然后將超出自留額的部分分出，以使同類危險單位的保險金額均衡，使實際的平均損失更能接近於預期的平均損失。同時保險公司可通過分出、分入的調劑，通過對每個危險單位的責任的控制，或者對一次事故中的累積責任的控制，或者對某保險險種的賠付率的控制，使各險種的數量達到足夠大量，使原集中於某一區域的危險責任得到分散，從而將自身承擔的風險責任控制在合理的範圍內。儘管有的年份保險事故損失較少，保險公司可能因為再保險費的支出而減少其利潤額，但卻能在損失較多的年份，從再保險人處攤回賠償金額，而控制其損失賠付，最終使其各年經營成果趨於穩定，而可獲得正常利潤。

此外，保險公司通過再保險還可控制每次損失的最高賠付額和責任累積額。保險公司承接的各險種業務有時在地區上會比較集中，一次災害可能會累及諸多危險單位。如一次火災可能會殃及一片房屋，一次風災可摧毀廣大地區的農作物，儘管每一危險單位的自留責任有了控制，但若相距甚近的眾多危險單位一齊受災，則賠付責任依然很大，甚至可能會不能負擔。此時，保險公司就可通過巨災損失賠付再保險控制責任，還可通過賠付率超賠再保險，控制時間跨度內的責任累積，一年內的賠付責任總額得到了控制，就能保證其經營的穩健。

10.1.3　便於業務指導，形成聯保基金

再保險關係的確立，使原保險人的利益與再保險人的利益聯繫在一起。原保險人經營不善，防災不力，事故賠付增加，再保險人的攤賠也就必然增多，因而再保險人對原保險人的經營情況十分關注，從而能促使原保險人業務經營規範化。再保險關係的確立，一般有一定的接受條件，分入業務的同時，也是對原保險業務費率和承保條件的審核。如果原保險業務風險很大，經營又不規範，或者費率過低，違背實際要求，再保險人就不願接受。因而從某種意義上說，每一項再保險業務的洽談，實際上都是對原有業務的一次再審核。同時再保險關係的存在，也使新成立的保險公司獲得經驗豐富的再保險公司的業務指導機會，促使其業務迅速納入正常軌道。此外，再保險關係的確立，使原來各家獨立的保險公司有了攜手合作的機會，原來各家獨立保險公司籌集的保險基金也因此而匯集成了聯合的保險基金。這樣，通過再保險，保險公司既分散了危險責任，降低了保險成本，又提高了保障程度，保全了被保險人的合法權益。

10.2　再保險業務的種類

作為分出公司的原保險人與作為分入公司的再保險人，在保險責任的分攤方式上可採用比例分攤責任和非比例分攤責任的方式，由此便分為比例再保險和非比例再保險兩大類。保險公司之間的風險轉嫁和責任分攤，通常是基於原保險人所接納的業務性質、保障程度、分佈區域、責任累積和承保能力的綜合考慮，是多方面因素權衡的結果。原保險人自身承擔的責任為自留額，轉讓出去的部分為分保額。自留額與分保

額的選用可以保險金額和賠款金額的大小作為依據，如按保險金額確定自留額與分保額比例的，即為比例再保險，其中包括成數再保險、溢額再保險以及成數、溢額混合再保險；如以賠款金額確定自留責任額和分保責任額的，就為非比例再保險，其中包括險位超賠分保、事故超賠分保（巨災超賠分保）和賠付率超賠再保險。

10.2.1　比例再保險

比例再保險是原保險人與再保險人按事先約定的比例分配保險金額，相應地，再保險費計算以及賠款的分攤也全都按約定的保險金額同一比例分擔。

10.2.1.1　成數再保險

成數再保險就是原保險人將所承保的每一保險單的保險金額，按照合同訂明的固定比例分給再保險人，使危險責任在原保險人與再保險人之間實行成數比例分配。由於成數再保險是按約定比例進行分保的，因而再保險費和賠款也都按同一比例分配，所以成數再保險是比例再保險的代表方式。成數再保險是以原保險人與再保險人利益完全一致為特點的再保險方式。由於承擔的危險責任和所獲的再保險費收入都以同一比例分配，因此所取得的經營結果，不論盈餘或虧損，雙方的利益關係始終是一致的。可見，這種再保險方式具有合夥經營的性質，也是唯一利害關係完全一致的分保方法。

成數再保險對於締約雙方來說，手續比較簡便，管理費用比較節省，每筆業務都按固定比例承擔各自的責任，也按各自所占的比例分攤業務管理費和賠款，同時分享保險費，權利與義務相當。因此，只要準確算出總保險費和賠款總額，便可一一推算出相應的分攤數。如一宗運輸貨物，保險金額為2,000萬元。原保險人與三個再保險人簽訂成數再保險合同，自留30%，即承擔600萬元的保險責任；甲再保險人分攤30%，也就是承擔600萬元的保險責任；乙再保險人承擔25%，即500萬元的保險責任；丙再保險人承擔15%，即300萬元的保險責任。若保險費收入為2萬元，則原保險人按比例得6,000元，甲再保險人得6,000元，乙再保險人得5,000元，丙再保險人得3,000元。若發生賠案也按約定的比例，由原保險人和甲、乙、丙三個再保險人共同分攤。當然，各個再保險人也需按比例支付給原保險人一定的手續費。由此可見，原保險人與三個再保險人簽訂成數再保險合同，責任分擔和保費分享的計算並不繁雜。因此，成數再保險可用於特種業務，如核保險、航空險、責任險、汽車險以及建工險，而且在轉分保中一般也被採用。

成數再保險方式對於分散危險責任比較徹底，它對每一危險單位或每一保險單的責任都實行了分保。但是成數再保險一般都有最高承保限額規定，對每一危險單位或每一保險單規定最高責任限額，超過部分仍需由原保險人承擔。正因為如此，成數再保險對於巨額風險，往往需配以其他形式的再保險，以進一步分散危險責任。這是因為保險金額太大，以固定比例測算的自留額和分保額自然會相當大。原保險人與再保險人都需控製各自的責任範圍，因此還必須借助其他的再保險方式，以便更有效地控製責任額度。

10.2.1.2 溢額再保險

溢額再保險是由原保險人根據承攬的各類保險業務的危險性質以及自身承擔能力,對每一個危險單位確定一個具體的自留責任限額,將超過確定的自留額以上部分視為溢額,轉讓給再保險人,並以約定的自留額的一定倍數作為分出額,然後按照自留額與分出額對保險金額的比例分配保險費和分攤賠款。正是由於原保險人確定了自身所承擔的自留額,再保險人的責任則是以自留額的一定倍數為計算原則,因此原保險人的責任自擔數額與再保險人的責任分擔數額就形成了一定的倍數關係,這便是溢額再保險歸屬於比例再保險方式的原因所在。

顯然,溢額再保險的自留額與分出額是呈倍數比例的關係,這是溢額再保險的最大特點。分出額一般稱為合同限額,它是按每一危險單位可能發生的最高損失來確定的。合同的容量用線或單位表示,將自留額作為制定合同限額的基本單位。如原保險人確定的自留額是100萬元,溢額再保險人最高接受限額確定為10線(即10倍),那麼再保險分出額即為1,000萬元。溢額再保險關係確立后,原保險人與再保險人實際承擔的比例不同於成數再保險合同的固定比例,而是隨著每筆業務保險金額的大小而變動的。如承接一筆200萬元保險金額的業務,原保險人自留100萬元,再保險人承擔溢額100萬元,雙方比例關係為1:1;如若承擔的業務保險金額為1,000萬元,則原保險人自留100萬元,900萬元就作為溢額轉讓給再保險人,雙方的責任比例就變為1:9的責任分擔。自然,最終經營的結果對於原保險人與再保險人來說也是不同的,這與成數再保險關係中原保險人與再保險人利益完全一致的結果是明顯不同的。

溢額再保險具有較大的靈活性,原保險人不僅可以根據其承保的不同業務種類、質量和性質確定恰當的自留額,有效控製自身的責任,也可均衡保險金額,而且在業務選擇和節省再保險費支出上有很大的主動權。保險金額小的可全部自留,由此可自留大部分保險費;保險金額大的業務,還可分層次溢額分保。在訂立第一溢額再保險合同基礎上,還可根據需要確立第二、第三溢額再保險。

雖然溢額再保險手續較為繁瑣,需根據不同的保險金額計算分得比例以及相應的分保費和賠款的分攤數額,編制再保險帳單和統計表也較麻煩,由此而產生的管理費用也高於成數再保險,但溢額再保險具有充分的靈活性,尤其適用於業務質量差異大、保險金額不均齊的保險業務。因此,溢額再保險也是國際保險市場上普遍採用的方式之一。

10.2.1.3 成數、溢額混合再保險

由於成數與溢額再保險同屬於比例再保險,兩者也可混合運用,因此形成了成數、溢額混合再保險。這種再保險方式是將成數分保比例作為溢額分保的自留額,再以自留額的若干線數作為溢額分保的最高限額。這種混合運用在實踐中也很普遍。這種再保險方式綜合了成數再保險和溢額再保險的特點,既可節省再保險費用,又可簡化再保險手續,因而能更好地滿足多種需要。

10.2.2 非比例再保險

非比例再保險，又稱超額損失再保險。該再保險方式對於原保險人與再保險人之間的責任分配，是按約定的賠款限額或賠付率來決定的。凡損失在賠款限額以內的，由原保險人自行負擔；超過規定限額的賠款部分，則由再保險人根據合同規定履行職責。其中，保險責任、再保險費以及賠款的分攤都與原保險金額沒有任何比例關係，而是另行約定。這種超額損失再保險，將原保險人的賠款限定在一個固定的數額或比率之內，一旦發生巨額損失，也不致影響原保險人的日常經營。當然每一再保險人也有其自身的責任限制，因而遇到大保額的業務還需與數家再保險公司進行分攤。總之，超額損失再保險可以使保險人對每一危險單位、每一次事故的賠付以及年賠付率都能有所控製，尤其是有效地控製了責任累積。因此，這種非比例的再保險方式也被廣泛採用。

在超額損失再保險關係中，雙方業務經營的結果沒有任何互相制約關係，而完全是依發生損失金額的大小為轉移的。如果接連發生小額損失，全都在原保險人自負的賠款限額之內，則再保險人就無須支付任何賠款，原保險人的經營業績便會受直接影響；而如若發生多起大額賠款，則原保險人有限額保障，賠付額得到有效控製，而再保險人則可能受影響較大。超額損失再保險自負責任和分保責任是沒有比例關係的，如約定自負責任額為100萬元，分保責任為250萬元，則發生損失在100萬元以內的，全都由原保險人負責支付；如損失250萬元，則原保險人負責100萬元，再保險人負責150萬元。如損失超過250萬元，仍需由原保險人負責賠償。超額損失再保險的具體種類可以分為險位超賠分保、事故超賠分保和年賠付率超賠分保。

10.2.2.1 險位超賠分保

險位超賠分保是以每一危險單位的損失賠款作為計算原保險人自留責任和分保責任數額的基礎。在規定限額內的損失賠款由原保險人自己承擔，超過限額的則由再保險人負責賠償。既然險位超賠分保是以每一危險單位的損失賠款為基礎的，那麼對於危險單位的正確劃定就非常重要了，也就是說要恰當判定一次災害事故可能造成的最大損失程度，據此才能確定自負責任和分保責任。當然，再保險人在接受分保責任的同時，也意味著同意原保險人關於一個危險單位的劃定。

10.2.2.2 事故超賠分保

事故超賠分保是以一次保險事故在特定時間內所造成的賠款總和來計算自負責任額和分保責任額的，它可以解決一次事故造成多個危險單位損失而形成的責任累積。一次事故的劃定，一般是從時間和空間兩個方面加以限定的。如通常規定颶風、暴風雨持續48小時的損失為一次事故，地震、火山爆發72小時的損失為一次事故。空間限制是對遭災地區的劃定，如洪水以河盆或分水嶺劃分洪水區。

原保險人可以根據需要分若干層次的超額損失再保險，層層分散危險責任，使各個再保險人的責任也能得到有效控製。如原保險人的賠款自負額規定為150萬元，第一層的超賠損失再保險人負責150萬元以上的100萬元，第二層的超賠損失再保險人負

擔超過250萬元以上的限額。這樣層層分擔，就有效地控製了各自的責任。當然各個層次的再保險費率是不同的，主要是根據賠案損失發生的客觀情況而定。一般來說，巨災發生的概率較小，因此層次越高再保險費率就越低。

由於超賠損失再保險是按合同年度預先支付再保險費的，而且不必提供保費準備金，有利於再保險人運用資金，再加上巨灾的隨機發生率週期較長，如地震就有平靜期和活躍期交替週期，風災平均若干年遭遇一次，其中偶然性的因素較大，因此有些再保險人也願意分入這種超賠損失再保險。

10.2.2.3　年賠付率超賠分保

年賠付率超賠分保即賠付率超賠再保險，是按每個年度的賠付率來計算自留責任和分保責任的，是以原保險人某類保險業務全年損失的賠付比率為基礎的。而賠付率是以一年中累積的賠款額與全年保費收入淨額的比率計算而得的，在約定的賠付率以下由原保險人自己承擔，超過約定的賠付比率才由再保險人負責，但其也有責任限制，超過再保險人責任限制以上的，仍需由原保險人負責。

全年賠付率的責任限制對於原保險人穩定經營業績是有力的保障；同樣，再保險人有了責任限額控製範圍，也能夠基本把握最大可能的賠付分攤金額，從而順利地分擔危險責任，所以賠付率超賠再保險也可稱為損失限額再保險。

上述比例再保險方式和非比例再保險方式在實際業務中還常常配合運用，以取得更好的效果。

10.3　再保險的形式

10.3.1　臨時再保險

臨時再保險是保險市場上最早使用的一種再保險形式。它是指由於業務發展的需要，分出公司與分入公司根據各自情況洽商分保條件和費率，而臨時達成的再保險協議。臨時再保險的特點在於：

10.3.1.1　自由選擇度大

臨時再保險關係中的雙方對每筆再保險業務的分出和分入都有自由選擇的權利。分出公司對於業務是否要安排再保險、分出金額多少、選擇的險別和費率條件都可以根據自身所承受的危險責任累積程度以及自留額的多少來決定。同樣，分入公司是否接受、接受多少，是否需調整再保險的條件，也完全可以視業務的性質、本身可承擔的能力以及已接受業務的責任累積自主決定，靈活洽商，無任何強制約束。

10.3.1.2　適應性較強

臨時再保險以一張保險單或一個危險單位為基礎逐筆協議，業務條件清楚，適應性強。它不僅對於高風險的業務，諸如石油勘探責任險、航空險、地震險、洪水險以及戰爭險都是適用的，而且為超過合同限額以及合同除外的業務安排也提供了分散風

險的渠道，另外也為新開辦的、數量少、業務不穩定或規律性較難掌握的業務創造了責任分擔的條件。採用臨時再保險形式分保時，既可按比例責任分保，也可按非比例方式分配分出公司與分入公司的責任，具體有成數臨時再保險、溢額臨時再保險和超額賠款臨時再保險，可見其適應性較強。

10.3.1.3 逐筆審查，手續繁瑣

儘管臨時再保險可以通過電話、電報、電傳或信件方式協議再保險條件以及相互承擔的責任，但分出公司一方往往需要等到分入公司做出肯定答覆后，方才可以確定自身最終擔負的危險責任。分入公司即再保險人也需仔細審核后，才能決定接受多大百分比或多大金額的分保業務。至於合同條件的更改，也需徵得再保險人的同意。只有在再保險人正式復證后，合同才成立。有時再保險分出公司往往要聯繫數家再保險分入公司，將業務安排妥當后，才能承保原保險業務，這往往會使其處於不利的競爭地位。至今臨時再保險形式仍在世界保險市場上得到運用。

10.3.2 合約再保險

合約再保險合同，是一種長期性的再保險協議，在一定時期內連續有效，如一方想終止合同，必須在規定期限內通知對方，否則合同繼續有效。規定期限多為每年年底前三個月，以書面形式通知對方於年底終止合同。合同解除后，原分保業務未滿期的責任仍繼續有效，直至自然滿期為止。固定再保險合同的長期性，使原保險人在合同期間的經營活動有了較大的靈活性，可擴大承保規模而無須逐筆洽商，同時有了合約再保險合同，確保了原保險人危險責任的及時轉嫁，從而獲得了穩定的經營條件。再保險分入公司通過合約再保險合同，也能獲得數量較多、危險較為分散的整批保險業務。合約再保險是國際再保險市場上運用最廣泛的再保險形式。

合約再保險可分為自動再保險、半自由再保險和自由再保險。

10.3.2.1 自動再保險

自動再保險指在合同有效期間，分出公司將其所承接的保險業務全都要自動地按規定比例分給再保險分入公司，雙方均不得有所選擇。每月末分出公司要結算當月應交的再保險費和應分攤的賠款以及應付的賠款準備金。這種合同多為一年，但常自動延續更長時間。

10.3.2.2 半自由再保險

半自由再保險通常指在合同有效期間，分出公司有權就個別保單決定是否分保，而再保險分入公司則要接受分出公司的業務。少數半自由再保險合同，則是分出公司有將每一保險單分出的義務，而再保險公司有選擇拒絕接受的權利，但必須於一定時期內通知分出公司。

10.3.2.3 自由再保險

自由再保險指雙方雖有再保險合同，但均無自動性分入、分出的約束性，而是可以根據各自的需要決定，但分出公司必須將每一項提供分出的業務，個別通知分入公

司，再保險分入公司接到通知可自主決定是否接受，如不願承擔分保責任，應立即回覆分出公司。

10.3.3 預約再保險

預約再保險也稱「臨時固定再保險」「預約分保」，是一種介於臨時再保險和合約再保險之間的再保險。它既具有臨時再保險的性質，又具有合約再保險的形式。預約分保往往用於對合約分保的一種補充。預約再保險的訂約雙方對於再保險業務範圍雖然有預約規定，但分出公司有選擇的自由，不一定要將全部業務放入預約合同。但對於再保險分入公司則具有合同性質，只要是合同規定範圍內的業務，分出公司決定放入預約合同，分入公司就必須接受，在這一點上具有合同的強制性。預約分保方法大都是適用於火險和水險的比例分保。

與合約再保險相比，預約分保的業務量一般較少，因此業務穩定性較差，而且對再保險分入公司來說又具有強制性，所以，這種分保方式通常不太受再保險人歡迎。預約分保具有以下幾個特點：

（1）預約再保險分出公司可以自由決定是否辦理分保。這樣做有利於分出公司對超過合同限額的業務自動安排分保。但對分入公司來說沒有挑選的餘地，猶如接受合約分保合同一樣。

（2）預約再保險較臨時再保險手續簡單，節省時間。

（3）再保險分入公司對預約分保的業務質量不易掌握。由於分出公司可以任意選擇將其預約合同範圍內的業務分給再保險分入公司，而再保險分入公司無法有選擇地接受，所以對分出業務的質量很難掌握，特別是那些由經紀人仲介訂立的預約合同業務，更難瞭解。

（4）預約分保業務的穩定性較差。由於分出公司可以自由決定是否分出業務，所以往往是將穩定性好的業務自留，而將穩定性較差的業務進行分保，以穩定自己的經營，獲得較大收益。

10.4　分出再保險業務

分出公司運用各種再保險方式將其所承擔的風險和責任在保險同業之間進行轉移和分散，以實現財務和業務的穩定。分出公司在進行分出再保險規劃時要從業務經營管理和技術上考慮其可行性和穩定性，使再保險規劃在合同條款和條件方面符合再保險的實務手續和市場發展趨勢，既能避免支付過高的分保費，又能為分入公司所接受，還有利於分出公司和分入公司之間建立長期、穩定的業務合作關係。

10.4.1 分出再保險的業務流程

分出業務的流程適用於合約分保和臨時分保，分出業務的流程分為以下三個階段：

10.4.1.1 分保建議

當分出合同的條件確定，擬定了分保接受人的人選后，分出人應立即以最迅速、最準確的方式將分保條件發送給選定的分入公司或經紀公司。分保建議一般應將接受人需要瞭解的事實詳細列明。分出人提供的信息越詳盡，資料的質量越高，越有利於接受人做出決定，大大縮短分保安排的時間。分出人提出分保建議是要約的過程，接受人提出修改和改善的條件就是反要約。要約與反要約的過程就是雙方公司交易商洽的過程。一旦交易商洽達到意思完全一致，「要約」和「承諾」法律程序后交易便成立。接受人願意接受分保，應以最快的方式通知分出人，並最終應以書面予以證實；如果分出人認為對方所提建議符合實際，分出人應該在權衡利弊之後做出修改的決定，並以書面形式予以證實。

10.4.1.2 完備手續

完備手續是第一流程。在合同續轉和分出談判結束後，分出人和接受人雙方應盡快完備締約手續。在一般情況下，續轉結束後的第一個季度之內，分出人應將合同文本及摘要表或修改條件的附件發送給接受人，接受人在審核無誤的情況下及時地予以回答。合同文本及其組成部分是分出人和接受人之間簽訂的正式的、具有法律性的文件，一旦合同文本簽訂之後，雙方的權利和義務就具有了法律依據。應該注意，合同文本的文字應規範、嚴謹、表達清楚，為雙方所接受，並有利於第三者的理解。分保條的內容與合同文本中的內容具有互補性，即合同文本闡明原則和框架，分保條對合同的內容具體化和充實。合同簽訂后雙方都必須遵守，不得單方修改和變動。如確有必要進行修改和變動的，必須事先提出，與對方協商達成一致后才能正式作為合同的組成部分。如果協商之後不能取得一致的意見，這種修改和變動就不能生效。其解決的方法只能是提議方放棄或等待下一個合同年度開始時再提出，直至被採納，至註銷其在該合同中的成分。

10.4.1.3 賠款處理

分出分保合同中規定，分出人可以全權處理分保合同項下的一切賠款，並應迅速將賠款情況及賠款處理事項及時通知分保接受人。若賠款已經賠付，應及時向接受人攤回所承擔的比例賠款和費用，一般在分保合同中都明確規定通知的金額和通知的時限。當分出人接到直接承保部門的出險通知或賠款通知時，第一步計算分保合同項下的接受人應承擔的責任比例和金額，然后向接受人發送出險通知。分出人的出險通知應包括以下內容：

（1）合同名稱及業務年度。

（2）保險標的名稱及坐落地點。

（3）保險金額及分出比例。

（4）估計賠款金額及合同項下估計攤賠金額。

（5）賠款發生日期、地點。

（6）損失原因及是否委托檢驗人，以及可能產生的費用。

在賠款處理過程中，接受人時常會提出參與賠案處理與合作，尤其是重大項目的賠款。對於接受人提出的質問和諮詢，分出人應本著實事求是、合情合理的原則進行解釋。當發生爭議時，雙方首先應本著友好協商的原則進行調解，調解無效，可通過仲裁方式解決。

10.4.2 分出再保險的業務管理

10.4.2.1 分析評估風險損失

當保險公司明確再保險目標后，要對承擔的風險責任進行綜合分析，為選擇再保險方式做準備。保險公司風險的分析包括大的風險的識別、中小風險的損失變動、一次事故中的損失累積和一個業務年度的損失累積四個方面。大的風險損失的識別沒有一個統一的標準，必須結合保險公司具體承保業務的風險結構和保費收入來確定，必要時還要進行全面細緻的數量分析。在再保險業務管理時，保險公司不僅要考慮每個危險單位，還要在一次事故中大量危險單位的基礎上安排再保險。在保險公司一個業務年度中，有時可能發生各種業務綜合結果的賠款超過總的保費收入，對這種一個業務年度的損失累積，保險公司在再保險規劃中也應予以考慮。

10.4.2.2 科學選擇再保險方式

再保險作為原保險人轉移風險的方法，其風險轉移的方式多種多樣，主要有比例再保險和非比例再保險兩種。再保險方式的不同，對再保險的分散風險和穩定財務的作用發揮也有差別。因此，對原保險人來說，要充分發揮再保險對自身業務經營的特殊功效，必須科學地選擇再保險方式。

比例再保險和非比例再保險是在臨時再保險、合約再保險、預約再保險三種再保險安排中以責任限製作為尺度劃分的。由於比例再保險下的成數再保險、溢額再保險和非比例再保險下的險位超賠再保險、事故超賠再保險以及賠付率超賠再保險方式各有特點，這就要求原保險人在選擇再保險方式時根據保險業務的性質、質量以及自身財務狀況等因素科學地進行選擇，並將各種方式有機地結合起來，充分發揮再保險的分散風險、增強承保能力的作用。

10.4.2.3 準確確定自留額

自留額是指預定責任限額，是原保險人對其所承保的各類保險業務，根據其危險程度、業務質量的好壞以及自身承擔責任的能力，在訂立再保險合同時，預先確定的對每一危險單位自負的責任限額，它通常以貨幣金額或者以風險的百分比表示。自留額限定了保險人對每一個風險所承擔的責任。由於風險的多樣性和複雜性，保險公司在確定自留額時雖然也運用一些數學方法，但可以說自留額的確定更多的是基於經驗的判斷。確定自留額一般要考慮以下幾個因素：①資本金、自留準備金、償付能力；②業務量、保費、業務成本、利潤率；③業務險別和風險等級；④損失發生的頻率和大小；再保險的安排方式；⑤公司的發展戰略。

自留額的確定不僅反映了分出公司的意願、對業務的負責程度，同時也體現了分

出公司的償付能力。《中華人民共和國保險法》第一百零三條對保險公司的自留責任做了明確的規定：「保險公司對每一危險單位，即對一次保險事故可能造成的最大損失範圍所承擔的責任，不得超過其實有資本金加公積金總和的百分之十；超過的部分應當辦理再保險。」

10.4.2.4　合理選擇再保險人

在原保險人轉移風險求得補償和再保險人接受風險求得經濟效益的過程中，原保險人和再保險人之間存在相互聯繫、相互制約的關係。原保險人在安排再保險時必須認真評估和選擇再保險人，對再保險人的經營歷史、經營現狀、財務穩健程度、在再保險市場的地位、再保險人的組織形態、再保險人的險種類型和險種優勢等方面進行深入細緻的調查研究，選擇信譽良好、技術能力強、資金實力雄厚的再保險人作為合作夥伴。保險公司如果通過再保險經紀人去安排再保險業務，還要對經紀人的信譽可靠程度進行考查，以避免再保險人選擇不當而給保險公司帶來分保風險。

10.5　分入再保險業務

10.5.1　分入再保險的業務流程

分保手續在分出公司與分入公司之間有密切的聯繫。分出公司提出分保建議和編制帳單等是發出的一方，分入公司對建議和帳單的審查等是接受的一方，並在此基礎上對分入業務進行管理。分入業務的流程包括以下六個方面：

10.5.1.1　對分保建議的審查和填制摘要表

當分入公司接到分出公司或經紀公司函電提供的分保建議，並經審查後，如不同意接受，應以電復委婉拒絕；如同意接受，應電告接受成分，並進行登記和填制摘要表。摘要表是對所接受業務的有關情況的摘錄，如分出公司、業務種類、分保方式、責任限額、接受成分、估計保費和經紀公司等。

10.5.1.2　分保條、合同文本和附約的審核、簽署和管理

對於分出公司或經紀公司寄來的分保條、合同文本，分入公司要認真核對，簽署後，一份自留歸檔，其餘退還。當接到有關修改合同條文和承保條件等的函電，經審核後，應電復證實，並對摘要表有關欄目進行更改。對寄來的附約，經審核後一份自留，與合同一併歸檔備查，其餘歸還。

10.5.1.3　現金賠款的處理

分入公司收到現金賠款通知后，應填制現金賠款審核表，並登錄現金賠款登記簿，經審核批准後送會計部門結付。

10.5.1.4　到期續轉和註銷

分入公司為了爭取主動，在合同到期前，在合同規定的期限內，向對方發出臨時

註銷通知。如經雙方協商同意續轉，可將臨時註銷通知撤回；如不同意續轉，可將臨時註銷通知作為正式通知，於是合同就告終止。分出公司為了有利於分出業務的安排，收到發來臨時註銷通知時，應電復證實。如經洽商同意續轉，由對方收回臨時註銷通知，合同繼續有效。

10.5.1.5　歸檔

關於上述分入業務的函電文件的歸檔可以有兩種情況：

（1）分散歸檔，即一部分由業務部門歸檔，如承接業務的函電、合同文本和出險通知等，另一部分由會計部門歸檔，如業務帳單等。

（2）集中歸檔。特別是在已建立電子計算機系統時，業務帳單是由業務部門輸入而無須送交會計部門的情況下，可全由業務部門按合同分別歸檔。分出公司和分入公司有時可能對分入業務發生爭執至進行訴訟。在有必要查閱原始函電文件和核對有關業務數字的情況下，集中歸檔比分散歸檔較易查找，從而有利於搞清情況和解決爭執。

10.5.1.6　分入業務的轉分手續

經營再保險業務的公司，出於責任累積和保障的考慮，也要安排分保。因此，當轉分保規劃確定后，應與分出部門聯繫在國際上進行安排，這就有必要對有轉分保合同安排的分入業務規定一定的手續以便於管理。

（1）比例轉分保合同手續。①對於有成數轉分保合同安排的分入業務，在接受時即應進行登記和編轉分號，並在摘要表上填明。②對於有溢額轉分保合同安排的分入業務，應進行限額管理，當超過規定的限額時，要將放入溢額轉分保合同的業務進行登記和編轉分號，並在摘要表上填明。③根據轉分保合同的規定，如每季或每半年，按轉分號匯集轉分業務的資料，如保費、已付賠款和未決賠款等，編制轉分保業務報表送交分出部門，據以編送業務帳單。

（2）非比例轉分保合同手續。①對於在超賠合同範圍內的重大賠案應進行登記，包括已付賠款和未決賠款。②當匯總金額有可能超過起賠額或已超過起賠額時，應編制賠案報表送交分出部門，據以通知轉分保接受人，或者編制賠款帳單要求對方賠付。

10.5.2　分入再保險的業務管理

分入再保險業務的承保是對由分出公司或經由經紀公司所提供的分保建議進行審查，從而做出是否承保的判斷。

10.5.2.1　對一般情況的考慮

通常，分保業務的承保要考慮的情況包括以下三個方面的內容：

（1）業務來源國家或地區的一般政治和經濟形勢，特別是有關通貨和外匯管制方面的情況。

（2）業務的一般市場趨勢，這包括國際上和所在國家或所在地區有關這種業務的費率與佣金等情況。

（3）提供分保建議的分出公司和經紀公司的資信情況，包括其資本、業務情況和

經營作風等。

瞭解上述情況主要是依靠長期的、從各方面搜集資料的累積，如報刊上有關保險市場的信息、出訪和來訪及參加國際會議所得到的資料、對分出公司和經紀公司的年報的分析研究，以及在日常業務工作中所掌握的情況，對於通過經紀人結算的分入業務，必須仔細核對原始資料的信息，從嚴掌握。

10.5.2.2 對具體分保建議的考慮

對於具體的分保建議，主要考慮以下方面的問題：

(1) 業務種類、分保的方式與方法，以及承保範圍和地區。對於可能分入的業務，首先要分辨業務種類，如財產險或意外險等；其次是看分出公司的安排方式，是臨時分保還是合約分保，是比例分保還是非比例分保。要考慮的因素還有：業務是否由住家、商業和工業風險混合組成；是直接業務的分保還是分入業務的轉分保；責任範圍是否包括后果損失險或地震險等；地區是僅限於分出公司所在國家或地區，還是世界範圍的。

(2) 分出公司時自留額與分保額之間的關係。瞭解這一問題，是為了掌握分出公司對分保安排的意圖和預期功效。例如，分出公司安排95%的成數分保合同，而自留額僅有5%，是比較小的。這說明它對業務的經營缺乏信心，因而不是想從業務的承保方面謀求收益，而是將自己置於代理人的地位，打算以向分入公司收取佣金的方式得到利益，因而也很可能影響直接業務的承保質量。

(3) 分出人對業務的承保經驗和理賠經驗。分保接受人應該瞭解分出人對各種業務或某一類特殊業務的承保經驗，如果證明分出人對業務有足夠的承保經驗，那麼在再保險合同協商時，對分出人也是有利的。同時，接受人還應該瞭解有關分出人過去5~10年的保費收入情況，因為這涉及分出人的成長情況。相比其他信息，充分瞭解分出人的理賠經驗對接受人來說顯得更為重要，因為這直接影響一些再保險價格的確定，如非比例再保險中的保費劃分、比例再保險分保佣金率的確定等。

(4) 分出業務的除外責任。分出人除了要向接受人提供標準除外責任條款，如核風險或戰爭風險除外責任條款等之外，還應該提供那些不能承保的業務或風險的詳細情況，以及不需要再保險保障的業務情況，以便分保接受人明確分出業務的風險情況。同時，接受人還可以有自己的除外責任條款，特別是當分出人對分出業務的種類或具體情況沒有做出明確說明時。

(5) 分保額與分保費之間的關係。掌握分保額與分保費的情況，分析這兩者的相互關係，是審查分保建議質量的關鍵因素，所以分入公司對此必須十分重視。

在比例合同方面，分保額與分保費這兩者之間的相互關係大致有三種情況。由於情況的不同，對分入公司的承保結果也就有所不同，現分述如下：

①分保費過分小於合同分保額。例如，分保額為10萬元，分保費為2萬元，是分保額的20%。如果接受10%，則承保額為1萬元，分保費收入為0.2萬元。由於保費過小，風險不夠分散，如有一個風險單位發生全損，就需要5年的時間才能得到償還，而且還要在這5年時間內保持同樣的保費水平，而再無賠款發生。上例說明，如果分

保費與分保額之間的關係是分保費過分小於分保額，這種合同是不平衡的。因為如果有一個風險單位的全損，就會造成嚴重的虧損。但正因為保費較小，所以如果不發生全損而賠付率較高以致有虧損，或者賠付率較低有收益，其金額均較小，對整個業務的影響不大。所以，對於這種情況，分入公司應著重從每個風險單位的分保額這方面考慮。

②分保費過分大於合同分保額。例如，分保額為 3.5 萬元，分保費為 28 萬元，分保費是分保限額的 8 倍。賠付率為 130%，則賠款為 36.4 萬元，大於 10 個風險單位的全損。如果接受 10%，則承保額為 0.35 萬元，分保費為 2.8 萬元，賠款 3.64 萬元，業務虧損計 0.84 萬元。由於保費較多而賠款金額較大，故對整個業務是有影響的。雖然分保費過分大於分保額，但不能認為分保費可賠付幾個全損而可能有較大的收益，而應注意到會產生嚴重的虧損。這種情況，分入公司應著重從分保費這一方面考慮。

③分保費與合同分保額大致相當。第一種情況是合同分保額為 10 萬元，分保費為 25 萬元，為限額的 2.5 倍，賠付率 103%，計賠款 25.75 萬元，虧損 3%，為 0.75 萬元。如果接受 10%，承保額為 1 萬元，分保費為 2.5 萬元，賠款為 2.575 萬元，業務虧損 750 元。第二種情況是合同分保額為 100 萬元，分保費為 250 萬元，分保費為分保額的 2.5 倍，賠付率 103%，則賠款 257.5 萬元，虧損 3%，為 7.5 萬元。如果接受 10%，責任為 10 萬元，保費為 25 萬元，賠款為 25.75 萬元，業務虧損 0.75 萬元。由此可見，分保費與分保額的比例關係是相同的，是較平衡的，但後一個例子中這兩者的金額較大，所以其結果無論是收益還是損失，對整個業務的影響都是較大的。所以，在這種情況下，分入公司對於分保費和分保額這兩方面都應注意考慮。

上述三種情況所舉的例子，大都是財產險和海上貨運險的成數合同與溢額合同的情況。一般來說，平衡的合同由於保費與限額大致相當，風險也比較分散，所以是較好的業務。但對於不同的業務種類和分保方式，分保費與分保額之間保持怎樣的比例關係才被認為是相當或平衡的，對這一問題很難做出絕對的規定，應從保險市場和業務的實際情況出發，並結合分入公司自己的經驗視其具體情況而定。

在非比例合同方面，分保費與分保責任限額兩者之間的關係，也可分為以下三種情況：

①合同責任限額較大，分保費較少。這種情況往往是由於損失率較低，因此分保費對限額的百分率也較低。第一種情況是分保責任限額為超過 100 萬元以後的 100 萬元，分保費 5 萬元，為限額的 5%，無賠款記錄。第二種情況是分保責任限額為超過 200 萬元以後的 300 萬元，分保費 6.75 萬元，為限額的 2.25%，無賠款記錄。這一般是事故超賠合同，對責任恢復次數是有規定的。所以，對於這種合同的分保建議，分入公司應著重考慮分保責任限額和責任恢復的規定。

②合同責任限額較小，分保費較多。這種情況往往是由於損失發生率高，因此分保費對限額的百分率也高。第一種情況是分保責任限額為超過 2 萬元以後的 5 萬元，保費 5.5 萬元，為限額的 110%。但是，賠付率高達 310%，計賠款 17.05 萬元，虧損 11.55 萬元，虧損率為 210%。第二種情況是分保責任限額為超過 1 萬元以後的 3 萬元，保費 3.6 萬元，為限額的 120%，賠付率 80%，計賠款 2.88 萬元。收益 0.72 萬元，收

益率為 20%。這一般是險位超賠合同，對責任的恢復次數，有的是無限制的。所以，對於這種分保建議，分入公司應著重考慮分保費方面和責任恢復的規定。因為保費越大，賠款可能越多，從而造成的虧損越嚴重。

③分保合同限額較大，分保費較多。這是由於損失發生率較高，因此分保費對限額的百分率也高。保費責任限額為超過 50 萬元以后的 50 萬元，保費 10 萬元，為限額的 20%，賠付率 130%，計賠款 13 萬元，虧損 3 萬元，虧損率為 30%。這一般是中間層次的合同，由於分保責任限額和分保費均較高，所以對分保費、分保責任限額和恢復的規定均應注意考慮。

(6) 分保條件。在對分保建議有關業務種類和承保範圍、分出公司的自留額及分保限額和分保費是否平衡這些因素考慮之后，應對分保條件進行細緻的審查。

對比例合同應審查的分保條件主要有分保佣金、盈餘佣金、保費、賠款準備金、未滿期保費和未決賠款的轉移等。由於各個保險市場情況的不同，這些條件在合同中的具體規定會有較大的不同。所以，應結合所掌握的市場情況，審查在建議中對這些條件的規定是否恰當，如分保手續等是否符合當地市場情況。如果是續轉業務，應結合過去的經營成果考慮。如果合同是虧損的，應對分保手續進行調整。

對非比例合同應審查的分保條件主要有分保費或費率，責任恢復的規定。分保費和責任恢復是有關分入公司的保費收入與責任的承擔，所以應結合市場情況和在建議中所提供的資料，審查這些條件在合同中的具體規定是否恰當和符合市場情況。

(7) 對分入業務收益的估算。在分保建議中，分出公司一般應提供有關該業務過去的賠款和經營成果的統計資料。如果建議中缺少這些資料，分入公司可要求提供，以便對所建議的業務進行估算。對所提供的資料在審核時應注意以下問題：

①如對合同有分保安排，則所提供的數字應以未扣除分保前的毛保費和賠款為基礎。

②要按所提供業務的同樣條件編制，如所建議的比例合同業務有未滿期保費和未決賠款的轉出與轉入，則統計資料也應同樣處理，以便進行比較。

③毛保費、分保佣金、已付賠款、賠付率和盈虧率等項目應按業務年度進行統計，並至少要有 5 個業務年度的資料。

分入公司應根據建議中所提出的分保條件和資料，如果是續轉業務還應結合自己的統計數據，對所建議的業務進行估價並結合對其他因素的考慮，最后決定是否接受。如果接受，做出接受多少為宜的判斷。

國家圖書館出版品預行編目(CIP)資料

保險企業管理/ 聶斌、張瑤 主編. -- 第一版.
-- 臺北市：崧博出版：崧燁文化發行, 2018.09
　面；　公分
ISBN 978-957-735-438-9(平裝)
1.保險業管理
563.7　　　　107014984

書　　名：保險企業管理
作　　者：聶斌、張瑤 主編
發行人：黃振庭
出版者：崧博出版事業有限公司
發行者：崧燁文化事業有限公司
E-mail：sonbookservice@gmail.com
粉絲頁　　　　　　　網　址：
地　　址：台北市中正區重慶南路一段六十一號八樓815室
8F.-815, No.61, Sec. 1, Chongqing S. Rd., Zhongzheng Dist., Taipei City 100, Taiwan (R.O.C.)
電　話：(02)2370-3310　傳　真：(02) 2370-3210
總經銷：紅螞蟻圖書有限公司
地　　址：台北市內湖區舊宗路二段121巷19號
電　話:02-2795-3656　傳真:02-2795-4100　網址：
印　刷：京峯彩色印刷有限公司（京峰數位）

　本書版權為西南財經大學出版社所有授權崧博出版事業有限公司獨家發行
　電子書繁體字版。若有其他相關權利及授權需求請與本公司聯繫。

定價：350元
發行日期：2018年 9 月第一版
◎ 本書以POD印製發行